CB143284

O DIREITO COLETIVO, A LIBERDADE SINDICAL E AS NORMAS INTERNACIONAIS

VOLUME II

A Liberdade Sindical — Recopilação de decisões e princípios do Comitê de Liberdade Sindical do Conselho de Administração da OIT

Revisão Técnica
SANDRO LUNARD NICOLADELI
TATYANA SCHEILA FRIEDRICH

O DIREITO COLETIVO, A LIBERDADE SINDICAL E AS NORMAS INTERNACIONAIS

VOLUME II

A Liberdade Sindical — Recopilação de decisões e princípios do Comitê de Liberdade Sindical do Conselho de Administração da OIT

Tradução e Revisão Técnica: Kelly Karoline Bepe Fernandes, Sandro Lunard Nicoladeli e Tatyana Scheila Friedrich

LTr®
EDITORA LTDA.

© Todos os direitos reservados

Rua Jaguaribe, 571
CEP 01224-001
São Paulo, SP — Brasil

Fone (11) 2167-1101
www.ltr.com.br

Produção Gráfica e Editoração Eletrônica: RLUX
Projeto de capa: FABIO GIGLIO
Crédito da foto da capa: MARCELLO CASAL JR. DA AGÊNCIA BRASIL DE NOTÍCIAS
Impressão: HR GRÁFICA E EDITORA

LTr 4642.0
Março, 2013

— A edição original deste trabalho foi publicada pela OIT, Genebra, sob o título "La libertad sindical. Recompilación..." Direitos autorais 2006, OIT.

— Tradução para o português — direitos autorais (ano) e (editor)

— Tradução e reprodução permitidas.

— A OIT não se responsabiliza pela qualidade ou precisão desta tradução.

— As designações utilizadas nas publicações da OIT, as quais estão em conformidade com a prática das Nações Unidas, e a apresentação da matéria lá contida não implica a expressão de qualquer opinião por parte da OIT a respeito do ordenamento jurídico de nenhum país, área ou território ou de suas autoridades, ou ainda a respeito da delimitação de suas fronteiras.

— A responsabilidade por opiniões expressas em estudos e outras contribuições ficam apenas com seus autores, e a publicação não constitui um aval por parte da OIT, em relação às opiniões expressas nelas.

— Referência a nomes de empresas e produtos comerciais e métodos não implicam o aval dos mesmos pela OIT, e qualquer omissão de empresa, produto comercial ou método não significa desaprovação do mesmo.

Dados Internacionais de Catalogação na Publicação (CIP)
(Câmara Brasileira do Livro, SP, Brasil)

O Direito coletivo, a liberdade sindical e as normas internacionais : volume II / revisão técnica Sandro Lunard Nicoladeli e Tayana Scheila Friedrich — São Paulo : LTr, 2013. Título original: La libertad sindical OIT.

ISBN 978-85-361-2478-0

1. Direito do trabalho — Brasil 2. Direito internacional do trabalho 3. Liberdade de associação 4. Organização Internacional do Trabalho 5. Sindicatos — Brasil I. Nicoladeli, Sandro Lunard.

12-12273 CDU-34:331.8:331.88(81)

Índice para catálogo sistemático:

1. Brasil : Direito coletivo : Liberdade sindical : Normas internacionais : Direito do trabalho 34:331.8:331.88(81)

SUMÁRIO

APRESENTAÇÃO

Completam-se já dez anos da publicação da edição anterior da *Recompilação das decisões e princípios do Comitê de Liberdade Sindical.* Desde então, o mundo do trabalho e as relações profissionais têm conhecido, em todo o mundo, profundas modificações relacionadas com o processo de globalização.

O Comitê de Liberdade Sindical que, pelo contido das queixas cada vez mais numerosas que obteve, se encontra no coração da atualidade das dificuldades que afetam as organizações de empregadores e trabalhadores, não poderia ignorar este aspecto da evolução do mundo nem os novos problemas que se apresentam no âmbito das relações coletivas de trabalho. Em consequência, durante os últimos dez anos, o Comitê teve que resolver questões até esse momento inexploradas e, desse modo, adotou um número importante de novos princípios com a finalidade de dar uma resposta adequada, imparcial e objetiva aos alegados formulados nas queixas apresentadas pelas organizações de empregadores e de trabalhadores.

Ao tempo que se adapta de maneira permanente a esse mundo que evoluciona sem pausa, o Comitê esteve não obstante guiado pelos valores constantes de liberdade sindical que, ao fazer possível a constituição de organizações de trabalhadores e de empregadores e dotar-lhes de meios para que possam promover e defender os interesses de seus membros, revela-se como um fator gerador de justiça social e um dos principais alicerces para o alcance de uma paz duradoura. Ao mesmo tempo, a liberdade sindical é *conditio sine qua non* do tripartismo que a Constituição da OIT plasma em suas próprias estruturas orgânicas e postula para os distintos Estados: sem liberdade sindical, a nação de tripartismo ficaria com o sentido viciado.

Tudo isso explica que, desde o primeiro momento, a Constituição da OIT afirma o princípio da liberdade sindical e que ao longo dos anos a Conferência Internacional do Trabalho havia adotado um considerável número de convenções[(1)], recomendações e resoluções que constituem a fonte do direito internacional mais importante da matéria e cujos princípios — vale recordá-lo aqui — tem sido amplamente refletidas em muitas legislações nacionais.

---

(1) As convenções básicas sobre liberdade sindical e negociação coletiva têm sido objeto de um número muito elevado de ratificações: a convenção sobre a liberdade sindical e a proteção do direito de sindicalização, 1948 (n. 87) conta com 145 ratificações (1º de janeiro de 2006) e a Convenção sobre o direito de sindicalização e de negociação coletiva, 1949 (n. 98) conta com 154, na mesma data.

Além desse trabalho normativo da OIT, que por si só mostra até que ponto a liberdade sindical é vital para a organização, deve ser enfatizado a este respeito que, como resultado de negociações e acordos entre o Conselho de Administração da OIT e do Conselho Econômico e Social das Nações Unidas, foi criado em 1950-1951 um procedimento especial para a proteção da liberdade sindical, que complementa os procedimentos gerais de controle de aplicação das normas da OIT, e que está a cargo de dois órgãos: a Comissão de Investigação e de Conciliação em Matéria de Liberdade Sindical e o Comitê de Liberdade Sindical do Conselho da Administração da OIT. Esse procedimento especial permite que governos ou organizações de trabalhadores e empregadores apresentem queixas ou reclamações, por violação dos direitos sindicais contra Estados (seja eles membros da OIT ou membros das Nações Unidas que não são da OIT) e pode ser implementado mesmo quando não se tenha ratificado convenções sobre a liberdade sindical e negociação coletiva.

A Comissão de Investigação e de Conciliação em Matéria de Liberdade Sindical, orgão permanente e supremo do mecanismo especial de proteção da Liberdade Sindical foi criada em 1950 e está integrada por personalidades independentes que têm por mandato examinar toda queixa ou reclamação relativa a hipóteses de violações dos direitos sindicais que foram submetidas ao Conselho de Administração da OIT. Embora seja essencialmente um órgão de investigação, está examinar com o governo interessado, as possibilidades para solucionar as dificuldades por via de acordo. Esta Comissão — que até agora tem examinado seis reclamações — somente precisa do consentimento do governo interessado para intervir quando o país ainda não ratificou as Convenções relativas à liberdade sindical. O procedimento a ser seguido é determinado caso por caso pela própria Comissão, incluindo, em geral, a oitiva das testemunhas e a visita ao país interessado. Tratando-se de um procedimento que respeita as garantias processuais, orais e escritas clássicas, é relativamente longo e caro, tendo sido utilizado, portanto, em um número limitado de casos. Embora a presente *Recompilação* não trate especificamente da Comissão de Investigação e de Conciliação é justa sua importante contribuição para o respeito dos direitos humanos e sindicais.

No que diz respeito ao Comitê de Liberdade Sindical, trata-se, como se sabe de um órgão tripartite instituído em 1951 pelo Conselho de Administração, composto por nove membros e seus suplentes, provenientes dos grupos governamentais, dos trabalhadores e dos empregadores do Conselho, que também têm um presidente independente. O Comitê de Liberdade Sindical se reúne três vezes por ano e está encarregado de realizar, tendo em conta as observações apresentadas pelos governos, o exame preliminar das representações apresentadas no âmbito do procedimento especial estabelecido, assim como de recomendar ao Conselho de Administração, conforme o caso, que um caso não requer um exame mais detalhado, que chame a atenção do governo interessado sobre as anomalias encontradas, convidando-lhe a tomar medidas adequadas para remediar ou, enfim, que trate de obter o acordo do governo interessado para que o caso seja levado à Comissão de Investigação e de Conciliação.

Merece destacar-se que a experiência adquirida com exame de mais de 2.500 casos em seus mais de 50 anos de existência tem permitido ao Comitê de Liberdade Sindical elaborar um corpo de princípios de liberdade sindical e negociação coletiva sobre a base das disposições da Constituição da OIT e das Convenções, Recomendações e Resoluções da matéria. Por advir de um órgão internacional especializado, imparcial e de sólido prestígio que atua desde uma perspectiva tripartite e partindo de situações reais (é dizer, de alegações concretas muito variadas de violações dos direitos sindicais em todo mundo, com frequência de suma gravidade e complexidade), esse corpo de princípios tem adquirido uma autoridade reconhecida tanto no mundo internacional como nos distintos países, onde se a utiliza crescentemente na elaboração de legislação nacional, nas diferentes instâncias encarregadas da aplicação das normas sindicais, na solução de grandes conflitos coletivos e nas publicações da doutrina.

Daí a utilidade da presente Recompilação que sintetiza e atualiza as decisões e princípios do Comitê até seu informe 339º (novembro de 2005) e do curso, mais uma vez, nesta quinta edição[(2)], a Resolução sobre os direitos sindicais e sua relação com as liberdades civis, adotada pela Conferência Internacional do Trabalho, sem oposição, em sua 54ª reunião (Genebra, 1970), a qual convida o Conselho de Administração "a que solicite ao Diretor-geral que publique e divulgue amplamente na forma precisa as decisões tomadas até agora pelo Comitê de Liberdade Sindical". É, portanto, no âmbito do cumprimento desta importante resolução da Conferência que a Repartição publica esta *Recompilação.*

---

(2) A quarta edição data de 1996.

ADVERTÊNCIAS PRELIMINARES

A presente compilação foi elaborada como uma ferramenta que se destina a servir de guia para a reflexão relativa às políticas e medidas a serem aplicadas com vistas a garantir os princípios da liberdade sindical. É de assinalar que não constitui uma enumeração exaustiva desses princípios à medida que o Comitê unicamente pode pronunciar-se sobre os casos que se lhe submetem. Por outra parte, embora estabeleça uma base importante para avaliar os resultados obtidos nesse campo, cada caso é único e deve levar em conta as circunstâncias que o emolduram. Esses princípios, ao serem empregados como base de argumentação, permitem ao Comitê manter unidade de critério em suas conclusões e, conforme os casos, levam-no a considerar como provadas as alegações apresentadas ou a desconsiderá-las. Por isso, a utilização de um princípio em um caso relativo a um país não implica necessariamente que o governo do mesmo não o tenha respeitado.

As decisões e princípios do Comitê têm sido formulados a partir de reclamações provenientes de organizações de trabalhadores ou de empregadores. A esse respeito, convém assinalar que a maioria das queixas examinadas até agora pelo Comitê têm sido apresentadas pelas organizações de trabalhadores, embora o número de reclamações apresentadas pelas organizações de empregadores tenha aumentado de maneira considerável durante o último decênio. Isso explica porque em sua formulação os princípios e decisões do Comitê se referem expressamente a organizações de trabalhadores. Não obstante, muitos desses princípios têm vocação geral e poderiam aplicar-se também — se for o caso — às organizações de empregadores.

Para orientar o leitor, cada um dos princípios e decisões do Comitê aparecem na presente *Recompilação* com as correspondentes referências da anterior Recompilação de 1966 ou aos informes, casos e parágrafos em que apareceram, até o advento deste relatório 339º do Comitê (novembro de 2005).

NOTA DOS TRADUTORES

A iniciativa de traduzir a obra "Libertad Sindical" surgiu da grande demanda, existente atualmente no mundo jurídico, em relação ao tema da Liberdade Sindical e ao posicionamento do Comitê de Liberdade Sindical da OIT. A liberdade sindical representa um anseio de diversas categorias de trabalhadores e empregadores no mundo todo, uma necessidade de várias entidades representativas e uma exigência da vida em sociedade no século XXI.

Esta tradução compõe o segundo volume da coleção "O Direito Coletivo, a Liberdade Sindical e as Normas Internacionais" e representa a versão para a língua portuguesa da última edição da compilação dos trabalhos do Comitê de Liberdade Sindical, editado pela Repartição Internacional do Trabalho, em Genebra, em 2006.

Pretende-se com este trabalho deixar o assunto mais acessível a todos que precisam utilizá-lo em sua atuação profissional, sejam sindicalistas, estudantes, advogados, membros do Ministério Público ou magistrados do trabalho.

A liberdade pressupõe conhecimento uma vez que somente com o entendimento de todas as condições envolvidas num processo é que se consegue fazer escolhas de modo autônomo e independente. E a presente proposta nada mais é do que uma contribuição para a formação desse conhecimento, a fim de que a liberdade sindical se realize de forma plena em nosso país.

Sandro Lunard Nicoladeli

Advogado trabalhista, membro da Associação dos Advogados Trabalhista do Paraná, Mestre em direito UFPR, professor da Universidade Federal do Paraná e Faculdades OPET, nomeado pelo governo do Paraná como Conselheiro Estadual do Trabalho (2007) e do grupo executivo pelo Trabalho Decente do Paraná (2010/2011), bolsista da OIT no Centro de Formação da OIT/Turim-Itália e no Escritório Regional da OIT para a América Latina em Lima/Peru. Especialista em Relações do Trabalho pela Universidade de Castilla La-Mancha/Espanha.

Tatyana Scheila Friedrich

Doutora, Professora de Direito Internacional da UFPR.

Capítulo 1

PROCEDIMENTO DO COMITÊ DE LIBERDADE SINDICAL E OS INTERLOCUTORES SOCIAIS

FUNÇÃO DA OIT E COMPETÊNCIA DO COMITÊ DE LIBERDADE SINDICAL

1. A função da Organização Internacional do Trabalho, em matéria de liberdade sindical e de proteção da pessoa, consiste em contribuir para a efetiva aplicação dos princípios gerais da liberdade sindical, que constitui uma das garantias primordiais da paz e da justiça social. No cumprimento de sua responsabilidade, a Organização não deve vacilar em discutir, em âmbito internacional, casos cuja natureza afete substancialmente a consecução de seus fins e objetivos, conforme expostos em sua constituição, na Declaração de Filadélfia e nas diversas convenções relativas à liberdade sindical.

(Ver Recompilação de 1996, parágrafo 1; e informe 332º, caso n. 2227, parágrafo 600)

2. Por força de sua Constituição, a OIT foi criada especialmente para melhorar as condições de trabalho e promover a liberdade sindical nos diferentes países. Disso resulta que as matérias tratadas, nesse âmbito, pela Organização já não são da competência exclusiva dos Estados e que a ação que empreende para esse fim não pode ser considerada como intervenção nos assuntos internos, uma vez que está nos limites da missão recebida de seus membros, com vista a alcançar os objetivos que lhe foram atribuídos.

(Ver Recompilação de 1996, parágrafo 2; e informe 329º, caso n. 2144, parágrafo 69; e informe 331º, casos ns. 2177 e 2183, parágrafo 548)

3. A finalidade do procedimento do Comitê é promover o respeito dos direitos sindicais *de jure* e de fato.

(Ver Recompilação de 1996, parágrafo 4 e, por exemplo, informe 299º, caso n. 1772, parágrafo 127; informe 300º, caso n. 1799, parágrafo 205; informe 305º, caso n. 1870, parágrafo 140; informe 311º, caso n. 1873, parágrafo 106; informe 316º, caso n. 1988, parágrafo 386; informe 321º, caso n. 1888, parágrafo 230; informe 325º, caso n. 2052, parágrafo 407; informe 332º, caso n. 2225, parágrafo 373; informe 335º, caso n. 2111, parágrafo 1169; e informe 336º, caso n. 2321, parágrafo 491)

4. O propósito geral de procedimento especial de Comitê de Liberdade Sindical não é criticar ou castigar a ninguém, senão estabelecer um diálogo tripartite construtivo a fim de promover o respeito dos direitos sindicais de fato e de direito.

(Ver informe 323º, caso n. 188, parágrafo 199)

5. As queixas ou reclamações podem ser apresentadas ao Comitê, independentemente de ter ou não o país, de que se trate, ratificado as convenções sobre liberdade sindical.

(Ver Recompilação de 1996, parágrafo 5; e informe 332º, caso n. 2227, parágrafo 600)

6. O mandato do Comitê consiste em determinar se uma situação concreta do ponto de vista legislativo ou da prática se ajusta aos princípios da liberdade sindical e da negociação coletivas definidas por convenções sobre estas matérias.

(Ver Recompilação de 1996, parágrafo 6; informe 310º, caso n. 1931, parágrafo 494; informe 311º, caso n. 1942, parágrafo 262; informe 335º, caso n. 2187, parágrafo 116; e informe 337º, caso n. 2258, parágrafo 836)

7. No âmbito de suas atribuições, compete ao Comitê examinar até que ponto o exercício dos direitos sindicais podem ser afetados nos casos de alegações de atentado contra as liberdades civis.

(Ver Recompilação de 1996, parágrafo 7)

8. O mandato do Comitê não está relacionado com a Declaração da OIT de 1998 — a que prevê suas próprias normas de seguimento —, se bem que deriva diretamente dos objetivos e propósitos estabelecidos na Constituição da OIT.

(Ver informe 332º, caso n. 2227, parágrafo 600)

9. É competência do Comitê determinar se os elementos probatórios usados para esse efeito resultam suficientes e até que ponto o são. Essa apreciação se refere ao mérito do caso e não pode fundamentar uma decisão de inadmissibilidade do trâmite.

(Ver informe 325º, caso n. 2106, parágrafo 477)

10. Sempre que examina uma queixa ou reclamação, o Comitê leva em conta a situação do país, analisando fatores como a história, relações de trabalho na administração pública, questão social e contexto econômico, os princípios da liberdade sindical se aplicam indistintamente e sem distinções aos países.

(Ver informe 329º, casos ns. 2177 e 2183, parágrafo 630)

11. Quando leis nacionais, mesmo as interpretadas por tribunais superiores, ferem os princípios da liberdade sindical, o Comitê sempre considerou ser de sua competência examinar as leis, dar orientações e oferecer assistência técnica da Organização para harmonizar as leis com os princípios da liberdade sindical definidos na Constituição da OIT e nas convenções aplicáveis.

(Ver Recompilação de 1996, parágrafo 8; informe 310º, caso n. 1931, parágrafo 494; informe 318º, caso n. 1954, parágrafo 50; informe 329º, caso n. 2114, parágrafo 69; e informe 329º, casos ns. 2177 e 2183, parágrafo 631)

12. Uma vez que não compete ao Comitê pronunciar-se sobre questões relativas à ocupação ou à administração de territórios, incumbe ao governo do país ocupante respeitar, na qualidade de Membro da OIT, os princípios contidos na Constituição da Organização em matéria de liberdade sindical, com relação aos territórios ocupados nos quais não se aplica a legislação nacional e com relação aos quais o dito membro não contrai a obrigação, com a OIT, de ratificar as convenções internacionais sobre liberdade sindical. Nesse sentido, o Comitê lembrou que sua competência é exercida independentemente da ratificação das convenções sobre liberdade sindical.

(Ver Recompilação de 1996, parágrafo 9)

13. Não é competência do Comitê, tratar de alegações de natureza puramente política, mas lhe corresponde analisar as disposições de natureza política adotadas por um governo sobre as medidas que podem ter repercussões sobre o exercício dos direitos sindicais.

(Ver Recompilação de 1996, parágrafo 200)

14. A questão da representação de uma organização na Conferência Internacional do Trabalho, corresponde à competência da Comissão de Verificação de Poderes da Conferência.

(Ver Recompilação de 1996, parágrafo 659)

OBRIGAÇÕES FUNDAMENTAIS DOS ESTADOS-MEMBROS EM MATÉRIA DE DIREITOS HUMANOS E DE DIREITOS SINDICAIS

15. Ao se decidir pela adesão à Organização, o Estado aceita os princípios fundamentais definidos na Constituição e na Declaração de Filadélfia, inclusive os relativos à liberdade sindical.

(Ver Recompilação de 1996, parágrafos 10; informe 329º, casos ns. 2177 e 2183, parágrafo 630; informe 330º, casos ns. 2166, 2173, 2180, 2196, parágrafo 288; informe 333º, caso n. 2268, parágrafo 732; informe 335º, caso

n. 2187, parágrafo 116; informe 336º, casos ns. 1937 e 2027, parágrafo 141; informe 338º, caso n. 1890, parágrafo 179; e caso n. 2252, parágrafo 306)

16. A adesão de um Estado à Organização Internacional do Trabalho, impõem-no em respeitar sua legislação e os princípios da liberdade sindical e as convenções que foram ratificados livremente.

(Ver informe 300º, caso n. 1793, parágrafo 263)

17. A responsabilidade para garantir o respeito dos direitos da liberdade sindical corresponde ao Governo.

(Ver informe 304º, caso n. 1852, parágrafo 492)

18. O governo tem a responsabilidade de velar pela aplicação das convenções internacionais de trabalho em matéria de liberdade sindical, que haja ratificado livremente e que devem ser respeitados por todas as autoridades estatais, inclusive as judiciais.

(Ver informe 313º, caso n. 1952, parágrafo 300; e informe 318º, caso n. 1991, parágrafo 269)

19. Os direitos sindicais, à semelhança dos demais direitos humanos fundamentais, devem ser respeitados qualquer que seja o grau de desenvolvimento do país em causa.

(Ver Recompilação de 1996, parágrafos 17 e 41; e informe 321º, caso n. 2031, parágrafo 166)

20. O Comitê referiu-se à Declaração Tripartite de Princípios sobre as empresas multinacionais e a política social, adotada pelo Conselho de Administração da OIT, em novembro de 1977, que estabelece em seu parágrafo 45: "quando os governos dos países receptores oferecem incentivos especiais para atrair investimentos estrangeiros, estes incentivos não deveriam incluir qualquer limitação à liberdade sindical dos trabalhadores nem ao direito de sindicalização e de negociação coletiva."

(Ver Recompilação de 1996, parágrafo 12)

21. Não pode ser utilizado por um Estado o argumento de que outros compromissos ou acordos podem justificar a não aplicação de convenções ratificadas da OIT.

(Ver Recompilação de 1996, parágrafo 13; e informe 330º, caso n. 2194 e parágrafo 791)

22. O grau de proteção para o exercício dos direitos sindicais, que derivam das disposições e princípios das Convenções ns. 87 e ns. 98, constitui um mínimo que pode ser complementado e é conveniente que se somem outras garantias suplementares resultantes do sistema constitucional e jurídico de um dado país, de suas tradições em matéria de relações de trabalho, da ação sindical ou da negociação entre os interessados.

(Ver Recompilação de 1996, parágrafo 14)

23. Diante de queixas ou reclamações apresentadas contra um governo por violação dos direitos sindicais, o Comitê observou que um governo que o sucede no mesmo Estado não pode, pelo simples fato dessa mudança, fugir à responsabilidade contraída por fatos ocorridos no governo anterior. O novo governo, em qualquer hipótese, é responsável por todas as consequências que possam ter os ditos acontecimentos. Quando ocorre, num país, uma mudança de regime, o novo governo deveria tomar as medidas necessárias para corrigir os efeitos que poderiam continuar produzindo, desde sua tomada de posse, os fatos sobre os quais foi feita uma queixa ou reclamação, mesmo que estes fatos tenham ocorrido no regime anterior.

(Ver Recompilação de 1996, parágrafo 18; informe 306º, caso n. 1904, parágrafo 594; informe 307º, caso n. 1905, parágrafo 147, caso n. 1910, parágrafo 165; informe 316º, caso n. 1970, parágrafo 547; e informe 335º, caso n. 2305, parágrafo 501)

OBRIGAÇÕES DOS GOVERNOS NO ÂMBITO DO PROCEDIMENTO DO COMITÊ DE LIBERDADE SINDICAL

24. Os governos devem reconhecer a importância que tem para sua própria reputação, enviar respostas precisas às alegações formuladas pelas organizações reclamantes, para que o Comitê possa proceder a um exame objetivo.

(Ver Recompilação de 1996, parágrafo 20 e, por exemplo, informe 304º, caso n. 1850, parágrafo 205; informe 307º, caso n. 1864, parágrafo 427; informe 311º, caso n. 1873, parágrafo 106; informe 318º, caso n. 1978, parágrafo 216; informe 323º, casos ns. 2017 e 2050, parágrafo 301; informe 324º, caso n. 2035, parágrafo 570; informe 326º, caso n. 2103, parágrafo 294; informe 330º, casos ns. 2166, 2173, 2180, 2196, parágrafo 289; informe 334º, caso n. 2200, parágrafo 756; e informe 335º, caso n. 2187, parágrafo 116)

25. Em todos os casos que lhe têm sido apresentados desde sua criação, o Comitê recomenda que as respostas dos governos às alegações dos reclamantes não deveriam limitar-se a observações de caráter geral.

(Ver Recompilação de 1996, parágrafo 21; e informe 310º, parágrafo 424)

FUNÇÕES DAS ORGANIZAÇÕES DE TRABALHADORES E EMPREGADOS

(Ver também parágrafos 36 e 1069)

26. É indispensável o desenvolvimento de organizações livres e independentes, além da negociação com o conjunto dos integrantes da estrutura social, para que um governo possa enfrentar os problemas econômicos e sociais e resolvê-los da melhor maneira no interesse dos trabalhadores e da nação.

(Ver Recompilação de 1996, parágrafo 24; informe 308º, caso n. 1934, parágrafo 124; informe 330º, caso n. 2189, parágrafo 466; informe 332º, caso n. 2090, parágrafo 353; e informe, caso n. 2189, parágrafo 485)

27. A missão precípua dos sindicatos deveria consistir em assegurar o desenvolvimento do bem-estar econômico e social de todos os trabalhadores.

(Ver Recompilação de 1996, parágrafo 27; e informe 310º, caso n. 1929, parágrafo 425)

28. Os interesses profissionais e econômicos defendidos pelos trabalhadores e suas organizações abrangem não só a conquista de melhores condições de trabalho ou reivindicações coletivas de ordem profissional, mas também a busca de soluções para questões de política econômica e social e para problemas que se põem na empresa e que interessam diretamente aos trabalhadores.

(Ver Recompilação de 1996, parágrafo 29; e informe 310º, caso n. 1929, parágrafo 425)

29. Não tem cabimento restringir a ação de organizações sindicais exclusivamente à esfera profissional. Com efeito, a adoção de política geral, particularmente no terreno econômico, gera consequências que repercutem na situação dos assalariados (remuneração, férias, condições de trabalho).

(Ver Recompilação de 1996, parágrafo 30)

Capítulo 2

DIREITOS SINDICAIS E LIBERDADES PÚBLICAS

PRINCÍPIOS GERAIS

(Ver também parágrafos 7 e 19)

30. O comitê tem considerado conveniente reafirmar a importância que deve ser atribuída aos princípios fundamentais enunciados na Declaração Universal de Direitos Humanos, uma vez que sua violação pode comprometer o livre exercício dos direitos sindicais.

(Ver Recompilação de 1996, parágrafo 32; e informe 308º, caso n. 1934, parágrafo 135)

31. Em múltiplas ocasiões, o Comitê tem ressaltado a importância do princípio estabelecido, em 1970, pela Conferência Internacional do Trabalho, em sua resolução sobre os direitos sindicais e sua relação com as liberdades civis, na qual se reconhece que "os direitos conferidos às organizações de trabalhadores e de empregadores se baseiam no respeito às liberdades civis enumeradas principalmente na Declaração Universal dos Direitos Humanos e no Pacto Internacional de Direitos Civis e Políticos, e que o conceito de direitos sindicais carece totalmente de sentido quando inexistem essas liberdades civis".

(Ver Recompilação de 1996, parágrafo 33; e informe 300º, caso n. 1790, parágrafo 296)

32. O Comitê tem considerado que o sistema democrático é fundamental para o exercício dos direitos sindicais.

(Ver Recompilação de 1996, parágrafo 34; informe 302º, caso n. 1773, parágrafo 469; e informe 306º, caso n. 1884, parágrafo 684)

33. Um movimento sindical realmente livre e independente só pode desenvolver-se no respeito aos direitos humanos fundamentais.

(Ver Recompilação de 1996, parágrafo 35; informe 300º, casos ns. 1682, 1711, 1716, parágrafo 173; informe 302º, caso n. 1773, parágrafo 469; informe 316º, caso n. 1773, parágrafo 614; e informe 338º, caso n. 2378, parágrafo 1153)

34. O governo tem a obrigação iniludível de promover e defender um clima social em que o respeito das disposições jurídicas seja a única forma de garantir o respeito e a proteção das pessoas.

(Ver informe 326º, caso n. 2027, parágrafo 176)

35. Providências adequadas devem ser tomadas para garantir, qualquer que seja a tendência sindical, que os direitos sindicais possam ser exercidos normalmente, dentro do respeito aos direitos humanos fundamentais e num clima sem violência, pressões, temores e ameaças de qualquer natureza.

(Ver Recompilação de 1996, parágrafo 36; informe 306º, caso n. 1884, parágrafo 684; informe 308º, caso n. 1934, parágrafo 135; informe 316º, caso n. 1773, parágrafo 614; e informe 333º, caso n. 2268, parágrafo 744)

36. Para que a contribuição dos sindicatos tenha o desejado grau de utilidade e de credibilidade, é mister que sua atividade se desenvolva num clima de liberdade e de segurança. Isto implica na hipótese de se considerarem privados das liberdades essenciais ao cumprimento de sua missão, que os sindicatos poderiam reivindicar o reconhecimento e o exercício dessas ditas liberdades e que essas reivindicações deveriam ser consideradas como legítimas atividades sindicais.

(Ver Recompilação de 1996, parágrafo 28, 37 e 459; informe 334º, caso n. 2254, parágrafo 1082; e informe 337º, caso n. 2258, parágrafo 852)

37. Um movimento sindical livre não pode desenvolver-se num regime que não garanta os direitos fundamentais, especialmente o direito dos trabalhadores sindicalizados de se reunirem em sindicatos próprios, o direito de livre expressão de opinião, verbal ou escrita, e o direito dos trabalhadores sindicalizados de contar, em caso de detenção, com as garantias de um processo judicial regular formalizado o mais cedo possível.

(Ver Recompilação de 1996, parágrafo 38)

38. A Conferência Internacional do Trabalho observou que o direito de reunião, a liberdade de opinião e de expressão, sobretudo o direito de não ser importunado por causa de opiniões pessoais e o de buscar e receber informações e opiniões e de difundi-las sem limitação de fronteiras, por qualquer meio de expressão, constituem liberdades civis essenciais ao exercício normal dos direitos sindicais (resolução sobre os direitos sindicais e sua relação com as liberdades civis, adotada na 54ª Reunião, em 1970).

(Ver Recompilação de 1996, parágrafo 39)

39. A política de todo governo deveria ter como objetivo o cumprimento dos direitos humanos.

(Ver Recompilação de 1996, parágrafos 15 e 40)

40. Embora o fato de ter uma missão sindical não confira imunidade a seu titular, que lhe permita transgredir disposições legais em vigor, estas, por sua vez, não devem desconsiderar as garantias básicas em matéria de liberdade sindical, nem punir atividades que, de acordo com os princípios geralmente reconhecidos na matéria, deveriam ser consideradas como atividades sindicais legítimas.

(Ver Recompilação de 1996, parágrafos 42 e 726; informe 305º, caso n. 1870, parágrafo 145; informe 326º, caso n. 2105, parágrafo 448; informe 329º, caso n. 2188, parágrafo 211; informe 333º, caso n. 2268, parágrafo 744; e informe 335º, caso n. 2276, parágrafo 408)

41. Não se deve fazer uso de acusações de condutas criminosas com o objetivo de perseguir sindicalistas por causa de sua afiliação ou atividades sindicais.

(Ver Recompilação de 1996, parágrafo 43; informe 305º, caso n. 1773, parágrafo 365; informe 1884º, parágrafo 700; e informe 327º, caso n. 2018, parágrafo 117)

DIREITO À VIDA, À SEGURANÇA E À INTEGRIDADE FÍSICA OU MORAL DA PESSOA

(Ver também parágrafos 80 e 1125)

42. O direito à vida é o pressuposto básico do exercício dos direitos consagrados na Convenção n. 87.

(Ver Recompilação de 1996, parágrafo 45)

43. A liberdade sindical só pode ser exercida numa situação em que se respeitem e se garantam plenamente os direitos humanos fundamentais, particularmente os relativos à vida e à segurança da pessoa.

(Ver Recompilação de 1996, parágrafo 46 e, por exemplo, informe 300º, caso n. 1649, parágrafo 453; informe 305º, caso n. 1876, parágrafo 322; informe 307º, caso n. 1876, parágrafo 312; informe 308º, caso n. 1892, parágrafo 401; informe 316º, caso n. 1970, parágrafo 548; informe 324º, caso n. 1787, parágrafo 273, informe 329º, caso n. 2201, parágrafo 508; informe 332º, caso n. 2201, parágrafo 546; informe n. 333º, caso n. 1787, parágrafo 450; e informe 334º, caso n. 2254, parágrafo 1088)

44. Os direitos de organizações de trabalhadores e de empregadores só podem ser exercidos num clima sem violência, pressões ou ameaças de qualquer natureza contra dirigentes e membros dessas organizações, e compete aos governos garantir o respeito a esse princípio.

(Ver Recompilação de 1996, parágrafo 47 e, por exemplo, informe 299º, caso n. 1512, parágrafo 407; informe 304º, caso n. 1862, parágrafo 81; informe 308º, caso n. 1888, parágrafo 342; informe 321º, caso n. 2052, parágrafo 247; informe 327º, caso ns. 2017 e 2050, parágrafo 601; informe 333º, caso n. 2158, parágrafo 83; informe 334º, caso n. 2254, parágrafo 1088; informe 336º, caso n. 2321, parágrafo 496; informe 337º, caso n. 1787, parágrafo 535; e informe 338º, caso n. 2298, parágrafo 886)

45. Um movimento sindical realmente livre e independente não pode desenvolver-se num clima de violência e insegurança.

(Ver Recompilação de 1996, parágrafo 48; informe 302º, caso n. 1849, parágrafo 202; informe 304º, caso n. 1850, parágrafo 207; informe 326º, caso n. 2027, parágrafo 176; e informe 337, caso n. 2318, parágrafo 340)

46. Um clima de violência, que comporte assassinato ou desaparecimento de dirigentes sindicais ou atos de agressão contra propriedades e bens de organizações de trabalhadores e de empregadores, constitui grave obstáculo ao exercício dos direitos sindicais, esses atos exigem medidas severas da parte das autoridades.

(Ver Recompilação de 1996, parágrafo 49; e informe 330º, caso n. 1888, parágrafo 657)

47. Fatos imputáveis a particulares são da responsabilidade dos Estados, tendo em vista a obrigação dos Estados de diligenciar e intervir para prevenir as violações dos direitos humanos. Devem os governos, por conseguinte, procurar não violar seus deveres de respeito aos direitos e às liberdades individuais, assim como seu dever de garantir aos sindicalistas o direito à vida.

(Ver Recompilação de 1996, parágrafos 19 e 50; informe 308º, caso no 1934, parágrafo 135)

48. Assassinato, desaparecimento ou lesões graves de dirigentes sindicais e de sindicalistas exigem a realização de investigações judiciais independentes, com o objetivo de esclarecer plenamente, no mais breve espaço de tempo possível, os fatos e as circunstâncias em que se produziram, e, assim, dentro do possível, apurar as responsabilidades, punir os culpados e evitar a repetição dos mesmos fatos.

(Ver Recompilação de 1996, parágrafo 51 e, por exemplo, informe 306º, caso n. 1884, parágrafo 699; informe 310º, caso n. 1773, parágrafo 462; informe 325º, caso n. 1888, parágrafo 393; informe 327º, caso n. 2156, parágrafo 202; informe 328º, caso n. 1787, parágrafo 114; informe 331º, caso n. 2158, parágrafo 38; informe 333º, caso n. 2268, parágrafo 748; informe 337º, caso n. 2318, parágrafo 336, caso n. 2268, parágrafo 1091; e informe 338º, caso n. 2158, parágrafo 185)

49. Nos casos em que a polícia intervém para dispersar reuniões públicas ou manifestações e se tenham produzido perdas de vida ou ferimentos graves, o Comitê tem dado grande importância a que se proceda imediatamente a uma investigação imparcial e detalhada dos fatos e se instaure um processo legal e regular para estabelecer os motivos da ação empreendida pela polícia e apurar as responsabilidades.

(Ver Recompilação de 1996, parágrafos 52 e 148; informe 302º, caso n. 1840, parágrafo 353; informe 304º, caso n. 1850, parágrafo 207; informe 306º, caso n. 1884, parágrafo 696; informe 331º, caso n. 2217, parágrafo 200; e informe 337º, caso n. 2323, parágrafo 1030)

50. Quando ocorrem agressões à integridade física ou moral, o Comitê tem considerado que se deveria proceder, sem demora, à instauração de inquérito judicial independente, por constituir método especialmente apropriado para esclarecer plenamente os fatos, apurar as responsabilidades, punir os culpados e evitar a repetição desses atos.

(Ver Recompilação de 1996, parágrafo 53 e, por exemplo, informe 299º, caso n. 1512, parágrafo 324; informe 306º, caso n. 1862, parágrafo 116; informe 320º, caso n. 2048, parágrafo 717; informe 325º, caso n. 1068, parágrafo 314; informe 326º, caso n. 2048, parágrafo 717; informe 325º, caso n. 2068, parágrafo 314; informe 326º, caso n. 2116, parágrafo 328; e informe 337º, caso n. 2318, parágrafo 340)

51. Quando, em alguns casos, inquéritos judiciais sobre assassinato e desaparecimento de sindicalistas não chegam a nenhuma conclusão, o Comitê considerou ser imprescindível identificar, processar e condenar os culpados, e observou que uma situação desta natureza dá lugar à impunidade, de fato, dos culpados, agravando o clima de violência e de insegurança, o que é extremamente prejudicial ao exercício das atividades sindicais.

(Ver Recompilação de 1996, parágrafo 54; e informe 322º, caso n. 1787, parágrafo 30)

52. A falta de condenações dos culpados envolve a impunidade, de fato, que agrava o clima de violência e de insegurança, o que é extremamente prejudicial ao exercício das atividades sindicais.

(Ver Recompilação de 1996, parágrafo 55 e, por exemplo, informe 304º, caso n. 1787, parágrafo 172; informe 306º, caso n. 1843, parágrafo 616; informe 316º, caso n. 1970, parágrafo 548; informe 320º, caso n. 2027, parágrafo 873; informe 321º, caso n. 1813, parágrafo 62; informe 325º, caso n. 2010, parágrafo 28; informe 330º, caso n. 1888, parágrafo 657; informe 332º, casos ns. 1937 e 2027, parágrafo 106; informe 337º, casos ns. 1937 e 2027, parágrafo 106; informe 337º, caso n. 2318, parágrafo 336)

53. O Comitê destacou a necessidade de que nos casos em que as investigações judiciais relacionadas com a morte de sindicalistas parecem prolongar-se excessivamente os processos sejam resolvidos rapidamente.

(Ver informe 306º, caso n. 1843, parágrafo 615)

54. O Comitê considera que, durante o período de detenção, os sindicalistas, como qualquer pessoa, devem gozar das garantias previstas na Declaração Universal dos Direitos Humanos e no Pacto Internacional de Direitos Civis e Políticos.

(Ver Recompilação de 1996, parágrafo 60; e informe 310º, caso n. 1930, parágrafo 361)

55. Com relação a alegações de maus-tratos físicos e torturas de sindicalistas, o Comitê lembrou que os governos deveriam baixar as instruções necessárias para que nenhum detido seja objeto de maus-tratos, e impor sanções eficazes nos casos em que se comprove terem sido cometidos, e ressaltou a importância que convém atribuir ao princípio consagrado no Pacto Internacional de Direitos Civis e Políticos, segundo o qual toda pessoa privada da liberdade será tratada humanamente e com respeito inerente ao ser humano.

(Ver Recompilação de 1996, parágrafo 59; informe 300º, casos ns. 1682, 1711, 1716, parágrafo 175, caso n. 1818, parágrafo 365; informe 306º, caso n. 1843, parágrafo 616, informe 318º, caso n. 2005, parágrafo 182; informe 321º, caso n. 2031, parágrafo 171; informe 336º, caso n. 2321, parágrafo 495; e informe 337º, caso n. 2249, parágrafo 1495)

56. Em caso de alegações de tortura e maus-tratos de pessoas detidas, os governos deveriam investigar queixas dessa natureza para tomar as devidas providências, inclusive à indenização de danos sofridos e punição dos culpados, assim como para garantir que nenhuma pessoa detida seja objeto de maus-tratos.

(Ver Recompilação de 1996, parágrafo 57; informe 306º, caso n. 1843, parágrafo 616; informe 309º, caso n. 1843, parágrafo 384; informe 310º, caso n. 1930, parágrafo 353; informe 321º, caso n. 2031, parágrafo 171, caso n. 1965, parágrafo 383; informe 328º, caso n. 1787, parágrafo 114; informe 331º, caso n. 2169, parágrafo 640; e informe 333º, caso n. 2268, parágrafo 755)

57. No que diz respeito a denúncias de maus-tratos e de outras medidas punitivas a que teriam sido submetidos trabalhadores que participaram de greves, o Comitê destacou a importância que tem sempre atribuído ao direito dos sindicalistas, assim como de qualquer outra pessoa, de gozar das garantias de um processo judicial regular, de conformidade com os princípios na Declaração Universal dos Direitos Humanos e no Pacto Internacional de Direitos Civis e Políticos.

(Ver Recompilação de 1996, parágrafo 58)

58. Um clima de violência, de pressões e de ameaças de qualquer natureza contra dirigentes sindicais e seus familiares, não propicia o livre exercício e o pleno gozo dos direitos e liberdades que consagram as Convenções ns. 87 e 98 e todo Estado tem a inescapável obrigação de fomentar e manter um clima social em que impere o respeito à lei como único meio de garantir o respeito vida e sua proteção.

(Ver Recompilação de 1996, parágrafos 61 e 62; informe 306º, caso n. 1903, parágrafo 489; informe 331º, casos ns. 1937 e 2027, parágrafo 106; informe 327º, caso n. 1787, parágrafo 342; e informe 333º, caso n. 2268, parágrafo 755)

59. Os ataques perpetrados contra sindicalistas constituem uma grave intervenção nos direitos sindicais. As ações criminais dessa natureza criam um clima de temor que é prejudicial para o desenvolvimento das atividades sindicais.

(Ver informe 306º, caso n. 1862, parágrafo 112)

60. O ambiente de temor, que resulta de ameaças de morte a sindicalistas, não pode senão incidir desfavoravelmente no exercício das atividades sindicais, uma vez que o dito exercício só é possível dentro do respeito dos direitos humanos fundamentais e num clima desprovido de violência, pressões e ameaças de toda ordem.

(Ver Recompilação de 1996, parágrafo 63, e informe 337º, caso n. 2318, parágrafo 333)

RECLUSÃO E DETENÇÃO DE SINDICALISTAS

(Ver também parágrafos 151, 174, 671, 672, 673 e 674)

61. A detenção de dirigentes de organizações de trabalhadores e de empregadores, por atividades relacionadas com o exercício dos direitos sindicais, é contrária aos princípios da liberdade sindical.

(Ver Recompilação de 1996, parágrafos 69 e 72; informe 302º, caso n. 1824, parágrafo 155, caso n. 1849, parágrafo 213, caso n. 1773, parágrafo 476; informe 304º, caso n. 1850, parágrafo 211, caso n. 1865, parágrafo 245; informe 305º, caso n. 1773, parágrafo 369; informe 307º, caso n. 1864, parágrafo 432; informe 308º, caso n. 1920, parágrafo 524; e informe 334º, caso n. 2249, parágrafo 866)

62. A detenção de dirigentes sindicais e de sindicalistas por legítimas atividades sindicais, mesmo se por breve espaço de tempo, constitui violação dos princípios da liberdade sindical.

(Ver Recompilação de 1996, parágrafo 70 e, por exemplo, informe 299º, caso n. 1772, parágrafo 129; informe 300º, caso n. 1818, parágrafo 363; informe 309º, casos ns. 1851 e 1922, parágrafo 263; informe 323º, caso n. 1988, parágrafo 53; informe 326º, caso n. 2116, parágrafo 357; informe 328º, caso n. 2143, parágrafo 594; informe 330º, caso n. 2189, parágrafo 455; informe 331º, caso n. 2220, parágrafo 575; informe 336º, caso n. 2340, parágrafo 651; e informe 337º, caso n. 2365, parágrafo 1664)

63. Medidas que privam sindicalistas de liberdade, por motivos relacionados com suas atividades sindicais, mesmo que se trate de simples interpelações de curta duração, podem constituir um obstáculo ao exercício dos direitos sindicais.

(Ver Recompilação de 1996, parágrafo 77 e, por exemplo, informe 305º, caso n. 1805, parágrafo 224; informe 307º, caso 1863, parágrafo 342; informe 308º, caso n. 1934, parágrafo 131; informe 311º, caso n. 1969, parágrafo 147; informe 320º, caso n. 2023, parágrafo 428; informe 325º, caso n. 2109, parágrafo 461; informe 326º, caso n. 2116, parágrafo 357; informe 328º, caso n. 2129, parágrafo 603; e informe 331º, caso n. 2169, parágrafo 638)

64. A detenção de sindicalistas e de dirigentes sindicais, por razões ligadas à sua atividade na defesa dos interesses dos trabalhadores, é contrária aos princípios da liberdade sindical.

(Ver Recompilação de 1996, parágrafo 71 e, por exemplo, informe 302º, caso n. 1826, parágrafo 413; informe 316º, caso n. 1773, parágrafo 609; informe 318º, caso n. 1994, parágrafo 475; informe 325º, caso n. 2052, parágrafo 410; informe 330º, caso n. 1961, parágrafo 74; informe 332º, caso n. 2090, parágrafo 354; informe 334º, caso n. 2313, parágrafo 1118; informe 336º, caso n. 2340, parágrafo 651; e informe 337º, caso n. 2189, parágrafo 483, caso n. 2365, parágrafo 1664)

65. Medidas que privam de liberdade dirigentes sindicais e sindicalistas implicam grave risco de ingerência nas atividades sindicais e, quando obedecem a razões sindicais, constituem uma violação dos princípios da liberdade sindical.

(Ver Recompilação de 1996, parágrafo 74; informe 323º, caso n. 2079, parágrafo 541; informe 333º, caso n. 2153, parágrafo 212; e informe 336º, caso n. 2321, parágrafo 494)

66. A detenção de sindicalistas por razões sindicais implica grave enfraquecimento do exercício dos direitos sindicais e viola a liberdade sindical.

(Ver Recompilação de 1996, parágrafo 75; informe 300º, caso n. 1649, parágrafo 454; e informe 305º, caso n. 1870, parágrafo 145)

67. Medidas de prisão provisória de sindicalista podem criar um clima de intimidação e temor que impeça o desenvolvimento normal das atividades sindicais.

(Ver Recompilação de 1996, parágrafo 76; informe 308º, caso n. 1888, parágrafo 344; informe 331º, caso n. 2220, parágrafo 575; informe 332º, caso n. 2090, parágrafo 355, caso n. 2238, parágrafo 969; informe 334º, caso n. 2313, parágrafo 1118; e informe 337º, caso n. 2189, parágrafo 484)

68. Interpelações e interrogatórios policiais, de forma sistemática ou arbitrária, de dirigentes sindicais e de sindicalistas envolvem o perigo de abusos e podem constituir agressão aos direitos sindicais.

(Ver Recompilação de 1996, parágrafo 78)

69. A detenção e a prisão provisória de sindicalistas, sem que lhes impute algum delito e sem mandato judicial, constituem grave violação dos direitos sindicais.

(Ver Recompilação de 1996, parágrafos 79 e 82; informe 299º, caso n. 1803, parágrafo 338; informe 300º, caso n. 1818, parágrafo 364; 364; informe 302º, caso n. 1846, parágrafo 266, caso n. 1833, parágrafo 552; e informe 331º, caso n. 2217, parágrafo 200 e caso n. 2169, parágrafo 638)

70. A detenção de dirigentes sindicais, contra os quais não pesa ulteriormente nenhuma acusação, comporta restrições à liberdade sindical, e os governos deveriam tomar providências para que se baixem instruções adequadas para eliminar o risco que envolve essas detenções para as atividades sindicais.

(Ver Recompilação de 1996, parágrafos 80 e 81; informe 304º, caso n. 1649, parágrafo 391; informe 308º, caso n. 1917, parágrafo 205; informe 323º, caso n. 2028, parágrafo 212; informe 326º, casos ns. 2017 e 2050, parágrafo 279; informe 328º, caso n. 2158, parágrafo 322; e informe 331º, caso n. 2220, parágrafo 575)

71. A detenção de sindicalistas, em razão de sua condição ou de atividades sindicais, é contrária aos princípios da liberdade sindical.

(Ver informe 334º, caso n. 2254, parágrafo 1084)

72. Embora pessoas envolvidas em atividades sindicais, ou que desempenhem cargo sindical, não possam pretender à imunidade das leis penais ordinárias, as autoridades públicas não devem utilizar as atividades sindicais como pretexto para a detenção ou prisão arbitrária de sindicalistas.

(Ver Recompilação de 1996, parágrafo 83 e, por exemplo, informe 304º, caso n. 1865, parágrafo 246; informe 318º, caso n. 2005, parágrafo 179; informe

320º, caso n. 2048, parágrafo 716; informe 321º, caso n. 1888, parágrafo 233; informe 323º, caso n. 2074, parágrafo 149; informe 324º, caso n. 2031, parágrafo 47; informe 327, caso n. 2148, parágrafo 802; informe 333º, caso n. 2153, parágrafo 213, informe 337º, caso n. 2189, parágrafo 475; e informe 338º, caso n. 2382, parágrafo 531)

73. Por nenhum motivo deveriam submeter a processos ou aplicar outras formas de sanção contra os dirigentes sindicais que recorram ao Comitê de Liberdade Sindical e, por conseguinte, devem retirar-se de imediato as acusações formuladas contra eles.

(Ver informe 308º, caso n. 1920, parágrafo 524)

74. Os dirigentes sindicais não deveriam ser submetidos a medidas de represália e, sobretudo, detenções e privações de liberdade, por terem exercido direitos garantidos nos instrumentos da OIT em matéria de liberdade sindical, neste caso concreto, por ter prestado uma queixa ante o Comitê de Liberdade Sindical.

(Ver informe 338º, caso n. 2382, parágrafo 532)

75. A detenção e a prisão provisória de sindicalistas, inclusive por motivos de segurança interna, podem envolver grave enfraquecimento do exercício dos direitos sindicais se não acompanhadas de adequadas garantias judiciais.

(Ver Recompilação de 1996, parágrafo 84; informe 308º, caso n. 1888, parágrafo 344; e informe 333º, caso n. 2268, parágrafo 755)

DETENÇÃO COM FINS PREVENTIVOS

(Ver também parágrafos 86 e 120)

76. Medidas de detenção com fins preventivos podem implicar grave ingerência às atividades sindicais, que só se justificariam no caso de uma crise ou de uma situação grave, e poderiam dar lugar a críticas se não vierem cercadas de adequadas garantias judiciais, aplicadas dentro de prazos razoáveis.

(Ver Recompilação de 1996, parágrafo 85; e informe 335º, caso n. 2304, parágrafo 1013)

77. A detenção de sindicalistas com fins preventivos, baseada no fato de possíveis delitos por ocasião de uma greve, implica grave perigo de violação dos direitos sindicais.

(Ver Recompilação de 1996, parágrafo 86)

78. Medidas de detenção preventiva devem limitar-se a períodos muito breves, com vista, unicamente, a facilitar o desenvolvimento da investigação judicial.

(Ver Recompilação de 1996, parágrafo 87; informe 323º, caso n. 2028, parágrafo 212; e informe 333º, caso n. 2153, parágrafo 212)

79. Em todos os casos em que dirigentes sindicais são detidos preventivamente, ocorre a possibilidade de grave obstáculo ao exercício dos direitos sindicais. O Comitê tem sempre insistido no direito que têm todas as pessoas detidas de serem julgadas com justiça o quanto antes possível.

(Ver Recompilação de 1996, parágrafo 88)

80. A detenção preventiva deve ser cercada de uma série de garantias e limites:

1) que assegurem, sobretudo, que a detenção não será prolongada além do estritamente necessário nem será acompanhada de medidas de intimidação;

2) que impeçam que esta possa ser utilizada com outras finalidades e que excluam especialmente torturas e maus-tratos e assegurem que a detenção não comportará situações deficientes do ponto de vista higiênico, incômodos desnecessários ou situações de indefensibilidade.

(Ver Recompilação de 1996, parágrafo 89)

81. A detenção prolongada de pessoas sem submetê-las a julgamento, devido a dificuldades para se obterem provas dentro dos procedimentos normais, envolve o perigo de abuso e, por isso, é passível de crítica.

(Ver Recompilação de 1996, parágrafo 90; informe 310º, caso n. 1929, parágrafo 429; e informe 338º, caso n. 2387, parágrafo 864)

82. Embora o fato de exercer uma atividade sindical ou ter um mandato sindical não implique qualquer imunidade com relação ao direito penal ordinário, a detenção prolongada de sindicalistas, sem submetê-los a julgamento, pode constituir grave obstáculo ao exercício dos direitos sindicais.

(Ver Recompilação de 1996, parágrafo 91; e informe 338º, caso n. 2382, parágrafo 532)

DETENÇÕES DURANTE A VIGÊNCIA DE UM REGIME DE EXCEÇÃO

83. O Comitê, embora se abstendo de se pronunciar sobre a natureza política do estado de sítio, tem sempre observado que as detenções devem ser acompanhadas de garantias jurídicas aplicadas em prazos razoáveis e que toda pessoa detida deve contar com as garantais de um processo judicial regular instaurado o mais cedo possível.

(Ver Recompilação de 1996, parágrafo 99)

84. Em circunstâncias comparáveis às de um estado de guerra civil, o Comitê chamou a atenção para a importância que atribui a que todas as pessoas detidas desfrutem das garantias de um processo judicial regular, instaurado o mais rapidamente possível.

(Ver Recompilação de 1996, parágrafo 100)

85. Não pareceriam satisfatórias as garantias judiciais se, de acordo com o direito interno, o estado de sítio fizesse que os tribunais não pudessem proceder e, de fato, não procedessem ao exame do mérito das questões.

(Ver Recompilação de 1996, parágrafo 101)

86. Ao examinar casos de detenções em regimes de exceção, o Comitê assinalou que as medidas de detenção preventiva devem limitar-se no tempo a períodos muito breves, destinados unicamente a facilitar o desenvolvimento da investigação judicial.

(Ver Recompilação de 1996, parágrafo 195)

REGIME DE EDUCAÇÃO PELO TRABALHO

87. O "regime de educação pelo trabalho", com relação a pessoas que já tenham sido liberadas, constitui uma forma de trabalho forçado e uma medida de detenção administrativa de pessoas não condenadas por tribunais e, inclusive, em alguns casos, não susceptíveis de serem sancionadas por órgãos judiciais. Essa forma de detenção e de trabalho forçado constitui, sem dúvida alguma, uma violação das normas fundamentais da OIT que garantem o respeito aos direitos humanos e, quando aplicadas a pessoas por atividades de caráter sindical, uma manifesta violação dos princípios da liberdade sindical.

(Ver Recompilação de 1996, parágrafo 67; informe 310º, caso n. 1930, parágrafo 358; informe 321º, caso n. 2031, parágrafo 168; e informe 337º, caso n. 2189, parágrafo 480)

88. A sujeição de trabalhadores ao regime de educação pelo trabalho, sem condenação judicial, é uma forma de detenção administrativa que constitui violação dos direitos humanos fundamentais, cujo respeito é essencial ao exercício dos direitos sindicais, como assinalou a Conferência Internacional do Trabalho em 1970.

(Ver Recompilação de 1996, parágrafo 68; e informe 337º, caso n. 2189, parágrafo 480)

ORGANISMOS ESPECIAIS E JULGAMENTOS SUMÁRIOS

89. Em alguns casos em que sindicalistas tinham sido objeto de medidas ou de decisões de organismos de natureza especial, o Comitê insistiu na importância de que fossem asseguradas as garantias de um processo judicial regular.

(Ver Recompilação de 1996, parágrafo 120)

90. O Comitê, quando sindicalistas foram condenados em processos sumários e não puderam gozar de todas as garantias de um processo regular, sugeriu, por conseguinte, a possibilidade de serem novamente examinados esses casos de dirigentes sindicais condenados, com o objetivo de assegurar que ninguém seja privado de sua liberdade sem haver se beneficiado do dito processo judicial diante de uma autoridade judicial imparcial e independente.

(Ver Recompilação de 1996, parágrafo 121; e informe 337º, caso n. 2189, parágrafo 476)

INTERNAÇÃO EM HOSPITAIS PSIQUIÁTRICOS

91. Deveriam adotar todas as precauções necessárias para impedir que se aplique a internação em hospitais psiquiátricos como sanção ou como meio de pressão contra pessoas que desejam fundar uma nova organização independente da estrutura sindical existente.

(Ver informe 207º, caso n. 905, parágrafo 129; informe 310, caso n. 1930, parágrafo 352)

ACUSAÇÃO E CONDENAÇÃO DE SINDICALISTAS

92. Com relação ao indiciamento de dirigentes sindicais por suas atividades sindicais, o Comitê chamou a atenção para o perigo que representam, para o livre exercício dos direitos sindicais, as condenações de representantes dos trabalhadores no exercício de atividades em defesa dos interesses de seus representados.

(Ver Recompilação de 1996, parágrafo 44; e informe 333º, caso n. 2268, parágrafo 744)

93. A condenação de sindicalistas é grave quando configura-se em longos períodos de prisão por "perturbação da ordem pública", poderia permitir, dado o caráter geral dessas acusações, que se reprimissem as atividades sindicais.

(Ver Recompilação de 1996, parágrafo 64; informe 305º, caso n. 1773, parágrafo 365; informe 318º, caso n. 2005, parágrafo 180; informe 320º, caso n. 2048, parágrafo 721; e informe 330º, caso n. 2189, parágrafo 456)

94. Nos casos referentes à prisão cautelar, detenção ou condenação de um dirigente sindical, o Comitê, considerando que o interessado deveria beneficiar-se da presunção de inocência, opinou que cabia ao governo provar que as medidas por ele adotadas não foram motivadas pelas atividades sindicais de quem as sofria.

(Ver Recompilação de 1996, parágrafo 65; informe 305º, caso n. 1870, parágrafo 145; informe 331º, caso n. 2169, parágrafo 638; informe 337º, caso n. 2268, parágrafo 1092; e informe 338º, caso n. 2387, parágrafo 863)

95. Sentenças condenatórias de sindicalistas, pronunciadas com base no direito penal ordinário, não deveriam levar as autoridades a assumir uma atitude negativa com relação à organização de que fazem parte as ditas pessoas juntamente com outras.

(Ver Recompilação de 1996, parágrafo 66; e informe 335º, caso n. 2304, parágrafo 1016)

GARANTIA DE UM PROCEDIMENTO REGULAR

(Ver também parágrafos 57, 75, 76, 78, 79, 81, 83, 89 e 90)

96. Tendo a detenção poder de representar grave enfraquecimento do exercício dos direitos sindicais, e dada a importância que o Comitê tem sempre atribuído ao princípio de que se proceda a um julgamento justo, os governos são instados a submeter os detidos a julgamento em todos os casos, quaisquer que sejam as razões por eles alegadas para prolongar a detenção.

(Ver Recompilação de 1996, parágrafo 92)

97. O comparecimento, sem delonga, de uma pessoa em juízo competente constitui uma das garantias básicas do indivíduo, reconhecida em instrumentos como o Pacto Internacional de Direitos Civis e Políticos das Nações Unidas e a Declaração Americana dos Direitos e Deveres do Homem. Às pessoas que exercem atividades sindicais as autoridades deveriam garantir as liberdades civis com o objetivo de tornar mais efetivo o exercício dos direitos sindicais.

(Ver Recompilação de 1996, parágrafo 93; e informe 308º, caso n. 1888, parágrafo 344)

98. Um dos direitos humanos fundamentais é que as pessoas detidas sejam levadas, sem delonga, a um tribunal competente e, no caso de sindicalistas, a proteção contra a detenção e o encarceramento arbitrários e o direito a um julgamento justo e rápido figuram entre as liberdades civis que as autoridades deveriam assegurar para garantir o exercício dos direitos sindicais em condições normais.

(Ver Recompilação de 1996, parágrafo 94; informe 323º, caso n. 2028, parágrafo 212; e informe 332º, caso n. 2086, parágrafo 123)

99. Ao ser detida, toda pessoa deve ser informada das razões e notificada, sem demora, da acusação formulada contra ela.

(Ver Recompilação de 1996, parágrafo 95; e informe 308º, caso n. 1888, parágrafo 344)

100. Todo governo deve velar pelo respeito dos direitos humanos e, especialmente, do direito de toda pessoa detida ou acusada de se beneficiar das garantias de um processo regular instaurado o mais rapidamente possível.

(Ver Recompilação de 1996, parágrafo 96; e informe 310º, caso n. 1888, parágrafo 384)

101. O Comitê tem ressaltado a importância que se deveria dar ao princípio, segundo o qual, toda pessoa detida deveria ter direito de se beneficiar das garantias de um processo judicial normal, de conformidade com o estabelecido na Declaração Universal dos Direitos Humanos e com o direito fundamental reconhecido a toda pessoa detida de comparecer, sem demora, em juízo competente, direito que está consagrado em instrumentos como o Pacto Internacional de Direitos Civis e Políticos, a Declaração Americana dos Direitos e Deveres do Homem e a Convenção Americana sobre Direitos Humanos.

(Ver Recompilação de 1996, parágrafo 97; e informe 316, caso n. 1988, parágrafo 389)

102. Como as demais pessoas, os sindicalistas detidos devem desfrutar de um processo judicial regular e ter direito a uma boa administração da justiça, o que implica que sejam informados das acusações que lhes são imputadas, que disponham de tempo necessário para preparar sua defesa, possam comunicar-se livremente com o advogado de sua escolha e sejam julgados sem demora por autoridade judicial imparcial e independente.

(Ver Recompilação de 1996, parágrafo 102; informe 318º, caso n. 2005, parágrafo 181; informe 321º, caso n. 1888, parágrafo 233; informe 323º, caso n. 1888, parágrafo 183; e informe 333º, caso n. 2189, parágrafo 382)

103. O respeito das garantias processuais não é incompatível com um processo equitativo e rápido; pelo contrário, uma delonga excessiva pode ter efeito intimidatório nos dirigentes envolvidos, com repercussão no exercício de suas atividades.

(Ver Recompilação de 1996, parágrafo 103)

104. Com relação a alegações, segundo as quais os processos jurídicos costumam ser excessivamente longos, o Comitê tem lembrado a importância que atribui ao fato de serem os processos rapidamente resolvidos, uma vez que a lentidão da justiça pode transformar-se em sua negação.

(Ver Recompilação de 1996, parágrafo 104; e informe 327º, caso n. 1962, parágrafo 404)

105. A demora na aplicação da justiça equivale à sua negação.

(Ver Recompilação de 1996, parágrafos 56 e 105 e, por exemplo, informe 320º, caso n. 1890, parágrafo 56; informe 325º, caso n. 1888, parágrafo 392; informe 326º, casos ns. 2017 e 2050, parágrafo 284; informe 329º, caso n. 1787, parágrafo 376, caso n. 2201, parágrafo 508; informe 332º, caso n. 2046, parágrafo 445; informe 333º, caso n. 2186, parágrafo 508; informe 332º, caso n. 2046, parágrafo 445; informe 333º, caso n. 2186, parágrafo 350; e informe 337º, caso n. 2249, parágrafo 1472)

106. A falta de garantias de um processo judicial regular pode envolver abusos e ter como resultado que dirigentes sindicais acabem vítimas de decisões infundadas. Além disso, pode criar um clima de insegurança e de temor susceptível de influir o exercício dos direitos sindicais.

(Ver Recompilação de 1996, parágrafo 106; informe 333º, caso n. 2268, parágrafo 755 e informe 337º, caso n. 2323, parágrafo 1041)

107. As garantias de um procedimento judicial regular não só devem estar expressas na legislação, mas ser também aplicadas na prática.

(Ver Recompilação de 1996, parágrafo 107; e informe 309º, casos ns. 1851 e 1922, parágrafo 247)

108. As garantias de um processo judicial regular devem compreender a irretroatividade de uma lei penal.

(Ver Recompilação de 1996, parágrafo 108; e informe 332º, caso n. 2086, parágrafo 123)

109. O Comitê dá sempre muita importância a que, em todos os casos, inclusive naqueles em que se acusam sindicalistas de delitos de natureza política do direito comum, sejam os interessados julgados no mais breve prazo possível por autoridades judiciais imparciais e independentes.

(Ver Recompilação de 1996, parágrafo 109; informe 308º, caso n. 1773, parágrafo 443; e informe 337º, caso n. 2189, parágrafo 476)

110. Se um governo tem fundados motivos para crer que as pessoas detidas estão implicadas em atos de natureza subversiva, estas devem ser postas rapidamente à disposição da justiça, para que sejam julgadas, beneficiando-se das garantias de um procedimento judicial normal.

(Ver Recompilação de 1996, parágrafo 110)

111. Em várias ocasiões em que os reclamantes alegavam que dirigentes sindicais ou trabalhadores haviam sido detidos por causa de suas atividades sindicais e em que os governos, em suas respostas, se limitavam a rejeitar as ditas alegações ou a declarar que, na realidade, essas pessoas haviam sido detidas por atividades subversivas, por razões de segurança interna ou por delitos de direito comum, o Comitê sempre seguiu a norma de pedir aos governos interessados que oferecessem informações complementares, as mais precisas possíveis, sobre as alegadas detenções e, particularmente, sobre os processos judiciais instaurados e seus resultados, a fim de poder examinar as alegações com conhecimento de causa.

(Ver Recompilação de 1996, parágrafo 98, e 111; informe 310º, caso n. 1929, parágrafo 428; e informe 337º, caso n. 2323, parágrafo 1044)

112. Em vários casos, o Comitê tem solicitado dos governos o envio integral do teor das sentenças proferidas e suas fundamentações.

(Ver Recompilação de 1996, parágrafo 112)

113. O Comitê tem observado com insistência que, ao solicitar a um governo que lhe envie os resultados de processos judiciais, sua solicitação não tem nenhuma conotação com a integridade ou a independência do poder judiciário. A própria essência do processo judicial é que os resultados sejam conhecidos e a confiança em sua imparcialidade funda-se precisamente nesse conhecimento público.

(Ver Recompilação de 1996, parágrafos 26 e113; informe 327º, caso n. 1888, parágrafo 583; e informe 337º, caso n. 2189, parágrafo 471 e caso n. 2258, parágrafo 838)

114. O Comitê tem observado que não é de sua competência apreciar a condenação por razões alheias ao exercício dos direitos sindicais. Tem ressaltado, todavia, que saber se matéria dessa natureza cai no direito penal ou no exercício dos direitos sindicais não pode ser da competência unilateral do governo interessado, mas toca ao Comitê pronunciar-se sobre particular, depois de haver examinado todas as informações disponíveis e, sobretudo, o teor da sentença.

(Ver Recompilação de 1996, parágrafo 114; e informe 310º, caso n. 1888, parágrafo 383, e caso n. 1929, parágrafo 428)

115. Se, em alguns, casos, o Comitê concluiu que alegações relativas a medidas tomadas contra sindicalistas não mereciam exame mais aprofundado, foi por ter recebido dos governos interessados observações que demonstravam, de uma forma suficientemente precisa, que as medidas não tinham sido motivadas por atos alheios ao âmbito sindical e eram prejudiciais à ordem pública ou tinham caráter político.

(Ver Recompilação de 1996, parágrafo 115; e informe 305º, caso n. 1858, parágrafo 306)

116. Quando das informações recebidas pelo Comitê se depreendia que as pessoas interessadas haviam sido julgadas por autoridades judiciais competentes, com as garantias de um processo regular, e condenadas por atos que não tinham relação com as garantias de um processo regular, e condenadas por atos que não tinham relação com as atividades sindicais normais ou que excediam o limite das atividades sindicais normais, o Comitê concluiu que o caso não requeria exame mais aprofundado.

(Ver Recompilação de 1996, parágrafo 116)

117. A presunção de inocência é um direito do sindicalista processado enquanto não se prove legalmente sua culpabilidade num processo público, durante o qual goze de todas as garantias necessárias à sua defesa.

(Ver Recompilação de 1996, parágrafo 117; e informe 305º, caso n. 1773, parágrafo 368)

118. O Comitê tem lembrado que o Pacto Internacional de Direitos Civis e Políticos estabelece, em seu artigo 14, o direito de toda pessoa acusada de um crime de dispor de tempo e meios adequados para preparar a sua defesa e de se comunicar com o advogado de sua escolha.

(Ver Recompilação de 1996, parágrafo 118; e informe 306º, caso n. 1884, parágrafo 698)

119. Não compete ao Comitê pronunciar-se sobre se deve ser autorizada a intervenção de um advogado estrangeiro num julgamento.

(Ver Recompilação de 1996, parágrafo 119)

120. Disposições de uma lei que concedem ao ministro a faculdade discricionária de confinar dirigentes sindicais por um período de noventa dias, prorrogável, sem julgamento prévio e mesmo sem que lhes seja imputado algum delito, são incompatíveis com o direito de exercerem atividades e funções sindicais e de serem submetidos a processo justo no prazo mais breve possível.

(Ver Recompilação de 1996, parágrafo 129)

LIBERDADE DE MOVIMENTO

(Ver também parágrafos 153, 749 a 754 e 756)

121. Os sindicalistas como qualquer outra pessoa, deveriam gozar de liberdade de movimento. Em especial, deveriam gozar do direito de participar em atividades sindicais no estrangeiro, reservando-se o que dispõe a legislação nacional, a qual não deveria vulnerar os princípios da liberdade sindical.

(Ver informe 302, caso n. 1849, parágrafo 220)

122. O Comitê assinalou a atenção do Governo à importância que concede ao princípio estabelecido na Declaração Universal de Direitos Humanos sobre o direito de cada pessoa a sair de qualquer país, incluído o próprio, e a regressar ao país de origem.

(Ver informe 337º, caso n. 2268, parágrafo 1100)

123. O exílio forçado de dirigentes sindicais e de sindicalistas constitui grave agressão aos direitos humanos e, ao mesmo tempo, à liberdade sindical, uma vez que enfraquece o movimento sindical em seu todo, ao privá-lo de seus dirigentes.

(Ver Recompilação de 1996, parágrafo 122; e informe 300º, casos ns. 1682, 1711, 1716, parágrafo 176)

124. A imposição de sanções tais, como confinamento, prisão domiciliar ou banimento, por razões sindicais, constitui uma violação dos princípios da liberdade sindical. Além disso, o Comitê tem considerado inadmissível que sanções dessa natureza possam ser tomadas por via administrativa.

(Ver Recompilação de 1996, parágrafo 123)

125. Com relação ao exílio, confinamento ou banimento de sindicalistas, o Comitê, embora, reconhecendo que essas medidas podem basear-se numa situação de crise num país, ressaltou a conveniência de que essas medidas sejam cercadas de todas as salvaguardas necessárias para que não sejam utilizadas com vista a atentar contra o livre exercício dos direitos sindicais.

(Ver Recompilação de 1985, parágrafo 124)

126. O exílio forçado de sindicalistas, além de ser contrário aos direitos humanos, tem uma gravidade especial, porque os priva da possibilidade de trabalhar em seu país e os separa de suas famílias. Constitui, além disso, uma violação da liberdade sindical, uma vez que enfraquece as organizações sindicais ao privá-las de seus dirigentes.

(Ver Recompilação de 1996, parágrafo 125)

127. Conceder a um sindicalista a liberdade sob a condição de deixar o país não é compatível com o livre exercício dos direitos sindicais.

(Ver Recompilação de 1996, parágrafo 126)

128. A expulsão de dirigentes sindicais do país em que vivem, por atividades relacionadas com o exercício de suas funções como tais, não só é contrária aos direitos humanos, como constitui, além disso, uma ingerência nas atividades da organização a que pertencem.

(Ver Recompilação de 1996, parágrafo 127)

129. Restrições impostas à liberdade de movimento de pessoas numa determinada área e a proibição de ir à área onde funciona seu sindicato e na qual normalmente desempenham suas funções sindicais são contrárias ao exercício normal da liberdade sindical e ao exercício do direito de exercer livremente atividades e funções sindicais.

(Ver Recompilação de 1996, parágrafo 128)

DIREITO DE REUNIÃO E MANIFESTAÇÃO

(Ver também parágrafo 511)

A. Reuniões das organizações em seus próprios locais ou por ocasião de conflitos de trabalho

130. O direito das organizações profissionais de celebrar reuniões em seus locais para examinar questões profissionais, sem prévia autorização e sem ingerência das autoridades, constitui elemento fundamental da liberdade de associação, e as autoridades públicas deveriam abster-se de toda intervenção que possa limitar esse direito ou obstaculizar seu exercício legal, a menos que esse exercício altere a ordem pública ou ponha em risco grave e iminente sua manutenção.

(Ver Recompilação de 1996, parágrafo 130; informe 305º, caso n. 1893, parágrafo 461; informe 307º, caso n. 1850, parágrafo 116; informe 321º, caso n. 2066, parágrafo 338; informe 324º, caso n. 2014, parágrafo 923; informe 327º, caso n. 2153, parágrafo 158; informe 329º, caso n. 2198, parágrafo 685; informe 330º, caso n. 2144, parágrafo 715; e informe 334º, caso n. 2222, parágrafo 219)

131. O direito de greve e o direito de organizar reuniões sindicais são elementos essenciais do direito sindical, razão pela qual as medidas tomadas pelas autoridades para fazer respeitar a legalidade não deveriam ter como efeito impedir os sindicatos de organizar reuniões na ocasião de conflitos de trabalho.

(Ver Recompilação de 1996, parágrafo 131)

132. A presença de um representante das autoridades políticas nas reuniões sindicais pode influir nas discussões e nas decisões que se adotem (sobretudo, se esse representante tem direito de intervir no debate) e, portanto, pode constituir uma ingerência incompatível com o princípio da livre reunião sindical.

(Ver informe 299º, caso n. 1772, parágrafo 132)

B. Reuniões e manifestações públicas

(Ver também parágrafos 49 e 196)

133. Os trabalhadores devem poder gozar do direito de manifestação pacífica para defender seus interesses profissionais.

(Ver Recompilação de 1996, parágrafo 130 e, por exemplo, informe 306º, caso n. 1884, parágrafo 695; informe 307º, caso n. 1909, parágrafo 493; informe 320º, caso n. 2023, parágrafo 425; informe 321º, caso n. 2031, parágrafo 174; informe 326º, caso n. 2113, parágrafo 374; informe 330º, caso n. 2189, parágrafo 453; informe 335º, caso n. 2320, parágrafo 664; informe 336º, caso n. 2340, parágrafo 650; informe 337º, caso n. 2318, parágrafo 338; e informe 334º, caso n. 2323, parágrafo 1043)

134. O direito de organizar manifestações públicas é um aspecto importante dos direitos sindicais. Nesse sentido, o Comitê sempre distingue entre manifestações com objetivos puramente sindicais, que considera como pertencentes ao exercício da liberdade sindical, e manifestações com outros fins.

(Ver Recompilação de 1996, parágrafos 133 e 464; informe 300º, caso n. 1818, parágrafo 364; informe 308º, caso n. 1934, parágrafo 131; informe 309º, caso n. 1852, parágrafo 340; informe 311º, caso n. 1969, parágrafo 148; informe 332º, caso n. 2238, parágrafo 968; e informe 334º, caso n. 2222, parágrafo 219)

135. As ações de protesto estão protegidas pelos princípios da liberdade sindical só quando estas ações estão organizadas por organizações sindicais e podem ser consideradas como atividades sindicais legítimas cobertas pelo artigo 3º da Convenção n. 87.

(Ver informe 333º, caso n. 2204, parágrafo 228)

136. O direito de organizar reuniões públicas e passeatas de 1º de maio constitui um aspecto importante dos direitos sindicais.

(Ver Recompilação de 1996, parágrafo 134; informe 300º, caso n. 1791, parágrafo 339; informe 302º, caso n. 1840, parágrafo 350; informe 311º, casos ns. 1851 e 1922, parágrafo 478; informe 335º, caso n. 2270, parágrafo 1393; e informe 337º, caso n. 2323, parágrafo 1039)

137. A realização de reuniões públicas e a apresentação de reivindicações de ordem social e econômica constituem manifestações tradicionais da ação sindical por ocasião do 1º de maio. Os sindicatos deveriam ter o direito de organizar livremente reuniões para celebrar o 1º de maio, desde que respeitem as disposições tomadas pelas autoridades para garantir a tranquilidade pública.

(Ver Recompilação de 1996, parágrafo 135; informe 308º, caso n. 1894, parágrafo 539; informe 323º, caso n. 2074, parágrafo 148; e informe 324º, caso n. 2055, parágrafo 683)

138. Uma manifestação celebrada para comemorar o 50º aniversário da Convenção n. 87 insere-se no exercício do direito sindical.

(Ver informe 311º, caso n. 1969, parágrafo 148)

139. Os direitos sindicais incluem o direito de organizar manifestações públicas. Embora a proibição de manifestações na via pública, nos bairros mais movimentados de uma cidade, não constitua violação dos direitos sindicais, quando se teme a possibilidade de desordem, as autoridades deveriam fazer o possível para se entender com os organizadores da manifestação com o objetivo de permitir sua realização em outro local onde não se temam desordens.

(Ver Recompilação de 1996, parágrafo 136; informe 304º, caso n. 1850, parágrafo 213; informe 309º, caso n. 1940, parágrafo 284; informe 318º, caso n. 1994, parágrafo 460; informe 327º, caso n. 2148, parágrafo 802; e informe 336º, caso n. 2340, parágrafo 650)

140. As autoridades só deveriam recorrer à força pública quando a ordem pública se achasse realmente ameaçada. A intervenção da força pública deve guardar a devida proporção com a ameaça da ordem pública que se procura controlar, e os governos deveriam providenciar para que as autoridades competentes recebessem instruções adequadas com o objetivo de eliminar o perigo que implicam os excessos de violência quando se trata de controlar manifestações capazes de alterar a ordem pública.

(Ver Recompilação de 1996, parágrafo 137 e, por exemplo, informe 300º, casos ns. 1811 e 1816, parágrafo 311; informe 304º, caso n. 1837, parágrafo 55; informe 308º, caso n. 1914, parágrafo 670; informe 311º, caso n. 1865, parágrafo 336; informe 320º, caso n. 2027, parágrafo 872; informe 328º, caso n. 2143, parágrafo 593; informe 330º, caso n. 2189, parágrafo 872; informe 330º, caso n. 2189, parágrafo 453; informe 332º, caso n. 2218, parágrafo 422; informe 336º, caso n. 2340, parágrafo 651 e informe 337º, caso n. 2323, parágrafo 1031)

141. A exigência de autorização administrativa para realizar reuniões e manifestações públicas, não é em si objetável do ponto de vista dos princípios da liberdade sindical. A manutenção da ordem pública não é incompatível com o direito de realizar manifestações, uma vez que as autoridades competentes podem entender-se com os organizadores da manifestação quanto ao local e às condições em que se desenvolva.

(Ver Recompilação de 1996, parágrafo 138; informe 334º, caso n. 2222, parágrafo 219; informe 335º, caso n. 2285, parágrafo 1184; e informe 336º, caso n. 2358, parágrafo 719)

142. A autorização para fazer reuniões e manifestações públicas, que constituem importante direito sindical, não deveria ser negada arbitrariamente.

(Ver Recompilação de 1996, parágrafo 139; informe 316º, caso n. 1773, parágrafo 612; e informe 334º, caso n. 2222, parágrafo 219)

143. Embora o direito dos trabalhadores de organizar reuniões seja um direito essencial da liberdade sindical, as organizações estão obrigadas a respeitar as disposições gerais sobre reuniões públicas, princípio enunciado também no Artigo 8º da Convenção n. 87, segundo o qual, trabalhadores e suas organizações, do mesmo modo que as demais pessoas ou coletividades organizadas, são obrigados a respeitar a legalidade.

(Ver Recompilação de 1996, parágrafo 140; informe 332º, caso n. 2187, parágrafo 719; e informe 334º, caso n. 2222, parágrafo 219)

144. As organizações sindicais devem respeitar as disposições gerais aplicáveis a todos, relativas a reuniões públicas, e observar os limites razoáveis que possam fixar as autoridades para evitar desordens na via pública.

(Ver Recompilação de 1996, parágrafo 141; informe 300º, caso n. 1791, parágrafo 339; informe 304º, caso n. 1865, parágrafo 247; informe 308º, caso n. 1914, parágrafo 670; informe 327º, caso n. 2148, parágrafo 802; informe 335º, caso n. 2285, parágrafo 1184; informe 336º, caso n. 2358, parágrafo 719; e informe 337º, caso n. 2318, parágrafo 339)

145. O direito de reunião sindical, não pode ser interpretado, de modo que dispense as organizações de observar formalidades razoáveis, quando desejem utilizar um local público.

(Ver Recompilação de 1996, parágrafo 142)

146. Compete ao governo, como responsável pela manutenção da ordem pública, julgar se, em determinadas circunstâncias, uma reunião, inclusive de natureza sindical, pode pôr em risco a tranquilidade e a segurança públicas, e tomar as medidas adequadas para o evitar.

(Ver Recompilação de 1996, parágrafo 143; informe 300º, caso n. 1791, parágrafo 339)

147. Enquanto os sindicatos devem observar as disposições legais para a manutenção da ordem pública, as autoridades públicas devem abster-se de qualquer ingerência que reduza o direito dos sindicatos de organizar e realizar reuniões com plena liberdade.

(Ver Recompilação de 1996, parágrafo 144; informe 326º, caso n. 2113, parágrafo 372; e informe 335º, caso n. 2320, parágrafo 669 e caso n. 2330, parágrafo 878)

148. A obrigação de seguir o itinerário previamente fixado para uma passeata na via pública, não constitui violação do exercício dos direitos sindicais.

(Ver Recompilação de 1996, parágrafo 145)

149. A restrição imposta pela legislação, limitando o horário para o exercício do direito de manifestação, não se justifica e pode torná-lo inoperante na prática.

(Ver informe 330º, caso n. 2023, parágrafo 425)

150. Em geral, o recurso ao uso da força policial nas manifestações sindicais deveria limitar-se aos casos realmente necessários.

(Ver Recompilação de 1996, parágrafo 146; informe 327º, caso n. 2148, parágrafo 802; e informe 334º, caso n. 2222, parágrafo 216)

151. As autoridades policiais deveriam receber instruções precisas para evitar que, nos casos em que não esteja seriamente ameaçada a ordem pública, se detenham pessoas pelo simples fato de haver organizado uma manifestação ou dela ter participado.

(Ver Recompilação de 1996, parágrafo 147; informe 300º, caso n. 1818, parágrafo 364; e informe 336º, caso n. 2340, parágrafo 651)

C. Reuniões sindicais internacionais

(Ver também parágrafos 748, 754 e 758)

152. Reuniões sindicais de natureza internacional podem dar lugar a problemas especiais não só com relação à nacionalidade dos participantes, mas também com relação à política e aos compromissos internacionais do país em que serão celebrados. Em consideração aos mesmos, o governo de determinado país poderia achar necessário tomar medidas restritivas, fundamentando-se, para isso, em algumas circunstâncias especiais existentes num determinado momento. Essas medidas poderiam em rigor justificar-se em casos excepcionais, em situações particulares e sempre que se ajustem às normas vigentes no país. Mas não deveriam jamais ser aplicadas em caráter geral contra determinadas organizações sindicais, sem que haja motivos suficientes que, em cada caso, fundamentem as decisões do governo, tais como perigos reais que pudessem surgir no campo das relações internacionais de um Estado ou a segurança e a ordem públicas. Caso contrário, ficaria seriamente limitado o direito de reunião cujo exercício deve ser também reconhecido às organizações internacionais.

(Ver Recompilação de 1996, parágrafo 150)

153. A participação, na qualidade de sindicalista, nas reuniões sindicais internacionais é um direito sindical fundamental, razão pela qual os governos devem abster-se de qualquer medida, como a de reter documentos de viagem, que impeça representantes de uma organização de trabalhadores exercerem seu mandato com plena liberdade e independência.

(Ver Recompilação de 1996, parágrafos 151 e 645; informe 300º, caso n. 1805, parágrafo 421; e informe 336º, caso n. 2328, parágrafo 885)

LIBERDADE DE OPINIÃO E DE EXPRESSÃO

A. Princípios gerais

(Ver também parágrafo 745)

154. O pleno exercício dos direitos sindicais requer a existência de um livre fluxo de informações, opiniões e ideias e, com este objetivo, trabalhadores e empregadores, como suas organizações, deveriam gozar de liberdade de opinião e de expressão em suas expressões reuniões, publicações e outras atividades sindicais. Não obstante na expressão de suas opiniões, as organizações sindicais não deveriam ultrapassar os limites admissíveis da polêmica e deveriam abster-se de excessos de linguagem.

(Ver Recompilação de 1996, parágrafo 152; informe 304º, caso n. 1850, parágrafo 210; informe 306º, caso n. 1885, parágrafo 140; informe 309º, caso n. 1945, parágrafo 67; informe 324º, caso n. 2014, parágrafo 925; e informe 336, caso n. 2340, parágrafo 652)

155. O direito de expressar opiniões por meio da imprensa ou por outra forma é um dos elementos essenciais dos direitos sindicais.

(Ver Recompilação de 1996, parágrafo 153; informe 299º, casos ns. 1640 e 1646, parágrafo 150; informe 302º, caso n. 1817, parágrafo 324; informe 324º, caso n. 2065, parágrafo 131; informe 327º, caso n. 2147, parágrafo 865; informe 328º, caso n. 1916, parágrafo 42; informe 332º, caso n. 2090, parágrafo 354; e informe 333º, caso n. 2272, parágrafo 539)

156. O direito de expressar opiniões sem prévia autorização, por meio da imprensa sindical, é um dos elementos essenciais dos direitos sindicais.

(Ver Recompilação de 1996, parágrafo 154)

157. A liberdade de expressão de que deveriam gozar as organizações sindicais e seus dirigentes deveria ser também garantida quando estes desejassem fazer críticas à política econômica e social do governo.

(Ver Recompilação de 1996, parágrafo 1565)

158. O direito de uma organização de empregados ou de trabalhadores de expressar, sem censura, suas opiniões, por meio da imprensa independente, não deve ser diferente do direito de expressar suas opiniões em periódicos exclusivamente profissionais ou sindicais.

(Ver Recompilação de 1996, parágrafo 156; e informe 328º, caso n. 1961, parágrafo 42)

159. Num caso em que persistia, depois de meses, o fechamento de importantes meios de comunicação, o Comitê ressaltou que o direito das organizações de trabalhadores e de empregadores de expressar suas opiniões, por meio da imprensa ou de outros meios de comunicação social, é um dos elementos fundamentais dos direitos sindicais e que as autoridades deveriam abster-se de criar obstáculos indevidos a seu exercício legal.

(Ver Recompilação de 1996, parágrafo 157)

160. Com relação a uma legislação que permitia a suspensão temporária ou definitiva de diários e publicações que "comprometam a estabilidade econômica da nação", o Comitê considerou que estas restrições, que supõem a existência de uma ameaça permanente de suspensão das publicações, geram obstáculo considerável ao direito das organizações sindicais e profissionais de expressar suas opiniões por meio da imprensa, que constitui um dos elementos essenciais dos direitos sindicais quer em suas próprias publicações ou em outros meios e comunicações, razão pela qual os governos deveriam abster-se de criar obstáculos.

(Ver Recompilação de 1996, parágrafo 158)

161. A escolha de uma insígnia sindical recai no âmbito da liberdade de expressão, cujo respeito é essencial para o exercício normal dos direitos sindicais, e, portanto, deveria como um princípio geral, ser de competência exclusiva do sindicato em questão.

(Ver Recompilação de 1996, caso n. 1885, parágrafo 140)

162. A colocação de bandeiras sindicais nas reuniões e nos locais de trabalho, a instalação de quadros de anúncios, a distribuição de boletins e folhetos sindicais, a assinatura de petições e a participação em reuniões sindicais constituem atividades sindicais legitimas.

(Ver informe 308º, caso n. 1987, parágrafo 475)

163. A proibição de afixação de cartazes, nos quais expressem os pontos de vista de uma central sindical, é uma restrição inaceitável do exercício das atividades sindicais.

(Ver Recompilação de 1996, parágrafo 467)

B. Autorização e censura de publicações

(Ver também parágrafos 197 e 198)

164. Se os sindicatos, para publicar um periódico, precisam pagar uma elevada fiança, esta exigência, especialmente para os pequenos sindicatos, pode constituir requisito excessivamente oneroso que seria incompatível com o direito de os sindicatos expressarem suas opiniões por meio da imprensa.

(Ver Recompilação de 1996, parágrafo 159; e informe 328º, caso n. 2160, parágrafo 658)

165. O temor das autoridades de que um periódico sindical possa servir para atingir objetivos políticos alheios à atividade sindical ou, pelo menos, que vão muito além dos limites normais dessa atividade, não constitui motivo suficiente para negar a autorização de publicar o tal periódico.

(Ver Recompilação de 1996, parágrafo 160; informe 302º, caso n. 1817, parágrafo 324)

166. A publicação e divulgação de notícias e informações de interesse sindical constituem uma atividade sindical lícita, e a aplicação de medidas de controle das publicações e dos meios de informações pode significar grave ingerência das autoridades administrativas nessa atividade. Nesses casos, o exercício dos poderes administrativos deveria estar sujeito a um controle judicial que interviesse o mais rapidamente possível.

(Ver Recompilação de 1996, parágrafo 161; informe 320º, caso n. 2031, parágrafo 172; e informe 327º, caso n. 1787, parágrafo 341)

167. O poder discricionário das autoridades públicas de cancelar a licença de um periódico sindical, sem direito de recurso à justiça, não é compatível com a Convenção n. 87, que estabelece que as organizações sindicais têm o direito de organizar suas atividades sem ingerência das autoridades públicas.

(Ver Recompilação de 1996, parágrafo 162)

168. Embora o estabelecimento de uma censura geral seja, antes de tudo, uma questão que concerne ao exercício dos direitos civis e não dos direitos sindicais, a imposição da censura à imprensa, durante um conflito profissional, pode ter efeito direto sobre a evolução do conflito e prejudicar as partes ao impedir a divulgação dos fatos com exatidão.

(Ver Recompilação de 1996, parágrafo 163)

C. Publicações de caráter político

(Ver também parágrafo 155)

169. Ao editar publicações, as organizações sindicais devem levar em conta, no interesse do desenvolvimento do movimento sindical, os princípios enunciados pela Conferência Internacional do Trabalho, em sua 35ª Reunião (1952), sobre a proteção da liberdade e da independência do movimento sindical e a salvaguarda de sua missão fundamental de buscar o progresso econômico e social dos trabalhadores.

(Ver Recompilação de 1996, parágrafo 165)

170. Num caso em que um periódico sindical, por alusão ou acusação ao governo, pareceu ter extrapolado os limites do admissível em matéria polêmica, o Comitê observou que convinha recomendar aos redatores de publicações sindicais que se abstivessem de excessos nos termos empregados. O papel primordial dessas publicações deveria se tratar, em suas colunas, dos problemas que afetem principalmente a defesa e a promoção dos interesses de seus afiliados e, mais geralmente do mundo do trabalho. O Comitê reconheceu, todavia, que a fronteira que separa o político do puramente sindical é difícil de ser traçada com clareza. Observou que as das noções se entrelaçam e que se torna inevitável e, às vezes, normal que as publicações sindicais tomem posições sobre problemas que tenham aspectos políticos, assim como sobre problemas.

(Ver Recompilação de 1996, parágrafo 166)

171. Num caso em que se havia proibido a circulação de todas as publicações de uma organização sindical, o Comitê sugeriu que se reexaminasse a regulamentação incriminada, tendo em vista o princípio do direito das organizações sindicais de difundir as publicações em que formulam seus programas de ação, com o objetivo de distinguir, entre as publicações da organização em causa, as que tratam de problemas que direta ou indiretamente são da competência dos sindicatos e as que têm manifestamente natureza política ou antinacional.

(Ver Recompilação de 1996, parágrafo 167)

D. Sequestro de publicações

172. O confisco de material promocional do 1º de maio ou de outras publicações pode constituir grave ingerência das autoridades nas atividades sindicais.

(Ver Recompilação de 1996, parágrafo 168)

173. A atitude das autoridades de apreender sistematicamente uma publicação sindical não parece compatível com o princípio, segundo o qual, o direito de expressar opiniões pela imprensa ou de qualquer outra maneira é um dos aspectos essenciais dos direitos sindicais.

(Ver Recompilação de 1996, parágrafo 169)

LIBERDADE DE EXPRESSÃO NA CONFERÊNCIA INTERNACIONAL DO TRABALHO

174. O Comitê tem observado que frequentemente os delegados de organizações de empregadores e de trabalhadores à Conferência tratam, em seus discursos, de questões direta e indiretamente relativas à OIT. O funcionamento da Conferência correria o risco de ser consideravelmente esvaziado, e coibida a liberdade de palavra dos delegados de organizações de trabalhadores e de empregadores, se estes estivessem sob a ameaça de ações penais que, direta ou indiretamente, se fundassem no conteúdo de suas intervenções na Conferência. O artigo 40º da Constituição da OIT estabelece que os delegados à Conferência gozarão das imunidades necessárias para exercerem, com toda independência, as funções relacionadas com a Organização. O direito dos delegados à Conferência de expressar livremente suas opiniões sobre os assuntos que interessam à Organização implica que os delegados de organizações de empregadores e de trabalhadores podem dar conhecimento do texto de suas reivindicações às pessoas que lhe deram o mandato em seus respectivos países. A detenção e condenação de um delegado em decorrência do discurso proferido na Conferência compromete a liberdade de palavra de seus delegados assim como as imunidades de que deveriam gozar nesse sentido.

(Ver Recompilação de 1996, parágrafo 170)

PROTEÇÃO CONTRA A OBTENÇÃO DE INFORMAÇÕES SOBRE AFILIAÇÃO E ATIVIDADES DE SINDICALISTAS

(Ver também parágrafos 782 e 803)

175. A violação da correspondência, além de constituir ato delituoso, é incompatível com o livre exercício dos direitos sindicais e as liberdades públicas e a Conferência Internacional do Trabalho, em sua Resolução de 1970, sobre os direitos sindicais e sua relação com as liberdades civis, observou que particular atenção deveria ser dispensada ao direito de inviolabilidade da correspondência e das conversações telefônicas.

(Ver Recompilação de 1996, parágrafo 171)

176. Num caso em que se alegava que a polícia militar tinha enviado questionário a empresas no qual perguntava, entre outras coisas, se havia, entre os trabalhadores, líderes naturais, elementos instigadores de greve, delegados sindicais e se na empresa havia organizações operárias, o Comitê considerou que pesquisa dessa natureza pode implicar o risco de que, em caso de conflito trabalhista, as autoridades militares ou policiais cometem abusos tais como a detenção de trabalhadores pela simples razão de figurarem nas listas de pessoas assim definidas, sem que tenham cometido qualquer delito. O Comitê considerou, além disso, que esse método, pelo clima de desconfiança que pode criar, é pouco propício ao desenvolvimento de relações harmoniosas de trabalho.

(Ver Recompilação de 1996, parágrafo 172)

177. A confecção de um registro com os dados dos afiliados aos sindicatos desrespeita os direitos da personalidade, e pode ser utilizado com o fim de confeccionar listas negras de trabalhadores.

(Ver informe 326º, caso n. 2067, parágrafo 512)

PROTEÇÃO DOS LOCAIS E BENS SINDICAIS

(Ver também parágrafo 345)

178. A inviolabilidade de locais e bens sindicais é uma das liberdades civis essenciais para o exercício dos direitos sindicais.

(Ver informe 300º, caso n. 1795, parágrafo 189 e caso n. 1791, parágrafo 342)

179. A ocupação das dependências do sindicato por forças militares, sem mandado judicial para fazê-lo, constitui uma grave ingerência das autoridades nas atividades sindicais.

(Ver Recompilação de 1996, parágrafo 174; informe 300º, caso n. 1791, parágrafo 342; informe 321º, caso n. 2052, parágrafo 249; informe 325º, caso n. 2052, parágrafo 411; e informe 338º, caso n. 2364, parágrafo 980)

180. O direito à inviolabilidade das sedes das organizações de trabalhadores e de empregadores tem como corolário que as autoridades públicas não podem exigir a entrada nesses locais sem prévia autorização dos ocupantes ou sem haver obtido o competente mandado judicial.

(Ver Recompilação de 1996, parágrafo 175 e, por exemplo, informe 299º, caso n. 1772, parágrafo 131; informe 300º, caso n. 1790, parágrafo 296; informe 305º, caso n. 1858, parágrafo 308; informe 308º, caso n. 1920, parágrafo 522; informe 311º, caso n. 1954, parágrafo 409; informe 316º, caso n. 1888, parágrafo 497; informe 320º, caso n. 1961, parágrafo 615; informe 321º, caso n. 2020, parágrafo 48; informe 329º, caso n. 2184, parágrafo 828; e informe 331º, caso n. 2081, parágrafo 109)

181. Excetuadas as invasões por ordem judicial, a entrada da força pública em próprios sindicais constitui grave e injustificável ingerência nas atividades sindicais.

(Ver Recompilação de 1996, parágrafo 176; informe 300º, caso n. 1799, parágrafo 211; informe 302º, caso n. 1849, parágrafo 214; informe 305º, caso n. 1874, parágrafo 271; informe 311º, caso n. 1954, parágrafo 409; informe 318º, caso n. 2005, parágrafo 185; informe 329º, caso n. 2184, parágrafo 828; e informe 336º, caso n. 2321, parágrafo 493)

182. Toda invasão das instalações sindicais, assim como de lares de sindicalistas, sem mandado judicial, constitui gravíssima violação da liberdade sindical.

(Ver Recompilação de 1996, parágrafo 177; informe 300º, caso n. 1649, parágrafo 455; informe 304º, caso n. 1851, parágrafo 284; informe 309º, casos ns. 1851 e 1922, parágrafo 245; informe 320º, caso n.1961, parágrafo 615; informe 323º, caso n. 2081, parágrafo 568; informe 326º, caso n. 2090, parágrafo 239; informe 331º, caso n. 2081, parágrafo 109; e informe 337º, caso n. 2388, parágrafo 1344)

183. Com relação à invasão das dependências sindicais, a resolução referente aos direitos sindicais e sua relação com as liberdades civis, adotada pela Conferência Internacional do Trabalho, em sua 54ª Reunião (1970), dispõe que o direito a uma adequada proteção dos bens sindicais constitui uma das liberdades civis essenciais ao exercício normal dos direitos sindicais.

(Ver Recompilação de 1996, parágrafo 178: informe 300º, caso n. 1799, parágrafo 211, caso n. 1649, parágrafo 455; e informe 302º, caso n. 1849, parágrafo 214)

184. Ao examinar alegações de invasões de locais sindicais e ameaças exercidas contra sindicalistas, o Comitê lembrou que tais atos criam um ambiente de temor entre os sindicalistas, muito prejudicial ao exercício das atividades sindicais, e que as autoridades, ao terem conhecimento destes atos, deveriam proceder imediatamente a um inquérito para apurar as responsabilidades a fim de poder punir os culpados.

(Ver Recompilação de 1996, parágrafo 179; informe 306º, caso n. 1908, parágrafo 458; informe 308º, caso n. 1908, parágrafo 359; informe 318º, caso n. 1994, parágrafo 461; e informe 302º, caso n. 2027, parágrafo 874)

185. As revistas efetuadas nas dependências sindicais não deveriam ser feitas a não ser por ordem da autoridade judicial ordinária, desde que convencida de que há fundadas razões para supor que se encontrem nesses próprios as provas necessárias para punir um delito de direito comum, e a revista se limite ao motivo do mandado.

(Ver Recompilação de 1996, parágrafo 180; informe 300º, caso n. 1783, parágrafo 286; informe 304º, caso n. 1850, parágrafo 212; informe 323º, caso n. 2081, parágrafo 568; informe 331º, caso n. 2081, parágrafo 109; e informe 333º, caso n. 2246, parágrafo 935)

186. Se os próprios sindicais forem utilizados como refúgio por autores de atentados ou como lugar de reunião de organizações políticas, os sindicatos interessados não poderiam beneficiar-se de nenhum tipo de imunidade contra a intervenção das autoridades nos ditos próprios.

(Ver Recompilação de 1996, parágrafo 181)

187. Mesmo quando a intervenção policial em próprios sindicais pudesse ser justificada em circunstâncias de suma gravidade, a dita intervenção não deveria, de nenhum modo, implicar o saque dos próprios e arquivos de uma organização.

(Ver Recompilação de 1996, parágrafo 182; e informe 304º, caso n. 1850, parágrafo 212)

188. É necessário submeter a controle judicial independente a ocupação ou interdição de próprios sindicais pelas autoridades, devido ao grande risco de paralisação das atividades sindicais que envolvem estas medidas.

(Ver Recompilação de 1996, parágrafo 183; informe 304º, caso n. 1972, parágrafo 284; informe 316º, caso n. 1888, parágrafo 497, caso n. 1972, parágrafo 707; informe 326º, caso n. 2090, parágrafo 239; informe 332º, caso n. 2199, parágrafo 162; informe 333º, caso n. 2153, parágrafo 205, informe 334º, caso n. 2267, parágrafo 659; e informe 338º, caso n. 2364, parágrafo 980)

189. O Comitê ressaltou a importância do princípio de que os bens sindicais deveriam gozar de adequada proteção.

(Ver Recompilação de 1996, parágrafo 184; informe 304º, caso n. 1850, parágrafo 212, informe 307º, caso n. 1851, parágrafo 268; informe 308º, caso n. 1920, parágrafo 522; informe 316º, caso n. 1972, parágrafo 707; informe 327º, caso n. 2118, parágrafo 643; informe 330º, caso n. 2144, parágrafo 708;

informe 331º, caso n. 2199, parágrafo 704; informe 333º, caso n. 2153, parágrafo 205; e informe 335º, caso n. 2304, parágrafo 1016)

190. O confisco de bens das organizações sindicais por parte das autoridades, sem uma ordem judicial, constitui um atentado contra o direito de propriedade dos bens do sindicato e uma intervenção indevida nas atividades dos sindicatos, contrariando os princípios da liberdade sindical.

(Ver informe 310º, caso n. 1957, parágrafo 132)

191. Um clima de violência como atos de agressão contra próprios e bens sindicais, pode constituir grave obstáculo ao exercício dos direitos sindicais, razão pela qual esses atos deverão exigir severas medidas por parte das autoridades, especialmente submetendo os supostos autores a uma autoridade judicial independente.

(Ver Recompilação de 1996, parágrafo 185; informe 307º, caso n. 1851, parágrafo 268; informe 308º, caso n. 1920, parágrafo 522; e informe 318º, caso n. 2020, parágrafo 320)

192. As autoridades estatais não deveriam restringir o acesso dos associados às dependências dos sindicatos.

(Ver informe 326º, caso n. 2090, parágrafo 239)

ESTADO DE EXCEÇÃO E EXERCÍCIO DOS DIREITOS SINDICAIS

193. O Comitê lembrou que a Comissão de Peritos em Aplicação de Convenções e Recomendações havia ressaltado que as convenções em matéria de liberdade sindical não contêm disposições que ofereçam a possibilidade de invocar a desculpa de um estado de exceções para motivar derrogação das obrigações nelas estipuladas ou a suspensão da sua aplicação.

(Ver Recompilação de 1996, parágrafo 186; informe 318º, caso n. 2006, parágrafo 347; informe 323º, caso n. 2006, parágrafo 427; e informe 326º, caso n. 2096, parágrafo 428)

194. Em casos de reiteradas declarações de estado de emergência, o Comitê tem observado que a resolução sobre os direitos sindicais e sua relação com as liberdades civis, adotada pela Conferência Internacional do Trabalho em 1970, reza que "os direitos conferidos às organizações de trabalhadores e de empregadores se baseiam no respeito às liberdades civis e que o conceito de direitos sindicais carece totalmente de sentido quando inexistem essas liberdades".

(Ver Recompilação de 1996, parágrafo 187)

195. Quando um estado de emergência se prolonga por vários anos, comportando graves restrições aos direitos sindicais e às liberdades públicas essenciais ao exercício desses direitos, o Comitê considerou que seria necessário deixar a salvo o exercício dos direitos especificamente sindicais como são o de constituir organizações de trabalhadores e de empregadores, de reunião sindical nos locais sindicais e de greve nos serviços não essenciais.

(Ver Recompilação de 1996, parágrafo 189)

196. A promulgação de uma regulamentação de emergência, que faculte ao governo impor restrições não só a reuniões públicas sindicais, mas a todas as reuniões públicas em geral, provocada por fatos que o governo tenha considerado tão graves para exigir a declaração do estado de sítio, não constituiu por si mesma uma violação da liberdade sindical.

(Ver Recompilação de 1996, parágrafos 149 e 190; e informe 334º, caso n. 2279, parágrafo 697)

197. Num caso em que o governo revolucionário havia imposto restrições a algumas publicações, durante um período de crise, medidas que pareciam fundar-se principalmente em razões circunstanciais de ordem política, o Comitê, mesmo tendo em mente o caráter excepcional dessas medidas, chamou a atenção do governo para a importância que dá ao respeito efetivo à liberdade da imprensa sindical.

(Ver Recompilação de 1996, parágrafo 191)

198. As limitações dos direitos de greve e de expressão, num contexto de golpe de estado contra o governo constitucional, que deu lugar a um estado de emergência de conformidade com a Constituição, não violam a liberdade sindical desde que essas limitações se justifiquem em situações de grave crise nacional.

(Ver Recompilação de 1996, parágrafos 192 e 529)

199. Toda medida de suspensão ou de dissolução por parte da autoridade administrativa, quando adotada numa situação de emergência, deve ser acompanhada de garantias judiciais normais, inclusive do direito de interposição de recursos à Justiça contra a dita suspensão ou dissolução.

(Ver Recompilação de 1996, parágrafo 193)

200. Num caso em que as medidas de exceção se prolongaram anos a fio, o Comitê observou que a lei marcial era incompatível com o pleno exercício dos direitos sindicais.

(Ver Recompilação de 1996, parágrafo 194)

201. Uma legislação de emergência promulgada contra elementos antissindicais ou desestabilizadores não deveriam ser utilizados para punir trabalhadores que exerçam direitos sindicais legítimos.

(Ver Recompilação de 1996, parágrafo 196)

202. No que concerne aos países que se encontram numa situação de crise política ou que acabam de passar por um período de graves perturbações (guerra civil, revolução, etc.), o Comitê, ao examinar as diversas medidas adotadas pelos governos, inclusive contra organizações sindicais, considerou necessário ter presentes essas circunstâncias extraordinárias para se pronunciar sobre o mérito das queixas.

(Ver Recompilação de 1996, parágrafo 197)

203. No que diz respeito a disposições especiais contra o terrorismo, o Comitê, embora consciente da grave situação de violência por que pode atravessar um país, observou que, na medida do possível, se deveria recorrer às disposições previstas no direito comum, mais do que a disposições de emergência que podem implicar, por sua própria natureza, restrições de direitos fundamentais.

(Ver Recompilação de 1996, parágrafos 188 e 198)

204. A suspensão das garantias constitucionais por um governo revolucionário pode constituir grave ingerência das autoridades nas atividades sindicais, em violação do artigo 3º da Convenção n. 87, a menos que se tornem necessárias por terem as organizações em causa se desviado de seus próprios fins e agirem em aberta violação da lei. De todos os modos, essas medidas deveriam vir acompanhadas de adequadas garantias judiciais, aplicadas sem delonga.

(Ver Recompilação de 1996, parágrafo 199)

QUESTÕES DE NATUREZA POLÍTICA COM REPERCUSSÕES NOS DIREITOS SINDICAIS

205. É mister distinguir entre a evolução das instituições políticas de um país, de um lado, e as questões relativas ao exercício da liberdade sindical, de outro. Se o respeito dessa liberdade está estreitamente vinculado ao respeito das liberdades públicas em geral (como o ressaltou, em 1970, a Conferência Internacional do Trabalho, na resolução sobre os direitos sindicais e sua relação com as liberdades civis), as organizações de trabalhadores e de empregadores têm funções próprias a desempenhar, independentemente do sistema político do país.

(Ver Recompilação de 1996, parágrafo 201)

206. Há medidas que, embora sejam de caráter político e não tenham por objetivo restringir direitos sindicais propriamente ditos, pode, todavia, ser aplicado de modo a afetar seu exercício.

(Ver Recompilação de 1996, parágrafo 202)

207. Embora o respeito à liberdade sindical esteja expressamente ligado, como declarou a Conferência Internacional do Trabalho, em 1970, ao respeito às liberdades públicas em geral, é importante distinguir entre o reconhecimento da liberdade sindical e as questões relativas à evolução política de um país.

(Ver Recompilação de 1996, parágrafo 203; e informe 326º, caso n. 2090, parágrafo 240)

208. Questões políticas que não ponham em risco o exercício dos direitos sindicais escapam à competência do Comitê que, por conseguinte, não é competente para conhecer uma queixa na medida em que os fatos que determinaram sua apresentação possam ter sido atos de sabotagem; da mesma forma, não é competente para conhecer as questões políticas evocadas na resposta de um governo.

(Ver Recompilação de 1996, parágrafo 204)

Capítulo 3

DIREITO DOS TRABALHADORES E DOS EMPREGADORES, SEM QUALQUER DISTINÇÃO E SEM PRÉVIA AUTORIZAÇÃO, DE CONSTITUIR ORGANIZAÇÕES

PRINCÍPIOS GERAIS

209. O artigo 2º da Convenção n. 87 consagra o princípio da não discriminação em matéria sindical, e a expressão "sem qualquer distinção", que contém este artigo, significa que se reconhece a liberdade sindical, sem discriminação de qualquer espécie, em razão de ocupação, sexo, cor, raça, crença, nacionalidade, opiniões políticas, etc., não só aos trabalhadores do setor privado da economia, mas também aos funcionários e aos agentes dos serviços públicos em geral.

(Ver Recompilação de 1996, parágrafo 205; e informe 308º, caso n. 1900, parágrafo 182)

DISTINÇÕES BASEADAS NA RAÇA, NAS OPINIÕES POLÍTICAS E NA NACIONALIDADE

210. Uma legislação que nega a trabalhadores africanos o direito de constituir sindicatos que possam ser registrados e de participar nos conselhos industriais que possam ser criados para negociar convenções coletivas e dirimir conflitos, cria uma discriminação que contradiz o princípio aceito pela maioria dos países e incorporado à Convenção n. 87, adotada pela Conferência Internacional do Trabalho, de que os trabalhadores, sem qualquer distinção, devem ter o direito de constituir as organizações que julguem convenientes, com a única condição de observar seus estatutos, de afiliar-se a organizações de sua própria escolha, sem prévia autorização, e o princípio de que todas as organizações de trabalhadores devem ter o direito de negociar coletivamente.

(Ver Recompilação de 1996, parágrafo 208)

211. A proibição do registro de sindicatos mistos (constituídos de trabalhadores de raças diferentes) é incompatível com o princípio geralmente aceito de que os trabalhadores, sem qualquer distinção, devem ter o direito de criar as organizações de sua própria escolha e, atendendo unicamente aos estatutos da organização, de a elas se afiliarem sem prévia autorização.

(Ver Recompilação de 1996, parágrafo 209)

212. Os trabalhadores devem ter direito, sem qualquer distinção e, particularmente sem discriminação por causa de suas opiniões políticas, devem ter o direito de se afiliarem ao sindicato que julgar conveniente.

(Ver Recompilação de 1996, parágrafo 210)

213. Os trabalhadores deveriam estar em condições de constituir, num clima de plena segurança, as organizações que estimem convenientes com independência de que apoiem ou não o modelo econômico e social do Governo, inclusive o modelo político do país.

(Ver informe 332º, caso n. 2258, parágrafo 515)

214. Em relação à denegação dos direitos de sindicalização dos trabalhadores estrangeiros, em situação irregular, o Comitê lembra que todos os trabalhadores, com uma única exceção dos que atuam nas forças armadas e na polícia, estão amparados pela Convenção de n. 87 e, em seguida, pediu ao Governo que leve em conta em sua legislação o conteúdo do artigo 2º da mencionada Convenção.

(Ver informe 327º, caso n. 2121, parágrafo 561)

215. No que diz respeito à concessão de direitos sindicais aos estrangeiros, o requisito de reciprocidade não é aceitável segundo o artigo 2º da Convenção n. 87.

(Ver Recompilação de 1996, parágrafo 211)

DISTINÇÕES BASEADAS NAS CATEGORIAS PROFISSIONAIS

A. Princípios gerais

216. Os trabalhadores devem ter o direito, sem qualquer distinção, e particularmente sem discriminação em razão de suas opiniões políticas, de se afiliarem ao sindicato que julgarem conveniente.

(Ver informe 326º, caso n. 2113, parágrafo 372)

217. A elaboração, para efeito de reconhecimento do direito de associação, de uma lista de profissões em caráter definitivo estaria em contradição com o princípio de que os trabalhadores, sem qualquer distinção, devem ter o direito de constituir as organizações que considerem convenientes e de a elas se afiliarem.

(Ver Recompilação de 1996, parágrafo 278)

B. Funcionários públicos

218. As normas contidas na Convenção n. 87 se aplicam a todos os trabalhadores, "sem qualquer distinção" e, por conseguinte, amparam os empregados do Estado. Com efeito, considerou-se não ser justo fazer distinção em matéria sindical entre trabalhadores do setor privado e os agentes públicos, uma vez que, uns e outros devem gozar do direito de se organizar para atender a seus interesses.

(Ver Recompilação de 1996, parágrafo 212; informe 300º, caso n. 1844, parágrafo 240; e informe 334º, caso n. 2222, parágrafo 206)

219. Os funcionários públicos, como todos os trabalhadores sem qualquer distinção, deveriam gozar do direito de constituir organizações de sua escolha e de às mesmas se afiliarem, sem prévia autorização, para a promoção e defesa de seus interesses.

(Ver Recompilação de 1996, parágrafo 213; informe 300º, caso n. 1823, parágrafo 438; informe 307º, caso n. 1865, parágrafo 212; informe 316º, caso n. 1773, parágrafo 616; e informe 338º, caso n. 2364, parágrafo 979)

220. Todos os funcionários públicos (com a única possível exceção das forças armadas e da polícia, conforme o artigo 9º da Convenção n. 87) e os trabalhadores do setor privado deveriam poder constituir as organizações que considerem convenientes à promoção e à defesa dos interesses de seus membros.

(Ver Recompilação de 1996, parágrafos 206 e 214; informe 308º, caso n. 1902, parágrafo 701; informe 309º, caso n. 1865, parágrafo 144; informe 320º, caso n. 1865, parágrafo 509; informe 321º, caso n. 2066, parágrafo 332; informe 323º, caso n. 1874, parágrafo 60; informe 327º, caso n. 1865, parágrafo 484; informe 329º, casos ns. 2177 e 2183, parágrafo 633; informe 330º, caso n. 2200, parágrafo 1096; informe 333º, caso n. 2229, parágrafo 108; e informe 338º, caso n. 2364, parágrafo 979)

221. Tendo em vista a importância que representa para os empregados a serviço do Estado ou das autoridades locais o direito de constituir ou de registrar sindicatos, a negação do direito de sindicalização aos trabalhadores a serviço do Estado é incompatível com o princípio geralmente aceito de que os trabalhadores, sem qualquer distinção, têm o direito de constituir, sem prévia autorização, os sindicatos de sua escolha.

(Ver Recompilação de 1996, parágrafo 215; e informe 328º, caso n. 1987, parágrafo 47)

222. O não reconhecimento aos trabalhadores do setor público do direito que têm os trabalhadores do setor privado de criar sindicatos resulta em que suas "associações" não gozem das mesmas vantagens e privilégios que os sindicatos propriamente ditos, supondo-se uma discriminação com relação aos trabalhadores do setor público e suas organizações com referência aos do setor privado e suas organizações. Essa situação levanta a questão da compatibilidade dessa discriminação com o artigo 2º da Convenção n. 87, por cujo teor os trabalhadores, "sem qualquer distinção", têm o direito de constituir, sem prévia autorização, as organizações que julgarem convenientes e de a elas se afiliarem, e com os artigos 3º e 82, parágrafo 2, da Convenção.

(Ver Recompilação de 1996, parágrafo 216; informe 307º, caso n. 1865, parágrafo 212; informe 324º, caso n. 2083, parágrafo 253; e informe 327º, caso n. 1865, parágrafo 485)

a. Membros das forças armadas e da polícia

223. Membros das forças armadas que pudessem ser excluídos da aplicação da Convenção n. 87 deveriam ser definidos de uma maneira restritiva.

(Ver Recompilação de 1996, parágrafo 219; informe 330º, caso n. 2229, parágrafo 941; e informe 335º, caso n. 2257, parágrafo 4590)

224. O artigo 9º, parágrafo I, da Convenção n. 87 dispõe que "a legislação nacional deverá determinar até que ponto se aplicará às forças armadas e à polícia as garantias previstas por esta Convenção"; em virtude destes termos, não resta dúvida de que a Conferência Internacional do Trabalho teve a intenção de deixar a cada Estado julgar até que ponto considera oportuno conceder aos membros das forças armadas e da polícia os direitos previstos na Convenção, ou seja, implicitamente, que os Estados que ratificassem a Convenção não estariam obrigados a reconhecer os direitos mencionados a essas categorias de pessoas.

(Ver Recompilação de 1996, parágrafo 220; informe 332º, caso n. 2240, parágrafo 264; e informe 335º, caso n. 2325, parágrafo 1257)

225. O fato de o artigo 9º, parágrafo I, da Convenção n. 87 dispor que a legislação nacional deverá determinar até que ponto se aplicarão às forças armadas e à polícia as garantias previstas pela Convenção, não deve levar a se considerar como contrário à mesma Convenção que a legislação de um Estado limite ou exclua os direitos sindicais das forças armadas ou da polícia, questão esta que ficou a critério dos Estados-membros da OIT.

(Ver Recompilação de 1996, parágrafo 221; e informe 307º, caso n. 1898, parágrafo 323)

226. No artigo 2º da Convenção n. 87, prevê-se que trabalhadores e empregadores, sem qualquer distinção, têm o direito de constituir as organizações que considerar convenientes, assim como de se afiliar a estas organizações. Embora no artigo 9º da Convenção se autorizem exceções à aplicação dessas disposições, no caso da polícia e das forças armadas, o Comitê lembrou que se deveria dar uma definição restritiva dos membros das forças armadas que podem ser excluídas da aplicação da Convenção. Além disso, o Comitê indicou que a Comissão de Peritos em Aplicação de Convenções e Recomendações observou que, tendo em vista prever aquele artigo da Convenção unicamente exceções no princípio geral, em caso de dúvida, os trabalhadores deveriam ser considerados como civis.

(Ver Recompilação de 1996, parágrafo 222; informe 321º, caso n. 2066, parágrafo 332; e informe 333º, caso n. 2288, parágrafo 829)

b. Pessoa civil de forças armadas

227. Trabalhadores civis dos estabelecimentos industriais das forças armadas devem ter o direito de constituir, sem prévia autorização, as organizações que julguem convenientes, nos termos da Convenção n. 87.

(Ver Recompilação de 1996, parágrafo 223; e informe 330º, caso n. 2229, parágrafo 941)

228. O pessoal civil empregado no serviço burocrático do Exército deveria gozar do direito de constituir organizações sindicais e de a elas se afiliarem, assim como de adequada proteção contra atos de discriminação antissindical, nos mesmos termos que os demais dirigentes e sindicalistas do país.

(Ver Recompilação de 1996, parágrafo 224)

229. Os civis empregados nos serviços do exército deveriam ter direito de formar sindicatos.

(Ver informe 338º, caso n. 2387, parágrafo 868)

c. Trabalhadores dos serviços públicos locais

230. Trabalhadores dos serviços públicos locais devem poder constituir efetivamente as organizações que julguem convenientes e estas organizações deveriam ter plenos direitos de promover e defender os interesses dos trabalhadores que representam.

(Ver Recompilação de 1996, parágrafo 217)

d. Bombeiros

231. O pessoal incumbido nesta categoria de empregados públicos não justifica sua exclusão do direito de sindicalização. O pessoal de extinção de incêndios e o pessoal de estabelecimentos penitenciários deverão, portanto, gozar do direito de sindicalização.

(Ver informe 308º, caso n. 1902, parágrafo 701; informe 329º, casos ns. 2177 e 2183, parágrafo 633; e informe 338º, caso n. 2187, parágrafo 170)

e. Recursos humanos de estabelecimentos penitenciários

232. O pessoal de estabelecimentos penitenciários deverão gozar dos direitos de sindicalização.

(Ver informe 329º, casos ns. 2177 e 2183, parágrafo 633)

f. Funcionários de aduanas

233. Os funcionários de aduanas estão amparados pela Convenção n. 87 e devem, então, beneficiar-se do direito sindical.

(Ver informe 333º, caso n. 2288, parágrafo 829)

g. Inspeção de trabalho

234. A negação de direito de sindicalização dos trabalhadores da inspeção de trabalho, constitui uma violação do artigo 2º, da Convenção n. 87.

(Ver informe 302º, caso n. 1823, parágrafo 444)

h. Docentes

235. Os docentes deveriam desfrutar de direito de constituir as organizações que acharem convenientes, sem autorização prévia, para promover e defender seus interesses profissionais.

(Ver informe 309º, caso n. 1865, parágrafo 143)

236. Os docentes que se regem por contrato de prestação de serviços, deveriam poder constituir e afiliar-se às organizações que considerem convenientes.

(Ver informe 326º, caso n. 2013, parágrafo 416)

237. O Comitê pediu a um governo que tomasse providências no sentido de derrogar disposição da lei de universidades que facultava ao órgão empregador a designação de quem poderia ser membro de associações do pessoal acadêmico. O Comitê recomendou, além disso, que se considerasse a possibilidade de se criar um sistema independente para a designação, nos casos em que fosse necessário, dos membros do pessoal acadêmico, mediante o recurso à arbitragem de um terceiro ou de algum mecanismo informal.

(Ver Recompilação de 1996, parágrafo 242)

i. Pessoal local das embaixadas

238. A Convenção n. 87 se aplica aos empregados das embaixadas, contratados localmente.

(Ver informe 334º, caso n. 2197, parágrafo 130)

C. Pessoal de segurança

239. Os agentes privados de segurança deveriam poder constituir livremente as organizações sindicais de sua escolha.

(Ver informe 333º, caso n. 2299, parágrafo 562)

240. As disposições da Constituição nacional não devem impedir que se levem armas aos trabalhadores que delas precisam em razão da natureza de seu trabalho.

(Ver informe 333º, caso n. 2299, parágrafo 561)

D. Trabalhadores na agricultura

241. Os trabalhadores na agricultura devem gozar do direito de se organizarem.

(Ver Recompilação de 1996, parágrafo 225)

242. Uma legislação que prescreve que mais de sessenta por cento dos afiliados a um sindicato agrícola devem saber ler e escrever é incompatível com o princípio contido na Convenção n. 87, em virtude do qual os trabalhadores, sem qualquer distinção, têm o direito de constituir as organizações que consideram convenientes. O artigo 1º da Convenção n. 11 confirma este princípio e dispõe que todo membro da Organização Internacional do Trabalho que ratifique esta Convenção se obriga a assegurar a todas as pessoas empregadas na agricultura, os mesmos direitos de associação que aos trabalhadores da indústria.

(Ver Recompilação de 1996, parágrafo 226)

E. Trabalhadores nas plantações

243. Na resolução adotada pela Comissão do Trabalho nas Plantações, em sua primeira reunião, em 1950, se prevê que os empregadores deveriam eliminar todos os obstáculos que existirem para que os trabalhadores criem sindicatos livres, independentes e democraticamente controlados.

(Ver Recompilação de 1985, parágrafo 227)

F. Trabalhadores em linhas aéreas

244. A proibição de atividades sindicais nas linhas aéreas internacionais constitui grave violação da liberdade sindical.

(Ver Recompilação de 1996, parágrafo 228)

G. Trabalhadores portuários

245. Num caso em que portuários de um país haviam sido considerados como empregados públicos, em virtude do costume e por acordo tácito, ficando assim excluídos da lei de sindicatos, e tendo deduzido as autoridades que a Convenção n. 87 (ratificada por esse país) não se aplicava aos ditos trabalhadores, o Comitê observou que o governo havia assumido uma obrigação internacional em benefício dos trabalhadores, "sem qualquer distinção", razão pela qual as cláusulas da Convenção não podem ser consideradas sujeitas à modificação no caso de determinadas categorias de trabalhadores, em razão de acordo privado ou nacional, de costume ou de outro pacto que exista entre o governo e essas categorias de trabalhadores.

(Ver Recompilação de 1996, parágrafo 218)

H. Pessoal hospitalar

246. O direito de criar organizações para a promoção e defesa dos interesses dos trabalhadores, sem prévia autorização, assim como de a elas se afiliarem, constitui um direito fundamental de que deveriam gozar todos os trabalhadores, sem qualquer distinção, inclusive o pessoal de hospitais.

(Ver Recompilação de 1996, parágrafo 229)

I. Pessoal superior e de direção

247. Não é necessariamente incompatível com as exigências do artigo 2º da Convenção n. 87 que se negue ao pessoal superior e de direção o direito de pertencer ao mesmo sindicato que os demais trabalhadores, a menos que se respeitem duas condições: em primeiro lugar, que os trabalhadores tenham o direito de criar suas próprias associações para defender seus interesses e, em segundo lugar, que as categorias de pessoal de direção e de empregados que ocupam cargos de confiança, não sejam tão amplas que enfraqueçam as organizações dos demais trabalhadores na empresa no ramo de atividade, ao prová-las de uma considerável proporção de seus membros efetivos ou potenciais.

(Ver Recompilação de 1996, parágrafo 231; informe 307º, caso n. 1878, parágrafo 453; informe 311º, caso n. 1951, parágrafo 222; informe 313º, caso n. 1958, parágrafo 217; informe 325º, caso n. 1951, parágrafo 210; informe 329º, casos ns. 2177 e 2183, parágrafo 638; informe 330º, caso n. 2200, parágrafo 1096; informe 332º, caso n. 2242, parágrafo 823; e informe 335º, caso n. 2257, parágrafo 460 e caso n. 1864, parágrafo 816)

248. No que diz respeito às disposições que proíbem o pessoal de direção afiliar-se a sindicatos de trabalhadores, o Comitê achou que se deveria limitar a definição da palavra "dirigentes" para abranger exclusivamente pessoas que verdadeiramente representassem os interesses dos empregadores.

(Ver Recompilação de 1996, parágrafo 232; informe 311º, caso n. 1951, parágrafo 222; e informe 325º, parágrafo 210)

249. O ato de limitar o pessoal superior e de direção àquelas pessoas que dispõem de autoridade para contratar ou despedir os trabalhadores, reúne a condição de que esta categoria de pessoa não deve definir-se em termos demasiado amplos.

(Ver informe 313º, caso n. 1959, parágrafo 217)

250. A referência da definição do pessoal superior e de direção do exercício de controle disciplinar sobre os trabalhadores poderia dar lugar a uma interpretação extensiva, que excluiria um grande número de trabalhadores que desfrutam dos direitos que são acordados.

(Ver informe 313º, caso n. 1959, parágrafo 217)

251. Uma interpretação excessivamente ampla do conceito de "trabalhadores de confiança", a fim de lhes vetar o direito de sindicalização, pode restringir gravemente os direitos sindicais e inclusive, em pequenas empresas, impedir a criação de sindicatos, o que contraria o princípio da liberdade sindical.

(Ver Recompilação de 1996, parágrafo 233; relatório 307º, caso n. 1878, parágrafo 453; e relatório 324, caso n. 1880, parágrafo 859)

252. Disposições legais que permitem que empregadores enfraqueçam organizações de trabalhadores, por meio de promoções artificiais dos trabalhadores, constituem uma violação dos princípios da liberdade sindical.

(Ver Recompilação de 1996, parágrafo 234; informe 307º, caso n. 1878, parágrafo 453; e informe 329º, casos ns. 2177 e 2183, parágrafo 638)

253. Com relação às pessoas que ocupam postos nos quais assumem responsabilidade em matéria de direção ou de formulação de política, o Comitê opina que, embora esses funcionários públicos possam ser excluídos de afiliação sindical a organizações que representam outros trabalhadores, essas restrições deveriam limitar-se exclusivamente a esta categoria de trabalhadores, os quais deveriam ter o direito de criar suas próprias organizações.

(Ver Recompilação de 1996, parágrafo 230; e informe 327º, caso n. 1865, parágrafo 484)

J. Trabalhadores autônomos e profissionais liberais

254. Com base nos princípios da liberdade sindical, todos os trabalhadores — com a única exceção dos membros das forças armadas e da polícia — devem ter o direito de constituir as organizações que considerem convenientes, assim como de a elas se afiliarem. O critério para definir as pessoas amparadas por esse direito não se funda, portanto, na existência de vínculo de trabalho com um empregador que, em geral, não existe, por exemplo, no caso dos trabalhadores na agricultura, os trabalhadores autônomos em geral ou dos que desempenham profissões liberais, que devem, porém, gozar do direito de se organizarem.

(Ver Recompilação de 1996, parágrafo 235; informe 304º, caso n. 1796, parágrafo 464; informe 323º, caso n. 2059, parágrafo 475; informe 326º, caso n. 2013, parágrafo 416; informe 332º, caso n. 2221, parágrafo 222; e informe 336º, caso n. 2347, parágrafo 628)

K. Trabalhadores contratados temporariamente

255. Todos os trabalhadores, sem qualquer distinção, devem ter o direito de constituir organizações de sua escolha e de a elas se afiliarem, sejam eles trabalhadores permanentes, trabalhadores eventuais ou trabalhadores temporários.

(Ver Recompilação de 1996, parágrafo 236; informe 324º, caso n. 2083; e informe 330º, caso n. 2158, parágrafo 846)

L. Trabalhadores em período de prova

256. Os trabalhadores em regime de experiência devem poder constituir, se assim o desejarem, as organizações que considerem convenientes e a elas se afiliarem.

(Ver Recompilação de 1996, parágrafo 237; informe 304º, caso n. 1796, parágrafo 467; informe 327º, caso n. 2138, parágrafo 544; e informe 330º, caso n. 1865, parágrafo 846)

257. A negação do direito de sindicalização aos trabalhadores que se acham em regime de experiência pode levantar problemas de aplicação da Convenção n. 87.

(Ver Recompilação de 1996, parágrafo 238)

M. Trabalhadores em formação

258. As pessoas contratadas abaixo das modalidades de convênios de formação, deveriam também ter o direito de se organizarem.

(Ver informe 304º, caso n. 1796, parágrafo 464; e informe 323º, caso n. 2059, parágrafo 475)

259. A natureza jurídica da relação entre os trabalhadores e empregador, mesmo sendo aprendiz ou de outro tipo, não deveria ter nenhum efeito no direito de afiliarem-se nas organizações de trabalhadores e participar de suas atividades.

(Ver informe 330º, caso n. 2158, parágrafo 846)

N. Trabalhadores empregados no marco de programas de lutas contra o desemprego

260. As pessoas que realizam um trabalho dentro de um ambiente de participação comunitária destinada à luta contra o desemprego são trabalhadores de conformidade com a Convenção n. 87 e devem gozar do direito de sindicalização, principalmente porque a elas compete, indiscutivelmente, promover e defender direitos coletivos.

(Ver informe 316º, caso n. 1975, parágrafo 270 e informe 324º, caso 2022, parágrafo 765)

O. Trabalhadores de cooperativas

261. Na Recomendação sobre promoção das cooperativas, 2002 (n. 193), se convida os governos a zelar para que as mesmas não sejam utilizadas para evitar a legislação do trabalho nem para estabelecer relações de trabalhos encobertas.

(Ver informe 338º, caso n. 2239, parágrafo 144)

262. Consciente da natureza específica do movimento cooperativo, o Comitê considera que as cooperativas do trabalho associado (cujos integrantes são seus próprios donos) não podem ser consideradas nem de fato nem de direito como "organizações de trabalhadores" no sentido da Convenção n. 87, é dizer como sendo organizações que têm por objetivo fomentar e defender os interesses dos trabalhadores. Nestas circunstâncias, levando em conta o previsto no artigo 2º da Convenção n. 87, o Comitê lembra que a noção de trabalhador inclui não somente o trabalhador dependente, mas também o independente ou autônomo e considera que os trabalhadores associados em cooperativas deveriam poder constituir as organizações sindicais que estimem convenientes e afiliarem-se a elas.

P. Concessionários (subcontratação)

263. Não compete ao Comitê se pronunciar sobre a relação jurídica (trabalhista ou mercantil, quer dizer, como comissionados) de certos vendedores de uma empresa, mesmo se não lhes for reconhecida a existência de uma relação de trabalho, não lhes aplicariam as disposições da lei orgânica do trabalho. Não obstante, dado que a Convenção n. 87 só permite excluir de seu âmbito de aplicação as forças armadas e a polícia, os vendedores em causa deveriam poder constituir as organizações que achassem convenientes (artigo 2º da Convenção n. 87).

(Ver Recompilação de 1996, parágrafo 239)

Q. Trabalhadores das zonas francas

264. Trabalhadores nas zonas de preparação das exportações — em que pese aos argumentos de caráter econômico frequentemente expostos — devem gozar, do mesmo modo que outros trabalhadores e sem qualquer distinção, dos direitos sindicais previstos pelas convenções sobre a liberdade sindical.

(Ver Recompilação de 1996, parágrafo 240; informe 302º, caso n. 1826, parágrafo 411; e informe 337º, caso n. 2327, parágrafo 195)

265. Num caso relativo a violações dos direitos sindicais nas zonas francas de exportação, o Comitê lembrou que as normas contidas na Convenção n. 87 aplicam-se a todos os trabalhadores "sem qualquer distinção" e solicitou ao governo que emendasse a legislação, a fim de garantir aos trabalhadores o direito de sindicalização e de negociação coletiva conforme nos termos das Convenções n. 87 e n. 98.

(Ver Recompilação de 1996, parágrafo 241; e informe 335º, caso n. 2228, parágrafo 9050)

266. Na Declaração tripartite de princípios, sobre as empresas multinacionais e as políticas sociais formuladas pela OIT, se estabelece que, nos incentivos especiais para atrair investimento estrangeiro, não se deveria incluir qualquer limitação à liberdade sindical dos trabalhadores nem ao direito de sindicalização, nem de negociação coletiva. O Comitê considerou que as disposições legais sobre as zonas francas de exportação deveriam garantir o direito de sindicalização e de negociação coletiva a todos os trabalhadores.

(Ver Recompilação de 1996, parágrafo 801; e informe 333º, caso n. 2281, parágrafo 636)

R. Trabalhadores domésticos

267. Os trabalhadores domésticos não estão excluídos do campo de aplicação da Convenção n. 87, em consequência, deveriam estar amparados pelas garantias do mesmo, e ter, por conseguinte, o direito de constituir organizações profissionais e de afiliarem-se a elas.

(Ver informe 308º, caso n. 1900, parágrafo 182)

S. Trabalhadores despedidos

268. Uma disposição que exclui a permanência a um sindicato é incompatível com os princípios da liberdade sindical, uma que priva o interessado de afiliar-se à organização de sua eleição. Além disso, elas poderiam incitar a realização de atos de discriminação antissindical na medida em que a demissão de um trabalhador afiliado a um sindicato o impeça de continuar exercendo atividades no seio de sua organização.

(Ver informe 309º, caso n. 1865, parágrafo 333)

269. A perda de qualidade de sindicalista como resultado de uma demissão por motivos de greve, não está em conformidade aos princípios da liberdade sindical.

(Ver informe 309º, casos ns. 1851 e 1922, parágrafo 238)

T. Trabalhadores aposentados

270. Corresponde a autonomia interna de qualquer sindicato determinar se este deseja representar ou não os trabalhadores afastados para defender seus interesses específicos.

(Ver informe 336º, caso n. 2347, parágrafo 627)

OUTRAS DISTINÇÕES

271. Exigir, para a formação de um sindicato, que os trabalhadores trabalhem para um único empregador viola os princípios da liberdade sindical.

(Ver Recompilação de 1996, parágrafo 243)

Capítulo 4

DIREITO DOS TRABALHADORES E DOS EMPREGADORES DE CONSTITUIR ORGANIZAÇÕES SEM AUTORIZAÇÃO PRÉVIA

EXIGÊNCIA DE UMA AUTORIZAÇÃO PRÉVIA

(Ver também parágrafo 377)

272. O princípio da liberdade sindical poderia muitas vezes tornar-se letra morta se, para criar uma organização, trabalhadores e empregadores tivessem de obter qualquer forma de permissão, quer se revista da forma de uma licença para fundar a organização sindical propriamente dita, da aprovação discricionária de seus estatutos ou de seu regulamento administrativo ou de alguma autorização prévia indispensável para proceder à sua criação. Não obstante, embora os fundadores de um sindicato tenham de observar os requisitos de publicidade ou outros análogos, que possam viger de acordo com determinada legislação, esses requisitos não devem equivaler praticamente a uma prévia autorização nem constituir um obstáculo à criação de uma organização a tal ponto de ser, de fato, uma proibição pura e simples. Mesmo que o registro seja facultativo, se dele depender que as organizações possam gozar dos direitos básicos para poder "promover e defender os interesses de seus membros", o simples fato de que, nesses casos, a autoridade encarregada da inscrição goze do direito descricionário de denegá-la conduz a uma situação que mal diferenciará daquelas em que se exige uma autorização prévia.

(Ver Recompilação de 1996, parágrafos 207 e 244 e, por exemplo, informe 308º, caso n. 1894, parágrafo 536; informe 313º, caso n. 1897, parágrafo 111; informe 318º, caso n. 2038, parágrafo 530; informe 324º, caso n. 2090, parágrafo 200; informe 324º, caso n. 2053, parágrafo 231; informe 329º, caso n. 2140, parágrafo 295, caso n. 2133, parágrafo 545; informe 332º, caso n. 2225, parágrafo 377; informe 333º, caso n. 2268, parágrafo 733; e informe 334º, caso n. 2282)

273. Uma disposição legal, que condicione o direito de associação a uma autorização, assim caracterizada de maneira puramente discricionária, por um departamento ministerial, é incompatível com o princípio da liberdade sindical.

(Ver Recompilação de 1996, parágrafo 245; e informe 332º, caso n. 2225, parágrafo 380)

274. A inexistência de recursos ante nenhuma instância judicial contra eventual negativa do ministério a conceder uma autorização (para constituir sindicatos), viola os princípios da liberdade sindical.

(Ver Recompilação de 1996, parágrafo 246; e informe 308º, caso n. 1894, parágrafo 537)

FORMALIDADES LEGAIS PARA A CONSTITUIÇÃO DE ORGANIZAÇÕES

275. Em seu relatório à Conferência Internacional do Trabalho de 1948, a Comissão de Liberdade Sindical e de Relações de Trabalho declarou que "os Estados estão livres para estabelecer em sua legislação as formalidades que lhes pareçam próprias para assegurar o funcionamento normal das organizações profissionais". Por conseguinte, as formalidades prescritas nas regulamentações nacionais sobre a constituição e o funcionamento das organizações de trabalhadores e de empregadores são compatíveis com as disposições da Convenção, à condição, é claro, de que essas disposições regulamentares não estejam em contradição com as garantias previstas na Convenção n. 87.

(Ver Recompilação de 1996, parágrafo 247; e informe 313º, caso n. 1977, parágrafo 237)

276. Embora seja certo que os fundadores de um sindicato devem respeitar as formalidades previstas pela legislação, estas formalidades, por sua vez, não devem, por sua natureza, podem criar entraves à livre criação das organizações.

(Ver Recompilação de 1996, parágrafo 248 e, por exemplo, informe 308º, caso n. 1894, parágrafo 536; informe 313º, caso n. 1773, parágrafo 615; informe 323º, caso n. 2085, parágrafo 172; caso n. 2079, parágrafo 540; informe 329º, caso n. 2075, parágrafo 151; informe 334º, caso n. 2222, parágrafo 208; informe 336º, caso n. 2046, parágrafo 312; informe 337º, caso n. 2327, parágrafo 200, caso n. 2346, parágrafo 1056; e informe 338º, caso n. 2046, parágrafo 106)

277. Uma disposição que estabelece que os trabalhadores de determinados centros industriais não poderão formar associações de trabalhadores durante os três meses posteriores ao início da produção comercial destes centros, contraria ao artigo 2º da Convenção n. 87 e deveria ser emendada com o objetivo de garantir aos trabalhadores interessados o direito de constituir organizações desde o princípio de sua relação contratual.

(Ver informe 337º, caso n. 2327, parágrafo 197)

278. Se há vários indícios de que os dirigentes de um sindicato tenham cometido atos puníveis por lei, deveriam ser submetidos a um processo judicial regular, a fim de apurar suas responsabilidades, sem que o fato de sua detenção obste, por si mesmo, para que se outorgue personalidade jurídica à organização em causa.

(Ver Recompilação de 1996, parágrafos 250)

REQUISITOS PARA A CONSTITUIÇÃO DE ORGANIZAÇÕES (NÚMERO MÍNIMO DE AFILIADOS, ETC.)

(Ver também parágrafo 681)

279. Os requisitos prescritos por lei para constituir um sindicato, não devem ser aplicados de maneira a impedir ou retardar a criação de organizações sindicais, e toda demora provocada pelas autoridades no registro de um sindicato constitui violação do artigo 2º da Convenção n. 87.

(Ver Recompilação de 1996, parágrafos 249 e 251; informe 308º, caso n. 1894, parágrafo 536; informe 316º, caso n. 1773, parágrafo 615; informe 324º, caso n. 2053, parágrafo 231; informe 332º, caso n. 2225, parágrafo 377; e informe 334º, caso n. 2282, parágrafo 638)

280. As legislações contratuais que preveem o depósito dos estatutos das organizações são compatíveis com o artigo 2º da Convenção na medida em que esse requisito seja uma simples formalidade que tenha como objetivo garantir a publicidade dos seus atos. Em contrapartida, podem trazer problemas quando a lei obriga as autoridades competentes a convidar os fundadores das organizações a incorporar em seus estatutos exigências jurídicas que, em si mesmas, estejam em contradição com os princípios da liberdade sindical.

(Ver informe 318º, caso n. 2038, parágrafo 530)

281. Os "sindicatos de empregadores" não devem ser limitados por força em virtude de disposições excessivamente detalhadas que desencorajem sua constituição, o que é contrário ao artigo 2º da Convenção n. 87 que dispõe que os empregadores, do mesmo modo que os trabalhadores, têm o direito de constituir as organizações que considerem convenientes, sem prévia autorização.

(Ver Recompilação de 1996, parágrafo 252; e informe 333º, caso n. 2133, parágrafo 59)

282. O requisito de que todo sindicato tenha um domicílio registrado é condição normal imposta em muitos países.

(Ver Recompilação de 1996, parágrafo 253; e informe 318º, caso n. 2038, parágrafo 530)

283. Um número mínimo de cem trabalhadores para constituir sindicatos de atividade, de profissão ou de diversos ofícios deve ser reduzido em consulta com as organizações de trabalhadores e de empregadores.

(Ver Recompilação de 1996, parágrafo 254; e informe 325º, caso n. 2098, parágrafo 543)

284. A criação de um sindicato pode estar sujeita a grandes dificuldades, e mesmo se tornar impossível, quando a legislação estabelece um número mínimo de membros manifestamente exagerado, como acontece, por exemplo, quando estipula que os promotores de um sindicato de empresa devam ser no mínimo cinquenta.

(Ver Recompilação de 1996, parágrafo 255º, caso n. 1996, parágrafo 662; e informe 336º, caso n. 2153, parágrafo 166)

285. O número mínimo de trinta trabalhadores para a constituição de um sindicato seria admissível nos casos de sindicatos de indústria, mas tal número mínimo deveria reduzir no caso dos sindicatos de empresa, para não dificultar a criação destas organizações, sobretudo, quando o país tem importantíssima proporção de pequenas empresas e a estrutura sindical se baseia no sindicato de empresa.

(Ver Recompilação de 1996, parágrafo 257)

286. O número mínimo de 30 trabalhadores requeridos para constituir um sindicato estabelecido no Código de Trabalho, deveria reduzir-se para não obstacularizar a criação de sindicatos de empresa, em particular se levar em conta a importantíssima proporção de pequenas empresas no país.

(Ver Recompilação de 1996, parágrafo 539)

287. Ainda que o requisito de uma afiliação mínima ao nível de empresa não é em si incompatível com a Convenção n. 87, o número mínimo deveria manter-se dentro do limite razoável para não obstacularizar a constituição de organizações. Este conceito pode variar em função das condições particulares em que as restrições se impõem.

(Ver Recompilação de 1996, parágrafo 703)

288. Uma exigência de afiliação mínima de 30% do número total dos trabalhadores empregados na empresa ou no grupo de empresas para as que se constituiu um sindicato, representa em si uma porcentagem muito elevada.

(Ver informe 306º, caso n. 1862, parágrafo 102; e informe 337º, caso n. 2327, parágrafo 200)

289. As disposições que impõem uma exigência de afiliação mínima de 30 por cento do número total dos trabalhadores empregados na empresa em um grupo de empresas para os que constituíram tal sindicato, e autorizam a dissolução se a afiliação por baixo desse nível não está em conformidade com o artigo 2º da Convenção n. 87.

(Ver informe 306º, caso n. 1862, parágrafo 102)

290. Num caso em que a legislação exija que o sindicato se constitua com mais de 50% (cinquenta por cento) de trabalhadores, se o sindicato é de trabalhadores, com mais de 50% (cinquenta por cento) de trabalhadores assalariados, se é de trabalhadores empregados, e com mais de 50% (cinquenta por cento) de ambas categorias, se o sindicato é misto, o Comitê lembrou que semelhante disposição não é compatível com o artigo 2º da Convenção n. 87, pois constitui um obstáculo considerável à criação de sindicatos capazes de "promover e defender os interesses de seus membros" e tem também, indiretamente, como resultado proibir a criação de um novo sindicato quando já existe um da empresa ou estabelecimento considerado.

(Ver Recompilação de 1996, parágrafo 294)

291. O requisito de afiliação mínima de dez mil membros para registrar os sindicatos no âmbito federal poderia influir indevidamente na livre escolha do sindicato ao qual os trabalhadores desejam se afiliar, tendo em vista, inclusive, ser o registro federal apenas uma das possíveis soluções para proteger seus direitos.

(Ver Recompilação de 1996, parágrafo 270)

292. O número mínimo de vinte membros para a constituição de um sindicato não parece ser um requisito exagerado nem, por conseguinte, um obstáculo à formação de um sindicato.

(Ver Recompilação de 1996, parágrafo 256; e informe 316, caso n. 1996, parágrafo 662)

293. Uma disposição que exige dez ou mais patronos, que exerçam a mesma atividade ou indústria ou indústrias ou atividades similares ou conexas, para constituir um sindicato de patrões, impõe um número mínimo excessivamente elevado e viola o direito de empregadores de constituir as organizações que julgam convenientes.

(Ver Recompilação de 1996, parágrafo 258)

REGISTRO DE ORGANIZAÇÕES

294. Se as condições para conceder o registro equivalessem a exigir uma autorização prévia das autoridades públicas para a constituição ou para o funcionamento de um sindicato, se estaria diante de uma infração da Convenção n. 87. Não obstante, este não parece ser o caso quando o registro do sindicato consiste unicamente numa formalidade cujas condições não são de natureza que ponha em perigo as garantias previstas pela Convenção.

(Ver Recompilação de 1996, parágrafo 259; informe 307º, caso n. 1918, parágrafo 250; e informe 325º, caso n. 2100, parágrafo 429)

295. O direito ao reconhecimento mediante o registro oficial é um aspecto essencial do direito de sindicalização, já que esta é a primeira medida que devem adotar as organizações de empregadores e de trabalhadores para poder funcionar eficazmente e representar adequadamente seus membros.

(Ver Recompilação de 1996, parágrafo 232)

296. Embora o processo de registro seja comumente uma tramitação meramente formal, em alguns casos, a lei concede às autoridades competentes faculdades mais ou menos discricionárias para decidir se a organização preenche os requisitos necessários para seu registro, com o que cria situação análoga à exigência de "prévia autorização". Situações parecidas acontecem quando um processo de inscrição no registro é longo e complicado ou quando as autoridades administrativas podem, às vezes, exercer suas faculdades com ampla liberdade de ação, estes casos podem representar um sério obstáculo à criação de um sindicato e, no fundo, a privação do direito de criar uma organização sem prévia autorização.

(Ver Recompilação de 1996, parágrafo 260; informe 327º, caso n. 1581, parágrafo 110; e informe 328º, caso n. 2158, parágrafo 321)

297. A autoridade administrativa não deveria poder negar o registro de uma organização só por achar que esta pudesse dedicar-se a atividades capazes de extrapolar os limites das atividades sindicais normais, ou não estivesse em condições de exercer suas funções.

(Ver Recompilação de 1996, parágrafo 261)

298. Uma disposição pela qual se pode negar o registro de um sindicato, pelo fato de poder desenvolver atividades que possam representar grave ameaça para a segurança e a ordem públicas, poderia dar lugar a abusos e sua aplicação requer maior prudência. Não se deveria negar o registro a não ser por causa de fatos graves e devidamente comprovados, normalmente sob o controle da autoridade judicial competente.

(Ver Recompilação de 1996, parágrafo 262)

299. Deveria ser abolida a obrigação imposta às organizações sindicais de obter o consentimento de uma central sindical para serem registradas.

(Ver Recompilação de 1996, parágrafo 263)

300. Deveria haver o direito de recurso à Justiça contra toda decisão administrativa em matéria de registro de uma organização sindical. Este recurso constitui a garantia necessária contra decisões ilegais ou infundadas das autoridades responsáveis pelo registro dos estatutos.

(Ver Recompilação de 1996, parágrafo 264; informe 307º, caso n. 1918, parágrafo 251; informe 308º, caso n. 1894, parágrafo 537; e informe 334º, caso n. 2222, parágrafo 208)

301. A decisão de proibir o registro de um sindicato que tenha sido legalmente reconhecido não deve ter efeito antes de expirado o prazo legal para a interposição de recurso ou a decisão tenha sido confirmada, em apelação, pela autoridade judicial.

(Ver Recompilação de 1996, parágrafo 265; e informe 333º, caso n. 2301, parágrafo 594)

302. Nos casos em que o responsável pelo registro tem que se basear em seu próprio critério para decidir se um sindicato reúne as condições para ser registrado — mesmo que esta decisão possa ser objeto de apelação à Justiça — o Comitê achou que a existência de um recurso judicial de apelação não parece uma garantia suficiente; com efeito, não modifica o caráter das faculdades concedidas às autoridades responsáveis pelo registro, e os juízes aos quais se interpõe o recurso terão apenas de se certificarem de que a legislação foi devidamente aplicada. O Comitê chamou atenção para a conveniência de se definir claramente, na legislação, as condições precisas que os sindicatos deverão preencher para poder ser registrados, e prescrever critérios específicos para determinar se essas condições são preenchidas ou não e quando a autoridade responsável pode negar ou anular o registro.

(Ver Recompilação de 1996, parágrafo 266; e informe 333º, caso n. 2301, parágrafo 594)

303. Quando as dificuldades em relação à interpretação de normas sobre a inclusão dos sindicatos nos registros estatais pertinentes, criam situações, nas quais autoridades competentes abusam de suas competências, podem surgir problemas de compatibilidade com a Convenção de 87.

(Ver informe 330º, caso n. 2038, parágrafo 156)

304. Os juízes devem poder conhecer o mérito das questões relativas à negação do registro, para decidir se as disposições, em que se baseiam as medidas administrativas recorridas, infringem ou não os direitos reconhecidos pela Convenção n. 87 às organizações profissionais.

(Ver Recompilação de 1996, parágrafo 267; informe 307º, caso n. 1918, parágrafo 251; e informe 333º, caso n. 2301, parágrafo 594)

305. O controle normal da atividade dos sindicatos deveria ser feito *a posteriori* pelo juiz; o fato de uma organização, que requer o benefício do *status* de sindicato profissional, poder, dada a oportunidade, entregar-se à atividade alheia à sindical não parece constituir motivo suficiente para que as organizações sindicais sejam submetidas a controle *a priori* no que diz respeito à sua composição ou à composição de sua direção. O fato de se negar a inscrição a um sindicato, porque as autoridades, de antemão e por sua própria conta, consideram que poderia ser politicamente indesejável, equivaleria a submeter registro obrigatório de um sindicato a uma prévia autorização por parte das autoridades, o que não é compatível com as disposições da Convenção n. 87.

(Ver Recompilação de 1996, parágrafo 268; informe 307º, caso n. 1918, parágrafo 251; e informe 333º, caso n. 2301, parágrafo 591)

306. Num sistema jurídico, em que é facultativo o registro de uma organização de trabalhadores, o fato de estar registrada pode conferir significativas vantagens a uma organização como imunidades especiais, isenções fiscais, o direito de ser reconhecida como representante único para a negociação, etc. Para obter esse reconhecimento pode ser exigido de uma organização o preenchimento de algumas formalidades que não equivalem à prévia autorização e que, normalmente, não levantam nenhum problema no que diz respeito às exigências da Convenção n. 87.

(Ver Recompilação de 1996, parágrafo 269)

307. A demora do procedimento de registro supõe grave obstáculo à constituição de organizações e equivale à denegação do direito dos trabalhadores de constituir organizações sem autorização prévia.

(Ver informe 338º, caso n. 2244, parágrafo 1261)

308. Considera-se razoável o prazo de um mês para registrar uma organização.

(Ver informe 337º, caso n. 2244, parágrafo 1261)

Capítulo 5

DIREITO DE TRABALHADORES E DE EMPREGADORES DE CONSTITUIR LIVREMENTE AS ORGANIZAÇÕES QUE JULGUEM CONVENIENTES E DE A ELAS SE AFILIAREM

PRINCÍPIOS DE ESTRUTURA

309. O direito dos trabalhadores de constituir livremente as organizações de sua própria escolha, não pode ser considerado como existente se não for, de fato e de direito, plenamente reconhecido e respeitado.

(Ver Recompilação de 1996, parágrafo 271; informe 302º, caso n. 1825, parágrafo 491; informe 304º, caso n. 1712, parágrafo 376; informe 318º, caso n. 1978, parágrafo 217; informe 325º, caso n. 2109, parágrafo 460; informe 333º, caso n. 2133, parágrafo 59, caso n. 2301, parágrafo 592; e informe 2301º, caso n. 2388, parágrafo 1353)

310. O Comitê tem ressaltado a importância que atribui a que trabalhadores e empregadores possam, de uma maneira efetiva, constituir com plena liberdade organizações de sua escolha e de a elas se afiliarem livremente.

(Ver Recompilação de 1996, parágrafo 274; informe 302º, caso n. 1840, parágrafo 351; informe 304º, caso n. 1819, parágrafo 156; informe 316º, caso n. 1989, parágrafo 194; informe 325º, caso n. 2109, parágrafo 460; informe 328º, caso n. 2160, parágrafo 658; e informe 332º, caso n. 2262, parágrafo 398 e caso n. 2233, parágrafo 638)

UNIDADE E PLURALISMO SINDICAL

311. O direito dos trabalhadores, de constituir as organizações que julguem convenientes, significa especialmente a possibilidade efetiva de criar, num clima de plena segurança, organizações independentes tanto das que já existem como de todo partido político.

(Ver Recompilação de 1996, parágrafo 273; informe 304º, caso n. 1819, parágrafo 156; informe 310º, caso n. 1930, parágrafo 366; informe 321º, caso

n. 2031, parágrafo 169; informe 325º, caso n. 1888, parágrafo 397; informe 328º, caso n. 1961, parágrafo 41; e informe 330º, caso n. 2189, parágrafo 465)

312. A importância da livre escolha dos trabalhadores no que respeita à criação de suas organizações e afiliação das mesmas é tal para o respeito da liberdade sindical em seu conjunto, que este princípio não pode suprir demoras.

(Ver informe 306º, caso n. 1865, parágrafo 329)

313. A existência de uma organização sindical num determinado setor não deveria ser obstáculo à constituição de outra se os trabalhadores assim o desejassem.

(Ver Recompilação de 1996, parágrafo 276; informe 306º, caso n. 1884, parágrafo 691; e informe 315º, caso n. 1935, parágrafo 21)

314. Disposições de uma constituição nacional relativas à proibição de se criarem mais de um sindicato por categoria profissional ou econômica, qualquer que seja o grau da organização, numa determinada base territorial, que não poderá ser inferior à área de um município, não estão em conformidade com os princípios da liberdade sindical.

(Ver Recompilação de 1996, parágrafo 277)

315. O direito dos trabalhadores de constituir as organizações que julguem convenientes implica, especialmente, a real possibilidade de criarem — se os trabalhadores assim o desejarem — mais de uma organização de trabalhadores por empresa.

(Ver Recompilação de 1996, parágrafo 280; informe 302º, caso n. 1840, parágrafo 351; informe 327º, caso n. 1581, parágrafo 109; e informe 337º, caso n. 2317, parágrafo 198)

316. Uma disposição legal que não autoriza a constituição de um segundo sindicato numa empresa, não está conforme o artigo 2º da Convenção n. 87, que garante aos trabalhadores o direito de constituir, sem prévia autorização as organizações que considerem convenientes e de a elas se afiliarem.

(Ver Recompilação de 1996, parágrafo 281; e informe 337º, caso n. 2327, parágrafo 198)

317. Disposições que prescrevam um só sindicato por empresa, ofício ou profissão são incompatíveis com o artigo 2º da Convenção.

(Ver Recompilação de 1996, parágrafo 282; e informe 333º, caso n. 2301, parágrafo 592)

318. O Comitê observou que a Conferência Internacional do Trabalho, ao fazer figurar na Convenção n. 87 a expressão "organizações que julguem convenientes", entendeu ter em conta o fato de que em certos números de países existem várias organizações de empregadores e de trabalhadores e os interessados podem eleger pertencer a uma ou a outra delas, por razões de ordem profissional, religiosa ou política, sem pronunciar-se por eles sobre a questão de saber se, para os trabalhadores e os empregadores, a unidade na organização sindical é ou não preferível ao pluralismo sindical. Mas a Convenção entedia também consagrar o direito de todo grupo de trabalhadores (ou de empregadores) a constituir uma organização fora da organização já existente, se considera preferível esta solução para a defesa de seus interesses materiais ou morais.

(Ver Recompilação de 1996, parágrafo 286; informe 332º, caso n. 2046, parágrafo 453; e informe 334º, caso n. 2258, parágrafo 448)

319. Apesar de os trabalhadores poderem ter interesse em evitar que se multipliquem as organizações sindicais, a unidade do movimento sindical não deve ser imposta por intervenção do Estado, via legislativa, pois esta intervenção é contrária ao princípio enunciado nos artigos 2º e 11º da Convenção n. 87. A Comissão de Peritos em Aplicação de Convenções e Recomendações da OIT observou que "há uma diferença fundamental quanto às garantias estabelecidas para a liberdade sindical e a proteção do direito de sindicalização, entre a dita situação, de uma parte, em que o monopólio sindical é introduzido ou mantido por lei e, de outra, as situações de fato, que existem em alguns países, em que todas as organizações sindicais se agrupam voluntariamente numa só federação ou confederação, sem que isto resulte direta ou indiretamente de disposições legislativas aplicáveis aos sindicatos e a criação de associações profissionais. O fato de trabalhadores e empregadores obterem vantagens, em geral, ao evitar a multiplicação do número de organizações competidoras, não parece suficiente, portanto, para justificar uma intervenção direta ou indireta do Estado e, sobretudo, a intervenção deste por via legislativa". Embora apreciando, em todo sentido, o desejo de um governo de fomentar um movimento sindical forte, evitando os efeitos de uma indevida multiplicidade de pequenos sindicatos competidores entre si e cuja independência poderia ser comprometida por sua fraqueza, o Comitê observou que é preferível, nesses casos, que o governo procure estimular os sindicatos a se associarem livremente e a formarem associações fortes e unidas a impor, por via legislativa, uma unificação obrigatória que prive os trabalhadores do livre exercício de seus direitos sindicais e viole os princípios incorporados nas convenções internacionais do trabalho relativos à liberdade sindical.

(Ver Recompilação de 1996, parágrafo 287)

320. Embora possa ser vantajoso para trabalhadores e empregadores evitar a multiplicação de organizações defensoras de seus interesses, toda situação de monopólio imposta por via legal está em contradição com o princípio da liberdade de escolha de organizações de empregadores e de trabalhadores.

(Ver Recompilação de 1996, parágrafo 288; e informe 338º, caso n. 2348, parágrafo 995)

321. A unidade do movimento sindical não deve ser imposta mediante intervenção do Estado por via legislativa, pois essa intervenção é contrária aos princípios da liberdade sindical.

(Ver Recompilação de 1996, parágrafo 289; informe 320º, caso n. 1963, parágrafo 220; e informe 324º, caso n. 2067, parágrafo 988)

322. O governo não deveria apoiar nem obstruir qualquer tentativa legal feita por um sindicato para substituir uma organização existente. Os trabalhadores devem ser livres na hora de escolher um sindicato que, na sua opinião, defenda melhor seus interesses trabalhistas, sem qualquer ingerência por parte das autoridades. Para os trabalhadores pode ser vantajoso evitar que haja multiplicidade de sindicatos, mas isso deve ficar a sua decisão livre e voluntária. Ao incluir as palavras "as organizações que considerem convenientes" na Convenção n. 87, a Conferência Internacional do Trabalho reconheceu que as pessoas podem optar entre várias organizações de trabalhadores ou de empregadores por razões de trabalho, de profissão ou de política, mas não se pronunciou sobre se, no interesse dos trabalhadores e dos empregadores, é preferível um movimento sindical unificado ao pluralismo sindical.

(Ver Recompilação de 1996, parágrafo 290)

323. Tendo indicado um governo que não estava disposto a "tolerar" um movimento sindical fracionado em várias tendências e decidido a impor a esse movimento um caráter unitário, o Comitê lembrou que o artigo 2º da Convenção n. 87 dispõe que trabalhadores e empregadores devem ter o direito de constituir as organizações "que considerem convenientes" e de a elas se afiliarem. Com essa disposição, a Convenção não toma, de forma alguma, posição a favor da tese da unicidade sindical nem da tese da pluralidade sindical. Não obstante, tende a levar em consideração, de um lado, o fato de que em muitos países existem várias organizações entre as quais tanto trabalhadores como empregadores podem escolher livremente para se afiliarem e, de outro, que trabalhadores ou empregadores podem desejar criar organizações diferentes nos países onde não há essa diversidade. Quer dizer, se a Convenção não quis, evidentemente, fazer da pluralidade sindical uma obrigação, pelo menos exige que essa seja possível em todos os casos. De modo que toda atitude de um governo, que se traduza na "imposição" de uma organização sindical única, está em desacordo com as disposições do artigo 2º da Convenção n. 87.

(Ver Recompilação de 1996, parágrafo 291; informe 337, caso n. 2258, parágrafo 836; e informe 338º, caso n. 2348, parágrafo 995)

324. Uma situação em que se nega ao indivíduo qualquer possibilidade de escolha entre distintas organizações, porque a legislação só permite a existência de uma só no ramo profissional em que o interessado exerce sua atividade, é incompatível com os princípios incorporados na Convenção n. 87, uma vez que essas disposições estabelecem, por via legislativa, um monopólio sindical que convém distinguir tanto das cláusulas e práticas de segurança sindical como das situações de fato em que os trabalhadores formam voluntariamente uma só organização.

(Ver Recompilação de 1996, parágrafo 292; e informe 320º, caso n. 1936, parágrafo 220)

325. A faculdade de impor a todos os trabalhadores da categoria profissional interessada o pagamento de contribuições ao sindicato único nacional, cuja existência é permitida para uma ocupação dentro de uma determinada área, não é compatível com o princípio de que os trabalhadores devem ter o direito de afiliar-se às organizações "que julguem convenientes". Nessas circunstâncias, pareceria que a obrigação legal de contribuições para esse monopólio sindical, estejam ou não a eles afiliados os trabalhadores, representa uma nova consagração e consolidação do dito monopólio.

(Ver Recompilação de 1996, parágrafo 293)

326. O Comitê sugeriu a um governo que modificasse sua legislação de modo que ficasse claramente expresso que o fato de já existir um sindicato que represente a mesma categoria de trabalhadores que a que organiza ou se propõe organizar um novo sindicato que espera ser registrado ou o fato de um sindicato já existente possuir um certificado que lhe reconhece a qualidade de representante dos trabalhadores, nas negociações coletivas para a dita categoria de trabalhadores, não pode justificar a negação do registro ao novo sindicato.

(Ver Recompilação de 1996, parágrafo 295)

327. O Comitê concordou com a posição da Comissão de Peritos em Aplicação de Convenções e Recomendações quando objetou a uma legislação que tende a instituir e manter um sistema de sindicato único, ao mencionar expressamente a central sindical nacional, considerando que a dita legislação poderia constituir um obstáculo à criação de outra central se os trabalhadores o desejassem.

(Ver Recompilação de 1996, parágrafo 296)

328. Uma disposição que permite indeferir o requerimento de registro de um sindicato, por existir outro já registrado e considerado como suficientemente representativo dos interesses que o sindicato requerente se propõe a defender, tem como consequência que, em alguns casos, pode-se negar aos trabalhadores o direito de se afiliar à organização que considerem conveniente, em violação dos princípios da liberdade sindical.

(Ver Recompilação de 1996, parágrafo 297; informe 304º, caso n. 1865, parágrafo 249; e informe 305º, caso n. 1883, parágrafo 393)

329. Em situações em que as próprias organizações de trabalhadores pediram a unificação dos sindicatos e em que esse desejo foi consagrado de modo que passou a ter um caráter equivalente ao de uma imposição legal, o Comitê lembrou que a unidade sindical quando resulta só da vontade dos trabalhadores não precisa ser consagrada por textos legais cuja existência pode dar a impressão de que a unidade sindical decorre unicamente da legislação vigente ou só se mantém em virtude dela.

(Ver Recompilação de 1996, parágrafo 298)

330. Inclusive numa situação em que, do ponto de vista histórico, o movimento sindical se organizou numa base unitária, a legislação não deve institucionalizar essa situação, por exemplo, citando expressamente a central única, mesmo quando se trata da vontade da organização sindical existente. Com efeito, devem ser protegidos os direitos dos trabalhadores que não desejam integrar-se à central sindical nem aos sindicatos existentes e estes trabalhadores devem especialmente dispor do direito de constituir as organizações que estimem convenientes, coisa que não ocorre no contexto da unidade sindical imposta por lei.

(Ver Recompilação de 1996, parágrafo 299; e informe 335º, caso n. 1935, parágrafo 21)

331. O requisito consistente em obrigar um sindicato a obter a recomendação de uma central determinada para lograr o reconhecimento devido, obstaculiza a livre constituição da organização que se deseja e, por conseguinte, contravém ao princípio da liberdade sindical.

(Ver informe 302º, caso n. 1773, parágrafo 472)

332. A unidade sindical estabelecida voluntariamente pelos trabalhadores não deveria ser proibida e deverá ser respeitada pelas autoridades públicas.

(Ver informe 320º, caso n. 1963, parágrafo 220)

LIBERDADE DE NOMEAÇÃO DA ESTRUTURA SINDICAL

333. O livre exercício do direito de constituir sindicatos e de a eles se afiliarem implicava a livre determinação da estrutura e da composição desses sindicatos.

(Ver Recompilação de 1996, parágrafo 275; informe 308º, caso n. 1862, parágrafo 103; informe 321º, caso n. 1978, parágrafo 34; informe 325º, caso n. 2100, parágrafo 430; informe 327º, caso n. 2301, parágrafo 592; e informe 335º, caso n. 2308, parágrafo 1041)

334. Os trabalhadores deveriam poder decidir se preferem formar, no primeiro grau, um sindicato de empresa ou outra forma de grupamento de base como um sindicato de indústria ou de ofício.

(Ver Recompilação de 1996, parágrafo 279; informe 305º, caso n. 1874, parágrafo 268; e informe 325º, caso n. 2100, parágrafo 430)

335. Por força do artigo 2º da Convenção n. 87, os trabalhadores têm o direito de constituir as organizações que julguem convenientes, inclusive organizações que agrupem trabalhadores de centros de trabalho e localidades diferentes.

(Ver Recompilação de 1996, parágrafo 283; e informe 306º, caso n. 1862, parágrafo 103)

336. Em virtude de uma lei de administração local, a negociação coletiva deve realizar-se no âmbito regional e, portanto, a organização negociadora deve ser também uma organização que só exista nesse âmbito; semelhante restrição pode pôr limitações ao direito dos trabalhadores de criar as organizações que considerem convenientes e de a elas se afiliarem, e de escolher livremente seus representantes.

(Ver Recompilação de 1996, parágrafo 284)

337. Quanto à restrição que limita a afiliação de funcionários e empregados públicos aos sindicatos que reúnem as ditas categorias de trabalhadores, pode-se admitir que as organizações de base de funcionários e empregados públicos sejam limitadas exclusivamente a esses trabalhadores, a condição de não se prever simultaneamente que essas organizações devam limitar-se a funcionários ou empregados de um ministério, departamento ou determinado serviço, e de que as organizações de base possam afiliar-se livremente às federações e confederações que considerem convenientes.

(Ver Recompilação de 1996, parágrafo 285)

SANÇÕES POR TENTATIVA DE CONSTITUIR ORGANIZAÇÕES

338. Toda medida tomada contra trabalhadores por haverem tentado constituir ou reconstituir organizações de trabalhadores (fora da organização sindical oficial) é incompatível com o princípio de que os trabalhadores devem ter o direito de constituir, sem prévia autorização, as organizações que considerem convenientes e de a elas se afiliarem.

(Ver Recompilação de 1996, parágrafo 301; informe 327º, caso n. 1581, parágrafo 109; informe 328º, caso n. 2160, parágrafo 658; informe 332º, caso n. 2046, parágrafo 454; e informe 338º, caso n. 2348, parágrafo 995)

FAVORITISMO E DISCRIMINAÇÃO DIANTE DE DETERMINADAS ORGANIZAÇÕES

339. Tendo em vista as limitadas funções que alguma legislação reconhece a determinadas categorias de sindicatos, o Comitê considerou que a distinção criada pela legislação nacional entre os sindicatos poderia ter como efeito indireto restringir a liberdade dos trabalhadores de aderir a organizações de sua escolha. As razões que conduziram o Comitê a adotar esta posição foram as seguintes: de uma maneira geral, a possibilidade de um governo conceder vantagens a uma determinada organização ou de retirá-las para beneficiar uma outra implica o risco, mesmo que não seja esta sua intenção, de acabar favorecendo ou desfavorecendo um sindicato com relação a outro, cometendo um ato de discriminação. E mais, favorecendo ou desfavorecendo uma determinada organização em relação a outras, os governos podem influir na decisão dos trabalhadores ao escolherem uma organização para se afiliarem, uma vez que certamente se sentirão inclinados a se afiliarem ao sindicato mais apto para lhes servir, enquanto, por motivos de ordem profissional, confessional, político ou outro, suas preferências os teriam levado a se afiliarem a outra organização. Ora, a liberdade dos interessados na matéria constitui um direito expressamente consagrado pela Convenção n. 87.

(Ver Recompilação de 1996, parágrafo 303; e informe 328º, caso n. 2139, parágrafo 445)

340. Ao favorecer ou desfavorecer uma determinada organização em relação às demais, os governos poderiam influir no ânimo dos trabalhadores ao escolherem a organização a que pensam afiliar-se. Um governo que agisse assim, de uma maneira deliberada, infringiria, além disso, o princípio contido na Convenção n. 87, de que as autoridades públicas devem abster-se de toda intervenção que tende a limitar os direitos outorgados por este instrumento ou a enfraquecer seu exercício legal, e ainda, mesmo que indiretamente, o princípio que prevê que a legislação nacional não reduzirá nem será aplicada de modo a reduzir as garantias previstas na Convenção. Se o governo deseja dar certas facilidades às organizações sindicais, conviria tratá-la nesse sentido em igualdade de condições.

(Ver Recompilação de 1996, parágrafo 304; informe 324º, caso n. 2067, parágrafo 988; informe 325º, caso n. 1888, parágrafo 397; informe 328º, caso

n. 2139, parágrafo 445; informe 330º, caso n. 2200, parágrafo 1100; informe 331º, caso n. 2090, parágrafo 164; informe 334º, caso n. 2200, parágrafo 750; informe 337º, caso n. 2244, parágrafo 1272; e informe 338º, caso n. 2200, parágrafo 325)

341. Num caso em que havia pelo menos estreitas relações entre um sindicato e as autoridades, tanto trabalhistas como de outra natureza, o Comitê ressaltou a importância que atribui à resolução de 1952 relativa à independência do movimento sindical e exortou o governo a que se abstivesse de manifestar favoritismo para com determinados sindicatos ou discriminação contra outros, e que adotasse uma atitude neutra em suas relações com todas as organizações de trabalhadores e de empregadores, a fim de que todas elas se achem de igualdade de condições.

(Ver Recompilação de 1996, parágrafos 305; informe 309º, casos ns. 1851 e 1922, parágrafo 242; e informe 333º, caso n. 1888, parágrafo 192)

342. Em mais de uma ocasião, o Comitê examinou casos em que as autoridades públicas, segundo as alegações, tinham atitude de favorecimento ou, ao contrário, de hostilidade, com relação a uma ou várias organizações sindicais:

(1) pressões exercidas sobre os trabalhadores em declarações das autoridades;

(2) distribuição desigual das subvenções entre sindicatos ou a concessão a um deles e não a outros de locais para realizar reuniões ou atividades sindicais;

(3) negação de reconhecer os dirigentes de algumas organizações em suas atividades legítimas.

Discriminações exercidas dessa maneira ou de outra podem constituir o meio menos formal de influir nos trabalhadores em matéria de afiliação sindical. Por isso, são às vezes difíceis de serem provadas. Nem por isso e menos certo, como o Comitê recordara em cada um dos citados casos, que toda discriminação dessa natureza põe em risco o direito dos trabalhadores, consagrado pelo artigo 2º da Convenção n. 87, de criar organizações de sua escolha e de a elas se afiliarem.

(Ver Recompilação de 1996, parágrafo 306; informe 311º, caso n. 1969, parágrafo 146; informe 334º, caso n. 2200, parágrafo 750; informe 2249, caso n. 871; e informe 338º, caso n. 2200, parágrafo 325)

343. Tanto as autoridades como os empregadores devem evitar toda discriminação entre as organizações sindicais, especialmente quanto ao reconhecimento de seus dirigentes para os fins de suas atividades legítimas.

(Ver Recompilação de 1996, parágrafo 307; informe 311º, caso n. 1969, parágrafo 146; informe 324º, caso n. 2055, parágrafo 683; e informe 338º, caso n. 2374, parágrafo 509)

344. As situações em que as autoridades locais intervêm nas atividades de um sindicato livremente constituído, e ao tentar estabelecer outras organizações de trabalhadores e incitar a isso, com meios ilegítimos, a que mudem de afiliação, constitui uma violação do direito dos trabalhadores de constituir livremente as organizações que estimem convenientes e de afiliar-se às mesmas.

(Ver informe 330º, caso n. 2144, parágrafo 719)

345. De uma maneira geral, o fato de um governo poder conceder o usufruto de imóveis a determinada organização ou deles despejar a organização que os ocupava para os ceder a outra envolve o risco, mesmo que esta não seja sua intenção, de acabar favorecendo ou desfavorecendo um sindicato com relação aos demais, cometendo assim um ato de discriminação.

(Ver Recompilação de 1996, parágrafo 308)

PRIVILÉGIOS ADMISSÍVEIS EM FAVOR DE SINDICATOS MAIS REPRESENTATIVOS

(Ver também parágrafos 339 e 949 a 980)

346. O Comitê observou que, em diversas oportunidades, particularmente quando da discussão do projeto de convenção sobre o direito de sindicalização e de negociação coletiva, a Conferência Internacional do Trabalho havia evocado a questão de caráter representativo dos sindicatos e admitido, até certo ponto, a distinção que às vezes se faz entre os diferentes sindicatos de acordo com seu grau de representatividade. A Constituição da OIT, no parágrafo 5 do artigo 2º, consagra a noção de "organizações profissionais mais representativas". O Comitê, por conseguinte, achou que o simples fato de estabelecer a legislação de um país distinção entre as organizações sindicais mais representativas e as demais organizações sindicais não deveria ser por si mesma objeto de censura. Todavia, é necessário que uma distinção dessa natureza não tenha como resultado conceder às organizações mais representativas — caráter que deriva de um número mais elevado de membros — privilégios que excedam uma prioridade em matéria de representação nas negociações coletivas, de consultas com os governos ou mesmo em matéria de designação de delegados junto a organismos internacionais. Em outras palavras, essa distinção não deveria ter como consequência privar as organizações sindicais, que não tenham sido reconhecidas como as mais representativas, dos meios essenciais para defender os interesses profissionais de seus membros nem do direito de organizar sua gestão e sua atividade e de formular seu programa de ação, previsto pela Convenção n. 87.

(Ver Recompilação de 1996, parágrafo 309; informe 332º, caso n. 2216, parágrafo 908; e informe 337º, caso n. 2334, parágrafo 1219)

347. Os critérios, nos quais se assenta a distinção entre organizações mais ou menos representativas, devem ser previamente estabelecidos e de caráter objetivo e se fundar em elementos que não ofereçam a possibilidade de parcialidade ou abuso.

348. Deve haver na legislação critérios objetivos, precisos e previamente estabelecidos para determinar a representatividade de uma organização de empregadores ou de trabalhadores, e a dita avaliação não poderia ficar à discrição dos governos.

(Ver Recompilação de 1996, parágrafo 315; informe 302º, caso n. 1817, parágrafo 325; informe 331º, caso n. 2132, parágrafo 588; informe 33º, caso n. 2288, parágrafo 827; e informe 337º, caso n. 2334, parágrafo 1220)

349. As Convenções ns. 87 e 98 são compatíveis tanto com os sistemas que preveem um sistema de representação sindical para exercer os direitos sindicais coletivos que se baseiam no grau de afiliação sindical com que contam os sindicatos, como com os sistemas que preveem que estas representações sindicais surjam de eleições gerais entre os trabalhadores ou funcionários, ou os que estabelecem uma combinação de ambos os sistemas.

(Ver informe 320º, caso n. 2040, parágrafo 669)

350. Um sistema em que a denominação do número de delegados sindicais se realiza por uma comissão de três membros encarregados de verificar a afiliação sindical das distintas organizações é compatível com os princípios da liberdade sindical na medida em que reúne certas garantias. Certamente, a proteção de dados relativos à afiliação é um elemento fundamental de direito da pessoa e um particular do direito à intimidade, mas, na medida em que esteja sujeita a garantias estritas, a verificação da afiliação sindical não tem por que não ser compatível com o respeito de tais direitos e poder garantir a confidencialidade da identidade da afiliação. Além disso, é importante que os órgãos de verificação do grau de afiliação das organizações sindicais contem com a confiança do conjunto delas.

(Ver informe 320º, caso n. 2040, parágrafo 669)

351. Para poder determinar a melhor maneira possível a representatividade das organizações sindicais, é necessário garantir a imparcialidade e a confidencialidade do procedimento. Portanto, a verificação da representatividade de uma organização sindical deveria estar a cargo de um órgão independente e imparcial.

(Ver informe 302º, caso n. 2132, parágrafo 661)

352. Não é necessário facilitar uma lista com os nomes dos membros das organizações sindicais para poder determinar o número de seus afiliados, uma vez que um extrato das cotas sindicais serviria efetivamente para determinar o número de afiliados de uma organização sindical, sem que seja, portanto, necessário elaborar uma lista de nomes que poderia dar pé a atos de discriminação antissindical.

(Ver informe 327º, caso n. 2132, parágrafo 661)

353. A exigência pelas autoridades na prática de obter uma lista normativa de todos os afiliados a uma organização, assim como uma cópia de sua ficha de afiliados, para o fim de determinar quais são as organizações mais representativas, cria um problema em relação com os princípios de liberdade sindical. Existem riscos de discriminação sindical inerentes a estes tipos de exigências.

(Ver informe 336º, caso n. 2153, parágrafo 166)

354. O fato de reconhecer a possibilidade de um pluralismo sindical não impediria que se considerem certos direitos e vantagem às organizações mais representativas. Sempre e quando a determinação de uma organização mais representativa se embasa em critérios objetivos, estabelecidos de antemão e precisos, com o fim de evitar toda decisão parcial ou abusiva, e as vantagens se limitem de maneira geral ao reconhecimento de certos direitos preferenciais no que se refere a questões tais como a negociação coletiva, a consulta pelas autoridades ou a designação de delegados ante organismos internacionais.

(Ver informe 300º, caso n. 1844, parágrafo 241)

355. O Comitê admitiu, por exemplo, que algumas vantagens poderiam ser concedidas aos sindicatos, em matéria de representação, em razão de seu grau de representatividade, mas considerou que a intervenção dos poderes públicos em matéria de vantagens não deveria ser de natureza que influenciasse indevidamente na escolha, pelos trabalhadores, da organização a que desejassem afiliar-se.

(Ver Recompilação de 1996, parágrafo 311; informe 327º, caso n. 2132, parágrafo 661; e informe 335º, caso n. 2317, parágrafo 1083)

356. O feito de estabelecer na legislação uma porcentagem a efeito de determinar o nível de representação das organizações e outorgar certos privilégios às organizações mais representativas (em particular aos efeitos da organização coletiva) não suscitará dificuldades na medida em que se trate de critérios objetivos, precisos e previamente estabelecidos que não ofereçam possibilidade de parcialidade ou abuso.

(Ver informe 336º, caso n. 1968, parágrafo 502)

357. Relativamente a uma lei que estabelece um sistema de representatividade, o Comitê considerou que o fato de não reconhecer mais que as organizações sindicais mais representativas, assim consideradas com fundamento ao disposto na referida lei, têm o direito de fazer parte do Conselho Econômico e Social, não parece influir indevidamente sobre os trabalhadores na eleição das organizações a que desejam afiliar-se, nem impedir em relação às organizações que gozam de uma menor representatividade a defesa dos interesses de seus membros, a organização de suas atividades e a formulação de seu programa de ação.

(Ver informe 311º, caso n. 1968, parágrafo 502)

358. O Comitê considerou que um sistema de registro introduzido por lei, que outorga o direito exclusivo de negociação aos sindicatos registrados, não seria incompatível com os princípios da liberdade sindical sempre que o registro se baseie em critérios objetivos e preestabelecidos. A concessão, todavia, de direitos exclusivos à organização mais representativa não deveria significar a proibição da existência de outros sindicatos a que alguns trabalhadores interessados desejassem se afiliar.

(Ver Recompilação de 1996, parágrafo 312)

359. As organizações sindicais minoritárias, às quais se nega direito de negociação coletiva, devem poder desempenhar-se e ter, pelo menos, o direito de ser porta-vozes de seus membros e de os representar em caso de reclamação individual.

(Ver Recompilação de 1996, parágrafo 313; e informe 336º, caso n. 2153, parágrafo 168)

DIREITO DE LIVRE ASSOCIAÇÃO

360. Os trabalhadores deveriam poder, se o desejassem, afiliar-se simultaneamente a um sindicato de ramo e a um sindicato de empresa.

(Ver Recompilação de 1996, parágrafo 317; e informe 317º, caso n. 2100, parágrafo 430)

361. Num caso em que membros sindicais, que desejavam deixar seu sindicato, só o poderem fazer na presença de um tabelião, que devia conferir a identidade do interessado e reconhecer sua firma, o Comitê considerou que essa condição não constituiria em si uma infração dos direitos sindicais, à condição de que se tratasse de uma formalidade que, na prática, poderia ser cumprida facilmente e sem demora. Mas se disposição dessa natureza pudesse, em algumas circunstâncias, pôr dificuldades práticas para os trabalhadores que desejassem deixar seu sindicato, essa dita disposição poderia limitar o livre exercício de seu direito de se afiliar a organizações de sua escolha. Para evitar situações dessa natureza, o Comitê considerou que o governo deveria examinar a possibilidade de prever outra forma de desligamento que não envolvesse dificuldade de ordem prática ou econômica para os trabalhadores interessados.

(Ver Recompilação de 1996, parágrafo 319)

362. O Comitê instou a um governo que suprimisse o requisito imposto pela Divisão de Controle de Emprego de Marítimos de que, antes de deixar o país, os marinheiros deviam firmar um documento oficial pelo qual se restringiam seus direitos de afiliar-se a uma organização internacional ou de entrar em contato com a mesma para os ajudar a proteger seus interesses profissionais.

(Ver Recompilação de 1996, parágrafo 320)

CLÁUSULAS DE SEGURANÇA SINDICAL

(Ver também parágrafos 324 e 480)

363. Convém distinguir entre cláusulas de segurança sindical permitidas por lei e as impostas por lei, uma vez que só estas últimas resultam num sistema de monopólio sindical contrário aos princípios da liberdade sindical.

(Ver Recompilação de 1996, parágrafo 321; e informe 320º, caso n. 1963, parágrafo 220)

364. A admissibilidade das cláusulas de segurança sindical por força de convenções coletivas foi deixada a critério dos Estados ratificantes, conforme se depreende dos trabalhos preparatórios da Convenção n. 98.

(Ver Recompilação de 1996, parágrafo 322)

365. Os problemas relacionados com as cláusulas de segurança sindical devem ser resolvidos em âmbito nacional, de acordo com a prática e o sistema de relações trabalhistas de cada país. Em outras palavras, tanto as situações em que as cláusulas de segurança sindical são autorizadas como aquelas em que são proibidas podem ser consideradas de acordo com os princípios e normas da OIT em matéria de liberdade sindical.

(Ver Recompilação de 1996, parágrafo 323; informe 329º, caso n. 2136, parágrafo 102; e informe 332º, caso n. 2187, parágrafo 721)

366. Em casos em que se havia instituído a dedução das contribuições sindicais e outras formas de segurança sindical, não em virtude da lei, mas de uma cláusula incluída numa convenção coletiva ou de prática estabelecida pelas duas partes, o Comitê negou-se a examinar as alegações, baseando-se na declaração da Comissão de Relações de Trabalho da Conferência Internacional de 1949, na qual se estabelecia que a Convenção n. 87 não deveria ser interpretada no sentido de autorizar ou proibir cláusulas de segurança sindical e que essas questões devem ser resolvidas de acordo com a regulamentação e a prática nacionais. Tendo em vista este esclarecimento, os países, e com mais razão aqueles nos quais existe o pluralismo sindical, não estariam, de modo algum obrigados, de acordo com a Convenção, a tolerar, seja de fato, seja de direito, as cláusulas de segurança sindical, enquanto os demais, que as admitissem, não estariam impedidos de ratificar a Convenção.

(Ver Recompilação de 1996, parágrafo 324)

367. Baseando-se na declaração da Comissão de Relações de Trabalho da Conferência Internacional do Trabalho, de 1949, o Comitê achou que uma legislação que estabelece o direito de não sindicalização ou de não permanência num sindicato não constitui em si uma violação das Convenções ns. 87 e 98.

(Ver Recompilação de 1996, parágrafo 329)

368. Quando vigoram cláusulas de segurança sindical, que exigem a afiliação a uma dada organização como condição para conseguir trabalho, pode produzir-se uma discriminação injusta se estabelecem condições irrazoáveis para a afiliação das pessoas que a requeiram.

(Ver Recompilação de 1996, parágrafo 330)

Capítulo 6

DIREITO DAS ORGANIZAÇÕES DE REDIGIR SEUS ESTATUTOS E REGULAMENTOS

LEGISLATIVO NA MATÉRIA E INGERÊNCIA DAS AUTORIDADES

(Ver também parágrafos 392, 401, 405, 427, 430 e 473)

369. Disposições legislativas que regulam detalhadamente o funcionamento interno das organizações de trabalhadores e de empregadores envolvem graves riscos de ingerência pelas autoridades públicas. Em caso de que sua adoção fora considerada indispensável pelas autoridades, estas disposições deveriam limitar-se a estabelecer um limite geral, deixando às organizações a maior autonomia possível para reger seu funcionamento e administração. As restrições a este princípio deveriam ter como únicos objetivos garantir o funcionamento democrático das organizações e salvaguardar os interesses de seus membros. Por outra parte, deveria ser previsto recurso a órgão judiciário, imparcial e independente, para evitar todo risco de ingerência excessiva e arbitrária no livre funcionamento das organizações.

(Ver Recompilação de 1996, parágrafo 331; informe 321º, caso n. 2011, parágrafo 215)

370. O Comitê não considera que a simples exigência de uma legislação sindical constitua em si uma violação dos direitos sindicais, no caso de o Estado querer velar para que os estatutos sindicais se cinjam à lei. Ora, nenhuma legislação adotada nesse âmbito pode reduzir os direitos dos trabalhadores definidos no contexto dos princípios da liberdade sindical. Prescrições legislativas excessivamente detalhadas e estritas na matéria podem restringir, na prática, a criação e o desenvolvimento de organizações sindicais.

(Ver Recompilação de 1996, parágrafo 332; e informe 321º, caso n. 2011, parágrafo 215)

371. Para que as organizações tenham o direito de elaborar seus próprios estatutos e regulamentos com absoluta liberdade, a legislação nacional deveria limitar-se tão somente a estabelecer as condições formais que os estatutos deverão observar, os quais, juntamente com os regulamentos correspondentes, não precisarão da prévia autorização das autoridades públicas para entrar em vigor.

(Ver Recompilação de 1996, parágrafo 333; informe 302º, caso n. 1817, parágrafo 323; informe 321º, caso n. 2011, parágrafo 215; informe 327º, caso n. 2115, parágrafo 681; informe 330º, caso n. 2207, parágrafo 119; e informe 335º, caso n. 2308, parágrafo 1041)

372. As exigências relativas à competência territorial e ao número de afiliados deveriam depender unicamente do que determinam os estatutos dos sindicatos. De fato, toda disposição legislativa que vá mais além das exigências de forma a obstacularizar a criação e o desenvolvimento das organizações constitui uma intervenção contrária ao disposto pelo parágrafo 2º do artigo 3º da Convenção n. 87.

(Ver informe 318º, caso n. 2038, parágrafo 529)

373. Disposição que preveja que os estatutos sindicais devem preencher os requisitos da legislação nacional não constitui uma violação do princípio de que as organizações de trabalhadores devem ter o direito de elaborar suas próprias constituições e estatutos em plena liberdade, sempre que esses requisitos regulamentares não violem o princípio da liberdade sindical e de que, além disso, a aprovação dos estatutos pela autoridade competente não esteja sujeita à faculdade discricionária da dita autoridade.

(Ver Recompilação de 1996, parágrafo 334)

374. A redação dos estatutos das centrais pelas próprias autoridades públicas constitui uma violação dos princípios de sindicalização.

(Ver Recompilação de 1996, parágrafo 335; e informe 229º, caso n. 1772, parágrafo 132)

375. O fato de a aprovação de estatutos sindicais depender das faculdades discricionárias da autoridade competente não é compatível com o princípio geralmente aceito de que as organizações de trabalhadores, devem ter o direito de elaborar seus estatutos e regulamentos administrativos com inteira liberdade.

(Ver Recompilação de 1996, parágrafo 336)

376. A existência de recursos aos tribunais em matéria de aprovação de estatutos não é em si mesmo uma garantia suficiente. Com efeito, esta possibilidade não modifica a natureza das faculdades concedidas às autoridades administrativas e os juízes que apreciam o recurso só poderão verificar se a legislação foi devidamente aplicada. Por conseguinte, os tribunais deveriam ter condições de examinar o mérito da questão, assim como os motivos nos quais se baseou a decisão administrativa.

(Ver Recompilação de 1996, parágrafo 337)

377. Disposição legal que autoriza o governo, em determinadas circunstâncias, a se opor à formação de um sindicato, no prazo de três meses a partir da data de apresentação dos estatutos, está em contradição com o princípio fundamental, segundo o qual empregadores e trabalhadores deveriam ter o direito de constituir as organizações de sua escolha sem prévia autorização.

(Ver Recompilação de 1996, parágrafo 338)

378. É admissível a existência de disposições que tenham por finalidade promover os princípios democráticos no seio das organizações sindicais. A votação secreta e direta é uma das modalidades democráticas e, nesse sentido, não seria objetável.

(Ver Recompilação de 1996, parágrafo 339)

379. A enumeração na legislação dos itens que devem figurar nos estatutos não constitui por si mesma uma violação do direito das organizações sindicais de elaborar livremente seus regulamentos internos.

(Ver Recompilação de 1985, parágrafos 285)

380. Uma enumeração excessivamente longa e minuciosa das atribuições e finalidades que obrigatoriamente devem ter os sindicatos pode, na prática, inibir a criação e o desenvolvimento das organizações.

(Ver Recompilação de 1996, parágrafo 341)

381. As emendas aos estatutos sindicais devem ser postas em discussão e adotadas pelos próprios membros do sindicato.

(Ver Recompilação de 1996, parágrafo 342; e informe 302º, caso n. 1817, parágrafo 323)

382. Em alguns países, a lei exige a maioria dos membros de um sindicato — pelo menos para a primeira votação — sobre certas questões que afetam a própria existência do sindicato ou sua estrutura (aprovação e modificação dos estatutos, dissoluções, etc.). Nesses casos, quando se trata de assuntos básicos, que se referem à existência do sindicato e aos direitos essenciais de seus membros, a regulamentação legal das maiorias que devem adotar as decisões respectivas não implica uma intervenção das autoridades contrárias à Convenção, desde que não seja de natureza que dificulte seriamente a gestão de um sindicato, de acordo com as condições reinantes, tornando praticamente impossível a tomada de decisões que atendam às circunstâncias e sejam para garantir o direito dos membros de participar democraticamente da vida da organização.

(Ver Recompilação de 1996, parágrafo 343)

383. A inserção nos estatutos de um sindicato, por decisão das autoridades públicas, de artigo em virtude do qual o sindicato deverá enviar anualmente ao ministério uma série de documentos, a saber, cópias das atas da assembleia geral com indicação precisa dos nomes de membros presentes, cópias do relatório do secretário-geral aprovado pela assembleia, cópia do relatório da tesouraria, etc., e que, no caso de descumprimento, num prazo fixado, se entenderá que o sindicato se extinguiu, não é compatível com os princípios de liberdade sindical.

(Ver Recompilação de 1996, parágrafo 345)

MODELOS DE ESTATUTOS

384. Toda obrigação imposta a um sindicato — além de algumas cláusulas de pura formalidade — de copiar seus estatutos sobre um modelo obrigatório seria contrária às regras que asseguram a liberdade sindical. Muito diferente é o caso em que o governo se limita a pôr um modelo de estatuto à disposição das organizações em formação, sem impor sua aceitação. A elaboração de estatutos e regras-modelo para orientação dos sindicatos, desde que as circunstâncias sejam tais que não haja de fato nenhuma obrigação de aceitá-los nem pressão exercida nesse sentido, não envolve necessariamente uma intervenção no direito das organizações de elaborar seus estatutos e regulamentos com total liberdade.

(Ver Recompilação de 1996, parágrafo 346)

DISCRIMINAÇÃO RACIAL

385. Disposições de uma lei relativas à organização, nos sindicatos mistos registrados, de ramos distintos para trabalhadores de diferentes raças, e à convocação de reuniões distintas dos ditos ramos, não são compatíveis com o princípio geralmente aceito de que organizações de trabalhadores devem ter o direito de elaborar livremente seus estatutos e de organizar sua administração e atividades.

(Ver Recompilação de 1996, parágrafo 347)

RELAÇÕES ENTRE SINDICATOS DE BASE E ORGANIZAÇÕES DE GRAU SUPERIOR

386. Via de regra, as autoridades públicas deveriam respeitar a autonomia dos sindicatos e das organizações de nível superior, inclusive no que se refere às diversas relações que podem estabelecer. Disposições legais que reduzam essa autonomia deveriam, por conseguinte, constituir uma exceção e, quando necessárias em razão das circunstâncias excepcionais, fazer-se acompanhar de todas as garantias possíveis contra uma ingerência indébita.

(Ver Recompilação de 1996, parágrafo 348)

387. A submissão das organizações de base à direita das organizações sindicais superiores assim como a aprovação de sua constituição por estas últimas e a elaboração dos estatutos dos sindicatos por assembleia geral, de âmbito nacional, de representantes sindicais, constituem graves obstáculos a que os sindicatos possam exercer o direito de elaborar seus estatutos, organizar suas atividades e formular programas de ação.

(Ver Recompilação de 1996, parágrafo 349; e informe 310º, caso n. 1930, parágrafo 343)

Capítulo 7

DIREITO DA LIVRE ESCOLHA DE REPRESENTANTES

PRINCÍPIOS GERAIS

388. A liberdade sindical implica o direito de trabalhadores e empregadores de escolher livremente seus representantes.

(Ver Recompilação de 1996, parágrafo 350; informe 305º, caso n. 1874, parágrafo 268; informe 329º, casos ns. 2177 e 2183, parágrafo 639; e informe 333º, caso n. 2301, parágrafo 591)

389. Os trabalhadores e suas organizações devem ter o direito de escolher seus representantes com plena liberdade e esses representantes devem ter o direito de apresentar as reivindicações dos trabalhadores.

(Ver Recompilação de 1996, parágrafo 352)

390. Compete às organizações de trabalhadores e de empregados definir condições de eleição de seus dirigentes sindicais, e as autoridades deveriam abster-se de toda ingerência indevida no exercício do direito garantido pela Convenção n. 87. As autoridades deveriam abster-se de toda ingerência indevida no exercício do direito das organizações de trabalhadores e empregadores de eleger livremente a seus representantes, garantido pela Convenção n. 87.

(Ver Recompilação de 1996, parágrafo 351; informe 306º, caso n. 1884, parágrafo 692; informe 333º, caso n. 2301, parágrafo 591; e informe 335º, caso n. 2276, parágrafo 404)

391. O direito das organizações de trabalhadores de escolher livremente seus dirigentes constitui condição indispensável para que possam agir efetivamente com toda independência e promover com eficácia os interesses de seus membros. Para que se reconheça plenamente esse direito, é mister que as autoridades públicas se abstenham de intervenções que possam entorpecer o exercício desse direito, quer na fixação das condições de elegibilidade dos dirigentes ou no desenvolvimento das próprias eleições.

(Ver Recompilação de 1996, parágrafo 353; informe 302º, caso n. 1817, parágrafo 322; informe 304º, caso n. 1865, parágrafo 251; informe 328º, caso

n. 2128, parágrafo 262; informe 329º, caso n. 2090, parágrafo 273; informe 333º, caso n. 2301, parágrafo 591; e informe 337º, caso n. 2327, parágrafo 210)

PROCEDIMENTOS ELEITORAIS

(Ver também parágrafo 955)

392. A regulamentação dos procedimentos e modalidades de eleição de dirigentes sindicais deve atender prioritariamente aos estatutos sindicais. Com efeito, a ideia fundamental do artigo 3º da Convenção n. 87 é de que trabalhadores e empregadores possam decidir por si mesmos a regras que deverão observar para a administração de suas organizações e para as eleições que realizarão.

(Ver Recompilação de 1996, parágrafo 354; informe 302º, caso n. 1817, parágrafo 322; informe 304º, caso n. 1865, parágrafo 251; informe 328º, caso n. 2128, parágrafo 262; informe 329º, caso n. 2090, parágrafo 273; informe 333º, caso n. 2301, parágrafo 591; e informe 337º, caso n. 2327, parágrafo 210)

393. Uma regulamentação excessivamente minuciosa do procedimento eleitoral das organizações sindicais, viola o direito de escolher livremente seus representantes, previsto no artigo 3º da Convenção n. 87.

(Ver Recompilação de 1996, parágrafo 355)

394. Uma legislação que regulamente minuciosamente os procedimentos eleitoral internos de um sindicato e a composição de seus órgão de direção, estabeleça os dias de reunião, a data precisa da assembleia anual e a data em que se extinguem os mandatos dos dirigentes, é incompatível com as garantias reconhecidas aos sindicatos pela Convenção n. 87.

(Ver Recompilação de 1996, parágrafo 356)

395. Uma disposição que dê ao Ministro amplo poder discricionário para regulamentar minuciosamente os procedimentos eleitorais internos dos sindicatos, a composição e a data de eleição de seus diferentes comitês, inclusive a forma em que estes comitês deveriam funcionar, é incompatível com os princípios da liberdade sindical.

(Ver Recompilação de 1996, parágrafo 357)

396. O fato de um governo regulamentar rigidamente as eleições sindicais pode constituir uma limitação do direito dos sindicatos de eleger livremente seus próprios representantes. Todavia, de uma maneira geral, as leis que regulamentam a frequência das eleições e estabelecem uma duração máxima para os mandatos dos órgãos de direção, não afetam os princípios da liberdade sindical.

(Ver Recompilação de 1996, parágrafo 358; e informe 308º, caso n. 1920, parágrafo 520)

397. Deveria ficar a cargo dos sindicatos a definição da duração dos mandatos sindicais.

(Ver Recompilação de 1996, parágrafo 359; informe 308º, caso n. 1920, parágrafo 520; e informe 329º, casos ns. 2177 e 2183, parágrafo 639)

398. A imposição, por via legislativa do voto direto, secreto e universal, para eleger os dirigentes sindicais, não levanta problemas de conformidade com os princípios da liberdade sindical.

(Ver Recompilação de 1996, parágrafo 360)

399. Não há violação dos princípios da liberdade sindical quando a legislação contém algumas regras que tenham por finalidade promover os princípios democráticos no seio das organizações sindicais ou então garantir o desenvolvimento normal do processo eleitoral, respeitados os direitos dos membros, a fim de evitar qualquer conflito no que tange ao resultado das eleições.

(Ver Recompilação de 1996, parágrafo 361)

400. Disposições que impõem às organizações registradas a obrigação de eleger seus dirigentes mediante voto por correspondência, não parecem opor-se à livre eleição dos dirigentes sindicais.

(Ver Recompilação de 1996, parágrafo 362)

401. Deveria ficar a cargo das próprias organizações de trabalhadores a tarefa de definir em seus estatutos ou regulamentos a maioria dos votos necessária para eleger os dirigentes sindicais.

(Ver Recompilação de 1996, parágrafo 363)

402. A definição do número de dirigentes de uma organização deveria ser da competência das próprias organizações sindicais.

(Ver Recompilação de 1996, parágrafo 364)

403. O registro das comissões diretivas das organizações sindicais deveriam ser produzidos automaticamente por meio de notificação por parte do sindicato, e só deveria ser impugnável a pedido dos membros do sindicato em questão.

404. Tendo em vista que a criação de conselhos de trabalhadores e de conselhos de empresários poderia constituir um passo preliminar para a formação de organizações de trabalhadores e de empregadores independentes e livremente constituídas, todos os cargos de direção desses conselhos deveriam ser ocupados, sem exceção, por pessoas eleitas livremente pelos trabalhadores ou empregadores interessados.

(Ver Recompilação de 1996, parágrafo 365; informe 318º, caso n. 2003, parágrafo 390; e informe 325º, caso n. 2068, parágrafo 311)

CONDIÇÕES DE ELEGIBILIDADE

405. A determinação das condições para a afiliação ou a elegibilidade para cargos diretivos sindicais é uma questão que deveria deixar-se a critério dos estatutos dos sindicatos e que as autoridades públicas deveriam abster-se de toda intervenção que poderia obstacularizar o exercício deste direito para as organizações sindicais.

(Ver informe 309º, caso n. 1865, parágrafo 153; e informe 331º, caso n. 1942, parágrafo 263)

A. Discriminação racial

406. Disposições de uma legislação que reservam exclusivamente aos europeus o direito de integrar as comissões executivas de sindicatos mistos (compostos por trabalhadores de raças diferentes) são incompatíveis com o princípio de que as organizações de trabalhadores e de empregados devem ter o direito de eleger seus representantes com plena liberdade.

(Ver Recompilação de 1996, parágrafo 368)

B. Vínculo com a profissão ou empresa

407. Os requisitos relativos ao vínculo com a profissão ou a empresa para poder ser dirigente sindical são contrários ao direito dos trabalhadores a elegerem livremente seus representantes.

(Ver informe 318º, caso n. 2003, parágrafo 390)

408. Disposições da legislação nacional que exigem que todos os dirigentes sindicais pertençam à atividade na qual o sindicato exerce suas funções, podem pôr em risco as garantias previstas pela Convenção. Com efeito, nesses casos, a dispensa de um trabalhador que exerce um cargo de direção sindical, perdendo assim sua qualidade de dirigente sindical, pode criar obstáculo à liberdade de ação de organização e ao direito dos trabalhadores de eleger livremente seus representantes e até mesmo propiciar atos de ingerência por parte do empregador.

(Ver Recompilação de 1996, parágrafo 369; informe 307º, caso n. 1905; parágrafo 154; e informe 326º, caso n. 2096, parágrafo 427)

409. Para se pôr de acordo com o princípio da liberdade de eleição, as cláusulas que limitam o acesso às funções sindicais à pessoas que trabalham efetivamente na profissão ou estabelecimentos considerados, é necessário, pelo menos, dar-lhes maior flexibilidade, aceitando a candidatura de pessoas que tenham trabalhado em épocas anteriores na profissão e suprimindo as condições de pertencer à profissão para uma razoável proporção dos dirigentes das organizações.

(Ver Recompilação de 1996, parágrafo 371; informe 326º, caso n. 2096, parágrafo 427; e informe 335º, caso n. 1865, parágrafo 829)

410. As disposições que exigem que todos os dirigentes estejam exercendo a profissão há mais de um ano, no momento de sua eleição, não estão em harmonia com a Convenção n. 87.

(Ver Recompilação de 1996, parágrafo 372)

411. Tendo em vista o princípio, segundo o qual, as organizações de trabalhadores têm o direito de eleger livremente seus representantes, a dispensa de um dirigente sindical ou simplesmente o fato de abandonar o trabalho que tinha numa determinada empresa, não deveria ter consequência no que concerne a sua condição e funções sindicais, a menos que os estatutos do sindicato de que se trata disponham de outro modo.

(Ver Recompilação de 1996, parágrafo 373; informe 304º, caso n. 1865, parágrafo 251; e informe 326º, caso n. 2105, parágrafo 447)

412. O requisito de que os dirigentes sindicais mantenham sua ocupação durante todo o seu mandato impede a existência de dirigentes sindicais em tempo integral. Essa condição pode prejudicar consideravelmente os interesses dos sindicatos, especialmente daqueles que, por sua dimensão ou extensão geográfica, precisam que seus dirigentes lhes dediquem grande parte do seu tempo. Por conseguinte, essas disposições dificultam o livre funcionamento das organizações de trabalhadores e não se ajustam ao disposto no artigo 3º da Convenção n. 87.

(Ver Recompilação de 1996, parágrafo 374)

ANTIGUIDADE NA AFILIAÇÃO SINDICAL

413. Disposição que estabelece como condição de elegibilidade a obrigatoriedade de estar afiliado à organização há no mínimo um ano, poderia ser interpretada no sentido de que todos os dirigentes sindicais devem pertencer à profissão ou trabalhar na empresa cujo sindicato representa os trabalhadores. Nesse caso, por se aplicar a todos os responsáveis das organizações sindicais, a dita obrigatoriedade seria incompatível com os princípios da liberdade sindical.

(Ver Recompilação de 1996, parágrafo 375)

414. Disposição que exija como requisito para ser dirigente sindical ter uma antiguidade como membro do sindicato não inferior a seis meses supõe uma importante limitação do direito das organizações de trabalhadores de eleger livremente seus representantes.

(Ver Recompilação de 1996, parágrafo 376)

D. Opiniões ou atividades políticas

415. Uma legislação que proíba que certas pessoas de ocuparem cargos sindicais, por causa de suas opiniões políticas ou afiliações, é contrária ao direito dos sindicalistas de eleger seus representantes com plena liberdade.

(Ver Recompilação de 1996, parágrafo 377)

416. Quando um grupo de pessoas é eleito pelos trabalhadores para representá-los num conflito, o direito da livre escolha é restringido se apenas alguns desses representantes, em virtude de suas opiniões políticas, são selecionadas pelo governo como capacitados para intervir em atos de mediação. Quando a legislação nacional dispõe que o governo deve tratar com os representantes dos trabalhadores de uma empresa e, em todo caso, escolher aqueles com os quais negociará, toda seleção efetuada por motivos políticos, que tenha por efeito eliminar das negociações, mesmo indiretamente, os dirigentes da organização mais representativa dos trabalhadores interessados, poderia significar que as leis são aplicadas de modo a dificultar o direito dos trabalhadores de escolher seus próprios representantes.

(Ver Recompilação de 1996, parágrafo 378)

417. Uma legislação que incapacita para atuar como dirigente sindical, por um prazo de dez anos, "quem toma parte em atividades políticas de natureza comunista" e enumera uma série de "presunções legais" pelas quais uma pessoa pode ser considerada como "responsável por participar de atividades políticas de natureza comunista", poderia implicar uma violação ao princípio da Convenção n. 87, segundo o qual as organizações de trabalhadores e de empregadores "têm o direito de escolher livremente seus representantes... e o de formular seu programa de ação", devendo "as autoridades públicas abster-se de toda intervenção que tenda a limitar esse direito ou a enfraquecer seu exercício legal".

(Ver Recompilação de 1996, parágrafo 379)

418. O Comitê considerou contrária aos princípios da liberdade sindical lei, em virtude da qual, um sindicalista pode ser impedido de ocupar um cargo sindical e de afiliar-se a um sindicato porque a critério do ministro, suas atividades poderiam favorecer os interesses do comunismo.

(Ver Recompilação de 1996, parágrafo 380)

E. Moralidade dos candidatos

419. Uma exigência legal no sentido de que os candidatos a dirigentes sindicais devem ser objeto de uma investigação sobre sua moralidade, a ser efetuada pelo Ministério do Interior e pelo Departamento de Justiça, constitui uma prévia aprovação por parte das autoridades com relação aos candidatos, sendo portanto, incompatível com a Convenção n. 87.

(Ver Recompilação de 1996, parágrafo 381)

F. Nacionalidade

420. Dever-se-ia dar maior flexibilidade às legislações a fim de permitir que as organizações exerçam, sem dificuldade, a livre eleição de seus dirigentes e aos trabalhadores estrangeiros ter acesso às funções sindicais, pelo menos após período razoável de residência no país de acolhida.

(Ver Recompilação de 1996, parágrafo 382)

G. Condenação penal

421. Uma lei que proíba, de uma maneira geral, o acesso às funções sindicais, por qualquer tipo de condenação, é incompatível com os princípios da liberdade sindical quando a atividade pela qual se condena não compromete a aptidão e a integridade necessárias ao exercício das funções sindicais.

(Ver Recompilação de 1996, parágrafo 383)

422. A condenação por atividade que, por sua natureza não põe em dúvida a integridade do interessado nem representa um risco real para o exercício correto de funções sindicais, não deve constituir motivo de desqualificação como dirigente sindical, e todo texto legislativo que proíba estas funções às pessoas, por qualquer tipo de delito, é incompatível com os princípios da liberdade sindical.

(Ver Recompilação de 1996, parágrafo 384)

423. No que se refere a uma legislação que estabelece, como causa de incompatibilidade ou de impedimento para funções de direção ou de administração de um sindicato, a condenação por qualquer jurisdição, salvo por delitos políticos, à prisão igual ou superior a um mês, o Comitê estimou que esta disposição geral pode ser interpretada de modo a excluir de funções sindicais de responsabilidade as pessoas condenadas por atividades relacionadas com o exercício de direitos sindicais, como o crime de imprensa, limitando, assim, o direito dos sindicalistas de escolher livremente seus representantes.

(Ver Recompilação de 1996, parágrafo 385)

424. A desqualificação como dirigente sindical baseada em "qualquer delito que implique fraude, improbidade ou extorsão" pode ir de encontro ao direito da livre eleição dos representantes sindicais, uma vez que o termo "improbidade" pode abranger um ampla gama de comportamento que não implique necessariamente que pessoas condenadas por esse delito não sejam aptas para ocupar um cargo de confiança como o de dirigente sindical.

(Ver Recompilação de 1996, parágrafo 387)

H. Reeleição

425. A proibição de reeleição dos dirigentes sindicais não é compatível com a Convenção n. 87. Essa proibição pode ter, além disso, graves consequências para o desenvolvimento normal de um movimento sindical, quando não dispõe de um número suficiente de pessoas capazes de desempenhar adequadamente as funções de direção sindical.

(Ver Recompilação de 1996, parágrafo 388)

426. Uma legislação que fixe uma direção máxima para mandatos sindicais e que, ao mesmo tempo, limita sua renovação, reduz o direito das organizações de escolher livremente seus representantes.

(Ver Recompilação de 1996, parágrafo 389)

OBRIGATORIEDADE DE PARTICIPAR DE VOTAÇÕES

427. A obrigatoriedade de participar de votação para eleger dirigentes sindicais deveria competir aos estatutos dos sindicatos e não à lei.

(Ver Recompilação de 1996, parágrafo 390)

428. Uma lei que imponha multas aos trabalhadores que não participem das eleições de dirigentes sindicais, não se ajusta às disposições da Convenção n. 87.

(Ver Recompilação de 1996, parágrafo 391)

INTERVENÇÃO DE AUTORIDADES EM ELEIÇÕES SINDICAIS

429. A intervenção de autoridades públicas em eleições sindicais corre risco de parecer arbitrária e de constituir uma ingerência no funcionamento das organizações de trabalhadores, incompatível com o artigo 3º da Convenção n. 87 que lhes reconhece o direito de eleger livremente seus dirigentes.

(Ver Recompilação de 1996, parágrafo 392)

430. O direito dos trabalhadores de eleger livremente seus representantes deveria tornar-se de acordo com os estatutos das distintas associações profissionais e não deveria subordinar-se à convocação de eleições por meio de resolução ministerial.

(Ver Recompilação de 1996, parágrafo 393; e informe 308º, caso n. 1915, parágrafo 271)

431. Com relação a um conflito interno no seio da organização sindical entre duas direções rivais, o Comitê lembrou que, para garantir a imparcialidade e objetividade do procedimento, conviria que o controle das eleições sindicais ficasse a cargo de autoridades judiciárias competentes.

(Ver Recompilação de 1996, parágrafo 394; e informe 308º, caso n. 1920, parágrafo 524)

432. A ingerência de autoridades e do partido político dirigente com relação à presidência da organização sindical central de um país, é incompatível com o princípio de que as organizações sindicais devem ter o direito de eleger seus representantes com plena liberdade.

(Ver Recompilação de 1996, parágrafo 395; informe 324º, caso n. 2090, parágrafo 203; informe 329º, caso n. 2090, parágrafo 271; e informe 330º, caso n. 2144, parágrafo 711)

433. A nomeação, por autoridades, de membros dos comitês executivos dos sindicatos, constitui uma ingerência direta nos assuntos internos dessas organizações e é incompatível com a Convenção n. 87.

(Ver Recompilação de 1996, parágrafo 396; e informe 306º, caso n. 1908, parágrafo 459)

434. O fato de as autoridades intervirem durante o processo eleitoral de um sindicato, expressando sua opinião sobre os candidatos e as consequências da eleição, afeta gravemente o princípio de que as organizações sindicais têm o direito de eleger seus representantes com plena liberdade.

(Ver Recompilação de 1996, parágrafo 397, informe 324º, caso n. 2090, parágrafo 203; e informe 329º, caso n. 2090, parágrafo 271)

435. Num caso em que a destituição de dirigentes sindicais não se afetou por decisão dos membros dos sindicatos interessados, mas pela autoridade administrativa e, que parece, não com base na violação de disposições precisas dos estatutos sindicais ou da lei, mas da avaliação feita pela mesma autoridade administrativa da capacidade dos ditos dirigentes de manter a "disciplina dos sindicatos", o Comitê considerou que umas medidas dessa natureza parecem claramente incompatível com o princípio, segundo o qual, as organizações sindicais têm o direito de eleger livremente seus representantes e de organizar sua administração e suas atividades.

(Ver Recompilação de 1996, parágrafo 398)

436. Uma legislação que impõe a aprovação prévia pelo Governador do Estado, dos candidatos a membros de uma direção sindical, em seguida a relatório dos serviços de investigação policial, é incompatível com o princípio de que as organizações de empregadores e de trabalhadores devem ter o direito de eleger livremente seus representantes.

(Ver Recompilação de 1996, parágrafo 399)

437. São incompatíveis com o direito dos trabalhadores de organizar eleições livres disposições que implicam intervenção de autoridades públicas nas diversas etapas do processo eleitoral, intervenção que começa pela exigência de submeter previamente ao Ministro do Trabalho os nomes dos candidatos, acompanhados de seus antecedentes pessoais, ordenando depois a presença nas eleições de um representante desse Ministério ou das autoridades civis ou militares e culminando com a aprovação, por resolução ministerial da junta diretora, requisito sem o qual não terá existência legal.

(Ver Recompilação de 1996, parágrafo 400; e informe 338º, caso n. 1920, parágrafo 523)

438. A presença de autoridades governamentais nas eleições sindicais pode implicar uma violação da liberdade sindical e, em particular, ser incompatível com o princípio de que as organizações de trabalhadores têm o direito de eleger livremente seus representantes, devendo abster-se as autoridades públicas de toda intervenção que tenda a limitar esse direito ou a enfraquecer seu exercício legal.

(Ver Recompilação de 1996, parágrafo 401; e informe 330º, caso n. 2144, parágrafo 711)

439. O Comitê observou que existem em muitos países, disposições legais que preveem que um funcionário independente das autoridades públicas — como o registrador de sindicatos — pode tomar medidas, assegurada a possibilidade recurso ao judiciário, com base numa queixa ou quando há motivos razoáveis para supor que numa eleição sindical se tenham produzido irregularidades contrárias à lei ou aos estatutos da organização interessadas. Mas esta situação é completamente diferente daquela que se põe quando as eleições só se consideram válidas depois de terem sido aprovadas pelas autoridades administrativas. O Comitê achou que o requisito pelo qual se exige a aprovação governamental dos resultados eleitorais dos sindicatos, não é compatível com o princípio da liberdade de eleições.

(Ver Recompilação de 1996, parágrafo 402)

IMPUGNAÇÃO DAS ELEIÇÕES SINDICAIS

440. As medidas que possam ser tomadas por via administrativa, no caso de impugnação dos resultados eleitorais, correm o risco de parecer arbitrárias. Por isso, e também para garantir um processo imparcial e objetivo, os casos dessa natureza deveriam ser examinados por autoridades judiciais.

(Ver Recompilação de 1996, parágrafo 403)

441. A fim de evitar o perigo de reduzir gravemente o direito dos trabalhadores de eleger seus representantes com plena liberdade, as queixas pelas quais se impugna o resultado das eleições, apresentadas a um tribunal do trabalho pela autoridade administrativa, não deveriam ter como efeito a suspensão da validade das ditas eleições enquanto se conhece o resultado final da ação judicial.

(Ver Recompilação de 1996, parágrafo 404; e informe 330º, caso n. 2067, parágrafo 173, caso n. 2046, parágrafo 526)

442. Nos casos em que sejam impugnados os resultados de eleições sindicais, estas questões deveriam ser submetidas às autoridades judiciais que deveriam garantir um processo imparcial, objetivo e rápido.

(Ver Recompilação de 1996, parágrafo 405; informe 306º, caso n. 1908, parágrafo 459; e informe 335º, caso n. 2294, parágrafo 383)

443. A fim de evitar o perigo de graves limitações ao direito dos trabalhadores de eleger livremente seus representantes, os casos submetidos aos tribunais por autoridades administrativas, que não aceitam os resultados de eleições sindicais, não deveriam — ao aguardo do resultado definitivo do processo judicial — paralisar o funcionamento das organizações sindicais.

(Ver Recompilação de 1996, parágrafo 406)

DESTITUIÇÃO DE JUNTAS DIRETIVAS E INTERVENÇÃO DE SINDICATOS

444. A destituição pelo Governo de dirigentes sindicais constitui uma grave violação de livre exercício dos direitos sindicais.

(Ver informe 299º, caso n. 1772, parágrafo 131)

445. A designação, pelo governo, de pessoas encarregadas de administrar uma central sindical nacional, baseando-se em que a dita medida foi imposta pela corrupção administrativa em que se encontravam os sindicatos, pareceria incompatível com respeito pela liberdade sindical numa época de normalidade institucional.

(Ver Recompilação de 1996, parágrafo 407)

446. Num caso em que o governo havia nomeado um administrador de assuntos sindicais com o objetivo de garantir, em nome dos sindicatos, as funções normalmente assumidas por uma organização central de trabalhadores, o Comitê achou que a reestruturação do movimento sindical deveria ser obra das próprias organizações sindicais e as funções do administrador deveriam limitar-se à coordenação das atividades empreendidas pelos sindicatos com mira à dita reestruturação. As prerrogativas conferidas à pessoa encarregada dessa coordenação não devem ser de natureza que limite os direitos garantidos pelo artigo 3º, parágrafo 1º da Convenção n. 87.

(Ver Recompilação de 1996, parágrafo 408)

447. A legislação que deixa ampla margem às autoridades administrativas para eliminar a diretoria de um sindicato se, a seu critério, existam “razões graves e devidamente justificadas” e que autoriza o governo a nomear diretorias, em substituição das eleitas, é incompatível com os princípios da liberdade sindical. As ditas disposições não podem ser, de modo algum, comparáveis com as que em vários países permitem aos tribunais uma eleição por razões específicas definidas em lei.

(Ver Recompilação de 1996, parágrafo 409)

448. O estabelecimento por parte do governo, após uma mudança de regime, de um comitê consultivo provisório de uma confederação sindical e a negativa de conhecer o órgão executivo que havia sido eleito na assembleia geral da mesma confederação, constituem violações do princípio, segundo o qual, as autoridades públicas devem abster-se de toda investigação que tenda a limitar o direito das organizações de trabalhadores de eleger livremente seus representantes e de organizar sua administração e suas atividades.

(Ver Recompilação de 1996, parágrafo 410)

449. No que diz respeito à intervenção governamental num sindicato, o Comitê chamou a atenção para a importância que atribui ao princípio de que os poderes públicos devem abster-se de toda intervenção que possa limitar o direito das organizações de trabalhadores de eleger livremente seus representantes e organizar sua gestão e sua atividade.

(Ver Recompilação de 1996, parágrafo 411; e informe 300º, caso n. 1793, parágrafo 270)

450. A intervenção das organizações sindicais implica grave perigo de uma limitação do direito das organizações de trabalhadores de eleger livremente seus representantes e de organizar sua gestão e suas atividades.

(Ver Recompilação de 1996, parágrafo 412)

451. Mesmo reconhecendo que alguns fatos se revestiam de um caráter muito excepcional e tinham podido justificar uma intervenção das autoridades, o Comitê achou que, para ser admissível, a intervenção do sindicato, tal como havia sido executada, deveria ser rigorosamente provisória e ter como objetivo exclusivo permitir a organização de eleições livres.

(Ver Recompilação de 1996, parágrafo 413)

452. Medidas tomadas pelas autoridades administrativas, como a intervenção de organizações, correm o risco de parecer arbitrárias, mesmo quando tivessem caráter provisório e possam ser questionadas junto à autoridade judicial.

(Ver Recompilação de 1996, parágrafo 414)

453. As prerrogativas conferidas a uma pessoa para promover a regularização sindical não devem levar à limitação do direito das associações profissionais de redigir seus estatutos, eleger seus representantes, organizar sua administração e formular seu programa de ação.

(Ver Recompilação de 1996, parágrafo 415)

Capítulo 8

DIREITO DAS ORGANIZAÇÕES DE ORGANIZAR SUA ADMINISTRAÇÃO

PRINCÍPIOS GERAIS

454. A liberdade sindical implica o direito de trabalhadores e empregadores eleger livremente seus representantes e de organizar sua administração e atividades sem qualquer ingerência de autoridades públicas.

(Ver Recompilação de 1996, parágrafo 416; e informe 331º, caso n. 2132, parágrafo 589)

455. A ideia fundamental do artigo 3º da Convenção n. 87 é de que trabalhadores e empregadores possam decidir, por si mesmos, as regras que deverão observar na administração de suas organizações e nas eleições que realizarão.

(Ver Recompilação de 1996, parágrafo 417)

ADMINISTRAÇÃO INTERNA DAS ORGANIZAÇÕES

456. Tendo em vista que, em todo movimento sindical democrático, a assembleia geral de seus membros é a suprema autoridade sindical que determina os regulamentos que regem a administração e as atividades dos sindicatos e que estabelece seu programa de ação, a proibição dessas assembleias pareceria representar uma violação dos direitos sindicais.

(Ver Recompilação de 1996, parágrafo 418)

457. A legislação que se aplique de modo a impedir as organizações sindicais de utilizar os serviços de peritos que não sejam necessariamente os dirigentes eleitos, por exemplo, peritos em questões industriais, advogados ou procuradores que possam representá-las em questões judiciais e administrativas, levantariam uma grave questão de compatibilidade entre as ditas disposições e o artigo 3º da Convenção n. 87, segundo o qual as organizações sindicais têm, entre outros, o direito de organizar sua administração e suas atividades.

(Ver Recompilação de 1996, parágrafo 420)

458. Disposição que proíba os dirigentes de perceber remuneração não se ajusta ao dispositivo do artigo 3º da Convenção n. 87.

(Ver Recompilação de 1996, parágrafo 421)

459. No tocante a uma legislação recentemente adotada e que proibia o pagamento aos representantes sindicais pela liberação por tempo completo pelo empregador, o Comitê considerou que o abandono de um sistema implantado desde muito tempo e amplamente estendido, pode implicar dificuldades financeiras que geram a possibilidade de obstacularizar consideravelmente o bom funcionamento dos sindicatos.

(Ver informe 307º, caso n. 1865, parágrafo 225)

460. A liberdade sindical implica o direito das organizações de empregadores e de trabalhadores de resolverem elas mesmas suas divergências sem a ingerência de autoridades, e cabe ao governo criar um clima que permita chegar à solução dessas divergências.

(Ver Recompilação de 1996, parágrafo 422)

CONTROLE DAS ATIVIDADES INTERNAS DAS ORGANIZAÇÕES

461. Uma legislação que outorga ao ministro o direito de investigar os assuntos internos de um sindicato à sua inteira discrição, pelo simples fato de considerá-lo necessário desde o ponto de vista do interesse público, não está conforme com os princípios, segundo os quais, as organizações de trabalhadores deveriam ter o direito de organizar sua administração e suas atividades, devendo as autoridades públicas se abster de toda intervenção que tenda a limitar esse direito ou a enfraquecer seu exercício legal.

(Ver Recompilação de 1996, parágrafo 423)

462. Acontecimentos de caráter excepcional podem justificar uma intervenção direta de um governo nos assuntos internos de um sindicato, com o objetivo de reestabelecer uma situação na qual os direitos sindicais sejam rigorosamente respeitados por completo.

(Ver Recompilação de 1996, parágrafo 424)

463. As únicas limitações aos direitos enunciados no artigo 3º da Convenção n. 87, que eventualmente poderiam ser admitidas, deveriam circunscrever-se a assegurar o respeito às normas democráticas no movimento sindical.

(Ver Recompilação de 1996, parágrafo 425)

464. Os princípios enunciados no artigo 3º da Convenção n. 87 não impedem o controle da atividade interna de um sindicato se esta viola disposições legais ou estatutárias. Mas é importante que o controle das atividades internas de um sindicato e a adoção de medidas de suspensão ou dissolução fiquem a cargo de autoridades judiciais, não só para garantir processo imparcial e objetivo e assegurar os direitos de defesa (que só podem ser plenamente garantidos por um processo judicial normal), mas também para evitar o perigo de que as medidas adotadas pelas autoridades administrativas pareçam arbitrárias.

(Ver Recompilação de 1996, parágrafo 426)

465. Não se deveria proceder a um controle externo a não ser em casos excepcionais, quando existem circunstâncias graves que o justifiquem, já que de outro modo correr-se-ia o risco de restringir o direito que, em virtude do artigo 3º da Convenção n. 87, têm as organizações de trabalhadores de organizar sua administração e suas atividades, sem intervenção das autoridades públicas que tenda a limitar esse direito ou seu exercício legal. O Comitê achou que uma lei que confere a um funcionário do judiciário a faculdade de intervir, contra cuja decisão existe o recurso ante ao Supremo Tribunal, e estabelece que um pedido intervenção deva ser apoiado por uma significativa proporção da categoria profissional de que se trate, não viola esses princípios.

(Ver Recompilação de 1996, parágrafo 427)

ADMINISTRAÇÃO FINANCEIRA DAS ORGANIZAÇÕES

A. Independência financeira dos poderes públicos

466. O direito dos trabalhadores de constituir organizações de sua escolha e o direito destas organizações de elaborar seus estatutos e regulamentos administrativos e de organizar sua gestão e suas atividades supõem a independência financeira, o que implica que as organizações não sejam financiadas de modo a ficar sujeitas à discrição dos poderes públicos.

(Ver Recompilação de 1996, parágrafo 428; informe 300º, caso n. 1793, parágrafo 267; e informe 304º, caso n. 1865, parágrafo 248)

467. No que diz respeito aos sistemas de financiamento do movimento sindical, que põem as organizações sindicais sob a dependência financeira de um organismo público, o Comitê achou que toda forma de controle do estado é incompatível com os princípios da liberdade sindical e deveria ser abolida uma vez que permitia a ingerência das autoridades na administração financeira dos sindicatos.

(Ver Recompilação de 1996, parágrafo 429)

468. Disposições referentes à administração financeira das organizações de trabalhadores não devem ser de natureza que as autoridades públicas possam ter faculdade arbitrária sobre elas.

(Ver Recompilação de 1996, parágrafo 430; informe 304º, caso n. 1865, parágrafo 248; e informe 306º, caso n. 1865, parágrafo 326)

469. Toda disposição pela qual se confira às autoridades o direito de restringir a liberdade de um sindicato para administrar e investir seus recursos como o desejar, dentro dos objetivos sindicais normalmente lícitos, seria incompatível com os princípios da liberdade sindical.

(Ver informe 324º, caso n. 1942, parágrafo 41)

470. Um sistema segundo o qual os trabalhadores estejam obrigados a pagar uma contribuição a um organismo de direito público que, por sua vez, assegura o financiamento das organizações sindicais, pode envolver graves perigos para a independência das ditas organizações.

(Ver Recompilação de 1996, parágrafo 431)

471. Embora a educação sindical mereça estímulo, convém que dela se encarreguem os próprios sindicatos que, naturalmente, poderiam beneficiar-se nesta tarefa da ajuda material e moral que o governo lhes possa oferecer.

(Ver Recompilação de 1996, parágrafo 432)

472. Os diversos sistemas de subvenções a organizações de trabalhadores têm resultados diferentes segundo a forma de que se revestem, o espírito segundo o qual tenham sido concebidos e aplicados e à medida que são concedidas essas subvenções por força de dispositivos legais precisos ou exclusivamente à discrição dos poderes públicos. As repercussões que a dita ajuda financeira possa ter sobre a autonomia das organizações sindicais dependerão essencialmente das circunstâncias; não podem ser apreciadas à luz de princípios gerais, pois se trata de uma questão de fato que deve ser examinada, individualmente, levando-se em conta as circunstâncias do caso.

(Ver Recompilação de 1996, parágrafo 433)

B. Contribuições sindicais

(Ver também parágrafo 325)

473. As questões relativas ao financiamento das organizações sindicais e de empregadores, tanto no que diz respeito a seus próprios orçamentos como aos das federações e confederações, deveriam regular-se pelos estatutos dos sindicatos, das federações e confederações por meio de imposições de constituições ou por via legal, não é conforme aos princípios da liberdade sindical.

(Ver Recompilação de 1996, parágrafo 434; informe 326º, caso n. 2090, parágrafo 237; e informe 327º, caso n. 2146, parágrafo 895)

474. A repartição da cotas sindicais entre as diversas estruturas sindicais, é competência exclusiva dos sindicatos interessados.

(Ver informe 326º, caso n. 2090, parágrafo 237)

475. Dever-se-ia evitar a proibição do desconto em folha das contribuições, que pudesse causar dificuldades financeiras para as organizações sindicais, pois não propicia o desenvolvimento de harmoniosas relações profissionais.

(Ver Recompilação de 1996, parágrafo 435 e, por exemplo, informe 315º, caso n. 1935, parágrafo 23; informe 318º, caso n. 2016, parágrafo 101; informe 324º, caso n. 2090, parágrafo 165; informe 329º, caso n. 2163, parágrafo 705; informe 330º, caso n. 2206, parágrafo 915; informe 332º, caso n. 2163, parágrafo 705; informe 330º, caso n. 2206, parágrafo 915; informe 332º, caso n. 2187, parágrafo 723; informe 335º, caso n. 2330, parágrafo 876; informe 337º, caso n. 2395, parágrafo 1188; e informe 338º, caso n. 2386, parágrafo 1253)

476. A exigência que os trabalhadores fizeram constar por escrito sua afiliação sindical, como pré-requisito para que se procedesse ao desconto das cotas sindicais nominadas, não viola os princípios da liberdade sindical.

(Ver informe 304º, caso n. 1832, parágrafo 36)

477. O Comitê solicitou a um Governo para tomar as medidas necessárias para alterar sua legislação, de maneira que se permita aos trabalhadores optar para que se efetuem descontos de seus salários em virtude de cotas sindicais, em favor das organizações sindicais de sua escolha, ainda que ditas organizações não sejam as mais representativas.

(Ver informe 304º, caso n. 1832, parágrafo 38)

478. Em um caso em que os requisitos exigidos para a dedução das cotas sindicais incluam, entre outros, que o sindicato comunique cópia do documento nacional de identidade do trabalhador e a ficha de afiliação, a lista de afiliados, uma declaração juramentada pelo secretário-geral do sindicato sobre a veracidade da lista de afiliados, e a necessidade de que a empresa publique em seu portal a lista de afiliados, o Comitê considera que a soma de todos esses requisitos é contrária aos princípios da liberdade sindical e que a empresa deveria limitar-se, para efetuar a dedução dessas cotas sindicais, a solicitar ao sindicato prova das novas afiliações e desfiliações de trabalhadores. Também, em relação à pretensão da empresa de publicar em seu portal (página eletrônica) a lista de afiliados, é uma prática particularmente inaceitável que não guarda relação alguma com a dedução das cotizações sindicais e que, inclusive, transgride a privacidade dos trabalhadores afiliados.

(Ver informe 337º, caso n. 2293, parágrafo 1135)

479. As cotas sindicais não pertencem às autoridades nem são fundos públicos, senão uma soma em depósito de que as autoridades não podem dispor por uma razão que não seja a de entregá-las às organizações sindicais em questão, sem demora.

(Ver informe 334º, caso n. 2224, parágrafo 143)

480. Quando uma legislação aceita cláusulas de segurança sindical, como a dedução de contribuições sindicais de não afiliados que se beneficiam da contratação coletiva, tais cláusulas só deveriam se tornar efetivas por meio das convenções coletivas.

(Ver Recompilação de 1996, parágrafo 325)

481. A questão do desconto de contribuições sindicais pelos empregadores e seu repasse para os sindicatos deve ser resolvida pela negociação coletiva entre empregadores e sindicatos em geral, sem obstáculos de natureza legislativa.

(Ver Recompilação de 1996, parágrafo 326; informe 300º, caso n. 1744, parágrafo 99; e informe 323º, caso n. 2043, parágrafo 502)

482. Uma delonga considerável na administração da justiça com relação ao repasse das contribuições sindicais, retidas pela empresa, equivale, na prática, à negação da justiça.

(Ver Recompilação de 1996, parágrafo 328; e informe 323º, caso n. 2043, parágrafo 504)

483. A restrição por lei do valor que uma federação pode perceber dos sindicatos afiliados parece contrária ao princípio geralmente aceito, segundo o qual as organizações de trabalhadores devem ter o direito de organizar sua gestão e suas atividades, bem como aquelas das federações que constituam.

(Ver Recompilação de 1996, parágrafo 437)

484. Especialmente nos países com economias em transição, deveria se estudar a possibilidade de adotar medidas específicas, incluindo as deduções fiscais das cotizações sindicais e das cotas de afiliados pagas pelos empregadores a suas organizações, com objeto de facilitar o desenvolvimento das organizações de empregadores e de trabalhadores.

(Ver informe 338º, caso n. 2350, parágrafo 1084)

C. Controle de Fundos Sindicais e restrições a sua utilização

(Ver também parágrafo 702)

485. Toda disposição pela qual se confira às autoridades o direito de restringir a liberdade de um sindicato para administrar e investir seus recursos como o desejar, dentro dos objetivos sindicais normalmente lícitos, seria incompatível com os princípios da liberdade sindical.

(Ver Recompilação de 1996, parágrafo 438; e informe 311º, caso n. 1942, parágrafo 264)

486. O congelamento das contas de um sindicato pode constituir uma grave ingerência das autoridades nas atividades sindicais.

(Ver Recompilação de 1996, parágrafo 439; informe 308º, caso n. 1888, parágrafo 341; informe 323º, caso n. 2075, parágrafo 522; informe 324º, caso n. 2090, parágrafo 207; e informe 333º, caso n. 2246, parágrafo 973)

487. Enquanto muitas legislações dispõem que os livros contábeis dos sindicatos devem ser examinados por auditor, quer seja ele nomeado pelo sindicato ou pela autoridade responsável pelo registro de sindicatos, caso este menos frequente, é princípio geralmente aceito que o dito auditor deve possuir as qualificações normais exigidas por sua profissão e ser uma pessoa independente. Portanto, uma disposição que reserve ao governo o direito de verificar as contas sindicais é incompatível com o princípio geralmente aceito de que os sindicatos devem ter o direito de organizar sua administração e de que as autoridades públicas devem abster-se de toda intervenção que tenda a limitar esse direito ou enfraquecer seu exercício legal.

(Ver Recompilação de 1996, parágrafo 440)

488. A obrigação imposta aos sindicatos, por força de lei, de fazer selar seus livros de contabilidade e numerar suas páginas pelo Ministério do Trabalho, antes de utilizá-los, parece destinada unicamente a evitar fraudes. O Comitê opinou que tal exigência não parece constituir violação dos direitos sindicais.

(Ver Recompilação de 1996, parágrafo 441)

489. O Comitê observou que, em geral, as organizações sindicais parecem aceitar que as disposições legislativas que estabelecem, por exemplo, a apresentação anual de balanços financeiros às autoridades, na forma prescrita pela lei, e a apresentação de outros dados sobre questões que não pareçam claras nos ditos balanços financeiros, não constituem em si uma violação da autonomia sindical. Nesse sentido, lembrou que só se pode conceber a utilidade das medidas de controle sobre a gestão das organizações se forem utilizadas para prevenir abusos e para proteger os próprios membros do sindicato contra a má gestão de seus bens. Não obstante, parece que esse tipo de disposições oferece, em certos casos, o risco de permitir que as autoridades públicas intervenham na gestão dos sindicatos e que esta intervenção possa se prestar a que se limite o direito das organizações ou se perturbe seu legítimo exercício, contrariando o disposto no artigo 3º da Convenção n. 87. Todavia, cabe considerar que há algumas garantias contra essas intervenções, quando o funcionário designado para efetuar controle goza de certa independência com relação às autoridades administrativas e se, por sua vez, está sujeito ao controle de autoridades judiciais.

(Ver Recompilação de 1996, parágrafo 442; informe 323º, caso n. 2081, parágrafo 573; e informe 334º, caso n. 2259, parágrafo 564)

490. O controle das autoridades públicas dos fundos sindicais deveria limitar-se normalmente à apresentação periódica de balanços financeiros. Se as autoridades têm a faculdade discricionária de inspecionar ou pedir informações a qualquer momento, há perigo de ingerência na administração dos sindicatos.

(Ver Recompilação de 1996, parágrafo 443; informe 308º, caso n. 1911, parágrafo 254; informe 323º, caso n. 2081, parágrafo 569; informe 327º, caso n. 1581, parágrafo 110; informe 330º, caso n. 2229, parágrafo 944; e informe 331º; caso n. 2081, parágrafo 110)

491. No que se refere a algumas medidas de controle administrativo de fundos sindicais, tais como perícias contábeis e investigações, o Comitê tem concluído que se deveriam aplicar unicamente em casos excepcionais, quando da existência de circunstância graves que o justifiquem (por exemplo, no caso de supostas irregularidades observadas nos balanços financeiros anuais ou denunciadas por afiliados), a fim de evitar toda discriminação entre as organizações e de se precaver contra o perigo de uma intervenção das autoridades que pudessem enfraquecer o exercício, pelos sindicatos, do direito de organizar livremente sua administração contra uma possível publicidade prejudicial que pudesse ser injustificada e contra a revelação de informações que pudessem ter caráter confidencial.

(Ver Recompilação de 1996, parágrafo 444; informe 308º, caso n. 1911, parágrafo 254; informe 323º, caso n. 2081, parágrafo 569; informe 330º, caso

n. 2229, parágrafo 944; informe 331º, caso n. 2081, parágrafo 110; e informe 338º, caso n. 2387, parágrafo 865)

492. O princípio geral ao controle judicial do funcionamento interno de uma organização profissional, para garantir um processo imparcial e objetivo, é especialmente importante com relação à administração de bens e finanças sindicais.

(Ver Recompilação de 1996, parágrafo 445)

493. No caso de bloqueio de contas bancárias de dirigentes sindicais, acusados de malversação de fundos sindicais, o Comitê ressaltou que, se após uma investigação não se encontrassem provas de malversação de fundos sindicais, seria injustificável manter bloqueadas essas contas de sindicalistas, estejam eles ou não no país.

(Ver Recompilação de 1996, parágrafo 446)

494. Dizem respeito às próprias organizações decidir se recebem financiamento para atividades legítimas de promoção e defesa dos direitos humanos e dos direitos sindicais.

(Ver informe 332º, caso n. 2258, parágrafo 515)

Capítulo 9

DIREITO DAS ORGANIZAÇÕES DE ORGANIZAR LIVREMENTE SUAS ATIVIDADES E DE FORMULAR SEU PROGRAMA DE AÇÃO

PRINCÍPIOS GERAIS

495. A liberdade sindical não implica apenas o direito de trabalhadores e de empregadores de constituir livremente associações de sua escolha, mas também o direito de as mesmas associações profissionais se entregarem a atividades lícitas em defesa de seus interesses profissionais.

(Ver Recompilação de 1996, parágrafo 447; informe 308º, caso n. 1934, parágrafo 127; informe 323º, caso n. 2075, parágrafo 523; informe 329º, caso n. 2140, parágrafo 295; informe 330º, caso n. 1888, parágrafo 658; informe 334º, caso n. 2313, parágrafo 1119; e informe 335º, caso n. 2236, parágrafo 970)

496. Toda disposição que confira às autoridades, por exemplo, o direito de restringir as atividades dos sindicatos a um nível inferior ao das atividades e fins perseguidos pelos sindicatos de quase todos os países, para promoção e defesa dos interesses de seus membros, seria incompatível com os princípios da liberdade sindical.

(Ver Recompilação de 1996, parágrafo 448)

ATIVIDADES E RELAÇÕES POLÍTICAS

(Ver também parágrafos 13, 29, 157, 165 a 171, 205 a 208, 305, 528 e 529)

497. Para pôr os sindicatos ao abrigo das vicissitudes políticas e para subtraí-los à dependência dos poderes públicos, seria desejável que as organizações profissionais limitassem sua atividade — sem prejuízo da liberdade de opinião de seus membros — a questões profissionais e sindicais, e que o governo se abstivesse de intervir no funcionamento dos sindicatos.

(Ver Recompilação de 1996, parágrafo 449)

498. No interesse do desenvolvimento normal do movimento sindical, seria conveniente que as partes interessadas se inspirassem nos princípios enunciados na resolução sobre a independência do movimento sindical, adotada pela Conferência Internacional do Trabalho em sua 35ª Reunião, de 1952, que prevê especialmente que a missão fundamental e permanente do movimento sindical é o progresso econômico e social dos trabalhadores e que, por conseguinte, quando os sindicatos decidem, de conformidade com as leis e os costumes em vigor em seus respectivos países, e pela vontade de seus membros, estabelecer relações com um partido político ou empreender ação política, nos limites da Constituição, para favorecer a realização de seus objetivos econômicos e sociais, estas relações ou esta ação política não devem ser de natureza que comprometa a continuidade do movimento sindical ou de suas funções sociais e econômicas, quaisquer que sejam as mudanças políticas que possam sobrevir ao país.

(Ver Recompilação de 1996, parágrafo 450; informe 318º, caso n. 2005, parágrafo 180; e informe 328º, caso n. 2129, parágrafo 604)

499. O Comitê reiterou o princípio enunciado pela Conferência Internacional do Trabalho na resolução sobre a independência do movimento sindical, segundo o qual, os governos não deveriam procurar transformar o movimento sindical num instrumento político e utilizá-lo para alcançar seus objetivos políticos; tampouco deveriam imiscuir-se nas funções normais de um sindicato, tomando como pretexto seu relacionamento, livremente estabelecido, com um partido político.

(Ver Recompilação de 1996, parágrafo 451; informe 299º, caso n. 1772, parágrafo 133; informe 318º, caso n. 2005, parágrafo 180; e informe 323º, caso n. 2081, parágrafo 572)

500. Disposições que proíbem, de uma maneira geral, as atividades políticas dos sindicatos, para a promoção de seus objetivos específicos, são contrárias aos princípios da liberdade sindical.

(Ver Recompilação de 1996, parágrafo 452; informe 311º, caso n. 1942, parágrafo 264; informe 321º, caso n. 2031, parágrafo 167; e informe 323º, caso n. 2081, parágrafo 572)

501. Uma proibição geral, aos sindicatos, de toda atividade política, pode criar dificuldades, já que a interpretação que se dê na prática a esta disposição pode modificar-se a todo momento e reduzir, em grande parte, as possibilidades de ação das organizações. Parece, pois, que os Estados, sem chegar a proibir, em geral, toda atividade política às organizações profissionais, deveriam deixar às autoridades judiciais a tarefa de reprimir os abusos que possam cometer as organizações que percam de vista seu objetivo fundamental, isto é, o progresso econômico e social de seus membros.

(Ver Recompilação de 1996, parágrafo 453)

502. Organizações sindicais não devem incorrer em abusos em sua ação política, extrapolando suas funções próprias para promover essencialmente interesses políticos.

(Ver Recompilação de 1996, parágrafo 454; informe 311º, caso n. 1942, parágrafo 264; informe 332º, caso n. 2238, parágrafo 967; informe 334º, caso n. 2313, parágrafo 1116; informe 336º, caso n. 2365, parágrafo 910; e informe 337º, caso n. 2365, parágrafo 1661)

503. A proibição geral de toda atividade política no sindicato não só seria incompatível com os princípios da liberdade sindical, mas também careceria de realismo quanto à sua aplicação prática. Com efeito, as organizações sindicais podem querer, por exemplo, manifestar publicamente sua opinião sobre a política econômica e social de um governo.

(Ver Recompilação de 1996, parágrafo 455; informe 321º, caso n. 2031, parágrafo 167; informe 328º, caso n. 2129, parágrafo 604; informe 332º, caso n. 2238, parágrafo 967; informe 334º, caso n. 2313, parágrafo 1116; informe 336º, caso n. 2365, parágrafo 910; e informe 337º, caso n. 2365, parágrafo 1661)

504. Convém não confundir o exercício que os sindicatos fazem de suas atividades específicas, isto é, a defesa e promoção dos interesses profissionais dos trabalhadores, com uma possível realização, por parte de alguns membros, de outras atividades alheias à esfera sindical. A responsabilidade penal em que pudessem incorrer essas pessoas, por tais atos, não deveria, de forma alguma, provocar medidas que equivalessem a privar os próprios sindicatos, ou todos os seus dirigentes, de suas possibilidades de ação.

(Ver Recompilação de 1996, parágrafo 456; e informe 334º, caso n. 2254, parágrafo 1083)

505. Só na medida em que evitem que suas reivindicações trabalhistas assumam aspecto claramente político, podem as organizações sindicais pretender legitimamente que não se interfira em suas atividades. Por outro lado, é difícil fazer uma clara distinção entre o político e o propriamente sindical. Ambas as noções têm pontos comuns, e é inevitável, e algumas vezes habitual, que as publicações sindicais se refiram a questões de natureza política, assim como a questões estritamente econômicas e sociais.

(Ver Recompilação de 1996, parágrafo 164; informe 305º, caso n. 1893, parágrafo 458; e informe 306º, caso n. 1884, parágrafo 684)

506. Em relação às disposições legais, segundo as quais "os sindicatos organizam e educam os operários e os empregados... a fim de... defender o poder do Estado socialista", "os sindicatos mobilizam e educam os operários e os empregados para que... respeitem a disciplina do trabalho", "organizam os operários e os empregados promovendo campanhas de emulação socialista no trabalho" e "os sindicatos educam os operários e os empregados... a fim de reforçar suas convicções ideológicas", o Comitê considerou que as funções que se atribuem aos sindicatos, nesse conjunto de disposições, contribuem necessariamente para limitar seu direito de organizar suas atividades, o que está em contradição com os princípios da liberdade sindical. Considerou que as obrigações assim definidas, que os sindicatos devem respeitar, impedem que se criem organizações sindicais independentes dos poderes públicos e do partido dirigente e que possam dedicar-se realmente à defesa e à promoção dos direitos de seus representados e não para reforçar o sistema político e econômico do país.

(Ver Recompilação de 1996, parágrafo 300)

507. A obrigação imposta por lei a dirigentes de associações profissionais de fazer declarações de "fé democrática" poderia dar lugar a abusos, já que tal disposição não contém nenhum critério preciso no qual pudesse fundamentar-se uma eventual decisão judicial no caso de ser um dirigente acusado de ter violado seu compromisso.

(Ver Recompilação de 1996, parágrafo 458)

OUTRAS ATIVIDADES DAS ORGANIZAÇÕES SINDICAIS (ATIVIDADES DE PROTESTO, SESSÃO, MANIFESTAÇÕES PÚBLICAS, ETC.)

508. O direito de reivindicar constitui uma legitima atividade das organizações sindicais, e os signatários de reivindicações de natureza sindical não deveriam ser prejudicados nem punidos por esse tipo de atividades.

(Ver Recompilação de 1996, parágrafos 460 e 719; informe 325º, caso n. 2068, parágrafo 319; informe 329º, caso n. 2188, parágrafo 215; e informe 331º, caso n. 2217, parágrafo 210)

509. O fato de fazer uma reivindicação é uma atividade sindical legítima.

(Ver Recompilação de 1996, parágrafo 461)

510. Os sindicatos deveriam ter a liberdade de regulamentar o procedimento de apresentação de queixas ao empregador e a legislação não deveria retardar o funcionamento dos sindicatos, obrigando-os a convocar uma assembleia geral cada vez que devem apresentar uma queixa.

(Ver informe 332º, caso n. 2216, parágrafo 911)

511. Constituiria uma violação dos direitos sindicais o fato de um governo fazer represálias, de forma direta ou indireta, contra sindicalistas ou dirigente de organizações de trabalhadores ou de empregadores, pelo simples fato de terem feito um protesto pela designação de delegados, trabalhadores ou empregadores, a uma reunião nacional ou internacional.

(Ver Recompilação de 1996, parágrafo 462)

512. Uma legislação que permite às autoridades competentes declarar ilegal, discricionariamente, toda organização que realize uma atividade normal e lícita, como a de fazer campanha em favor do salário mínimo, é incompatível com o princípio geralmente admitido de que as autoridades públicas devem evitar toda interferência que possa limitar o direito das organizações de trabalhadores de organizar suas atividades e formular seu programa, ou enfraquecer o exercício legal desse direito.

(Ver Recompilação de 1996, parágrafo 463)

513. A tomada de posição por parte de uma organização sindical, a propósito de uma decisão judicial sobre questão relativa ao assassinato de sindicalistas, constitui uma atividade sindical legítima.

(Ver Recompilação de 1996, parágrafo 465)

514. Ao ameaçar, com medidas de represália, os trabalhadores que haviam simplesmente manifestado sua intenção de fazer uma paralisação, em defesa de seus legítimos interesses econômicos e sociais, o empregador interfere, em violação da Convenção n. 87, no direito fundamental dos trabalhadores de organizar sua administração e suas atividades e de formular seu programa de ação.

(Ver Recompilação de 1996, parágrafo 466)

515. Saber até que ponto a participação dos sindicatos na organização do movimento de estímulo ao trabalho, na propaganda para obter o aumento da produção ou na aplicação de planos econômicos, é compatível com o efetivo exercício, pelos sindicatos, de suas funções de proteção dos interesses dos trabalhadores, depende do grau de liberdade que desfrutem os sindicatos em outros aspectos.

(Ver Recompilação de 1996, parágrafo 468)

516. O Comitê considerou que não lhe compete pronunciar-se sobre a conveniência de confiar aos sindicatos a gestão da seguridade social e o controle da aplicação das leis sociais, em vez de a organismos administrativos estatais, mas sobre até que ponto essa medida poderia resultar na violação do livre exercício dos direitos sindicais, caso que poderia apresentar-se se: (1) os sindicatos fizessem uso discriminatório dos fundos da seguridade social postos à sua disposição, com o objetivo de exercer pressão sobre os trabalhadores não sindicalizados; (2) a independência do movimento sindical fosse, dessa forma, comprometida.

(Ver Recompilação de 1996, parágrafo 469)

517. É, em geral, reconhecido em muitos países, o direito do trabalhador de ser representado por funcionário de seu sindicato, quando interpõe recurso em questões referentes à suas condições de trabalho, de acordo com os procedimentos prescritos por leis ou regulamentos. É particularmente importante que se respeite esse direito, quando se trata de trabalhadores cujo nível de educação não lhes permitiria defender-se adequadamente sem ajuda de pessoas mais experimentadas, que não têm a possibilidade de se fazer representar por um advogado e que só contam, para sua defesa, com a ajuda que lhes possam prestar os representantes de seu sindicato.

(Ver Recompilação de 1996, parágrafo 470)

518. O boicote é uma forma muito especial de ação que, em determinados casos, pode afetar sindicatos cujos membros continuam trabalhando e não estão diretamente implicados no conflito com o empregador contra o qual se faz o boicote. Nessas circunstâncias, a proibição de boicote não pareceria representar necessariamente uma violação dos direitos sindicais.

(Ver Recompilação de 1996, parágrafo 471)

519. A escolha de sindicalistas para participar de cursos de formação, organizados por sindicatos, onde quer que se realizem, deve ficar a cargo da organização de trabalhadores ou instituição educativa responsável por essas atividades e não ser ditada por nenhum partido político.

(Ver Recompilação de 1996, parágrafo 472)

Capítulo 10

DIREITO DE GREVE

IMPORTÂNCIA DO DIREITO DE GREVE E SUA TITULARIDADE

(Ver também parágrafo 131)

520. O Comitê tem sempre considerado que o direito de greve é um dos direitos fundamentais dos trabalhadores e de suas organizações, mas só na medida em que constitui meio de defesa de seus interesses econômicos.

(Ver Recompilação de 1996, parágrafo 473; informe 336º, caso n. 2324, parágrafo 282; e informe 338º, caso n. 2407, parágrafo 491)

521. O Comitê tem sempre reconhecido o direito de greve como um direito legítimo a que podem recorrer os trabalhadores e suas organizações na defesa de seus interesses econômicos e sociais.

(Ver Recompilação de 1996, parágrafo 474 e, por exemplo, informe 302º, caso n. 1809, parágrafo 381; informe 304º, caso n. 1863, parágrafo 356; informe 307º, caso n. 1850, parágrafo 120; informe 308º, caso n. 1900, parágrafo 183; informe 311º, caso n. 1934, parágrafo 126; informe 324º, caso n. 2072, parágrafo 587; informe 327º, caso n. 1581, parágrafo 111; informe 328º, caso n. 2116, parágrafo 368; informe 332º, caso n. 2258, parágrafo 522; e informe 335º, caso n. 2305, parágrafo 505)

522. O direito de greve dos trabalhadores e de suas organizações constitui um dois meios essenciais de que dispõem para promover e defender seus interesses profissionais.

(Ver Recompilação de 1996, parágrafo 475 e, por exemplo, informe 299º, caso n. 1687, parágrafo 457; informe 300º, caso n. 1799, parágrafo 207; informe 306º, caso n. 1884, parágrafo 695; informe 308º, caso n. 1934, parágrafo 131; informe 310º, caso n. 1928, parágrafo 176; informe 316º, caso n. 1930, parágrafo 365; informe 327º, caso n. 1581, parágrafo 111; informe 330º, caso n. 2196, parágrafo 304; informe 335º, caso n. 2257, parágrafo 466; informe 336º, caso n. 2340, parágrafo 645; e informe 337º, caso n. 2365, parágrafo 1665)

523. O direito de greve é corolário indissociável do direito de sindicalização protegido pela Convenção n. 87.

(Ver informe 311º, caso n. 1954, parágrafo 405)

524. Não parece que o fato de se reservar exclusivamente às organizações sindicais o direito de declarar greve seja incompatível com as normas estabelecidas na Convenção n. 87. Mas é preciso que os trabalhadores, e particularmente seus dirigentes nas empresas, sejam protegidos contra eventuais atos de discriminação em consequência de uma greve realizada, e que possam constituir sindicatos sem serem vítimas de práticas antissindicais.

(Ver Recompilação de 1996, parágrafo 477; informe 334º, caso n. 2258, parágrafo 454; e informe 336º, caso n. 2153, parágrafo 173)

525. A proibição imposta às federações e confederações de declarar greve não é compatível com a convenção n. 87.

(Ver Recompilação de 1996, parágrafo 478; e informe 306º, caso n. 1884, parágrafo 686)

FINALIDADE DA GREVE (GREVES ECONÔMICO-SINDICAIS, POLÍTICAS, DE SOLIDARIEDADE, ETC.)

526. Os interesses profissionais e econômicos, que os trabalhadores defendem mediante o direito de greve, abrangem não só a obtenção de melhores condições de trabalho ou reivindicações coletivas de ordem profissional, como também envolvem a busca de soluções para questões de política econômica e social e para problemas que se apresentam na empresa e que interessam diretamente aos trabalhadores.

(Ver Recompilação de 1996, parágrafo 479; informe 304º, caso n. 1851, parágrafo 280; informe 314º, caso n. 1787, parágrafo 31; informe 320º, caso n. 1865, parágrafo 526; informe 326º, caso n. 2094, parágrafo 491; informe 329º, caso n. 2094, parágrafo 135; e informe 331º, casos ns. 1937 e 2027, parágrafo 104)

527. As organizações responsáveis pela defesa dos interesses socioeconômicos e profissionais dos trabalhadores deveriam, em princípio, poder recorrer à greve para apoiar suas posições na busca de soluções para os problemas criados pelas grandes questões de política econômica e social, que tem consequências imediatas para seus membros e para os trabalhadores em geral, especialmente em matéria de emprego, de proteção social e de nível de vida.

(Ver Recompilação de 1996, parágrafo 480; informe 305º, caso n. 1870, parágrafo 143; informe 320º, caso n. 1865, parágrafo 526, caso n. 2027, parágrafo 876; informe 336º, caso n. 2354, parágrafo 682; e informe 337º, caso n. 2323, parágrafo 1039)

528. As greves de caráter puramente político e as greves decididas sistematicamente, muito antes que as negociações sejam levadas a cabo, não são atingidas no âmbito dos princípios da liberdade sindical.

(Ver Recompilação de 1996, parágrafo 481; informe 303º, casos ns. 1810 e 1830, parágrafo 61; e informe 329º, caso n. 11094, parágrafo 135)

529. Embora as greves de natureza puramente política não estejam amparadas pelos princípios da liberdade sindical, os sindicatos deveriam poder organizar greves de protesto, especialmente para exercer o direito de criticar a política econômica e social do governo.

(Ver Recompilação de 1996, parágrafo 482; informe 300º, caso n. 1777, parágrafo 71; informe 304º, caso n. 1851, parágrafo 280, caso n. 1863, parágrafo 356; informe 314º, caso n. 1787, parágrafo 31; informe 320º, caso n. 1865, parágrafo 526; e informe 333º, caso n. 2251, parágrafo 985)

530. Num caso de uma greve geral ter sido declarada em protesto contra um decreto sobre conciliação e arbitragem e que era dirigida, sem dúvida alguma, contra a política do governo, o Comitê considerou que seria duvidoso que as queixas pudessem ser desconsideradas pelo fato de a greve não ser resultado de um conflito trabalhista, pois os sindicatos estavam em conflito com o governo na sua qualidade de empregador de importância, como consequência de uma medida tomada por ele em matéria de relações de trabalho e que, na opinião dos sindicatos, limitava o exercício dos direitos sindicais.

(Ver Recompilação de 1996, parágrafo 483)

531. O direito de greve não deveria limitar-se aos conflitos de trabalho suscetíveis de terminar numa determinada convenção coletiva: os trabalhadores e suas organizações devem poder manifestar, caso necessário, num âmbito mais amplo, seu possível descontentamento com questões econômicas e sociais que guardem relação com os interesses de seus membros.

(Ver Recompilação de 1996, parágrafo 484; informe 300º, caso n. 1777, parágrafo 71; e informe 320º, caso n. 1865, parágrafo 526)

532. A solução de um conflito de direito, resultante de uma divergência de interpretação de um dispositivo legal, deveria ser incumbido aos tribunais competentes. A proibição da greve, em semelhante circunstância, não constitui violação da liberdade sindical.

(Ver Recompilação de 1996, parágrafo 485)

533. Se se proíbem as greves durante a vigência dos convênios coletivos, esta restrição deve ser compensada com o direito de recorrer a mecanismos imparciais e rápidos, com ordem aos quais possam se examinar as queixas individuais ou coletivas sobre a interpretação ou a aplicação dos convênios coletivos; este tipo de mecanismos não só permite resolver durante a vigência dos convênios as inevitáveis dificuldades de aplicação e de interpretação que possam surgir, mas também tem a vantagem de preparar o terreno para as rodadas de negociações futuras, dado que permite determinar os problemas que foram levantados durante o período de validez do convênio coletivo de que se trate.

(Ver informe 330º, caso n. 2208, parágrafo 601)

534. A proibição geral das greves de solidariedade poderia ser abusiva e os trabalhadores deveriam poder recorrer a tais ações desde que fosse legal a greve inicial que apoiam.

(Ver Recompilação de 1996, parágrafo 486; informe 303º, casos ns. 1810 e 1830, parágrafo 61; informe 307º, caso n. 1898, parágrafo 325; informe 320º, caso n. 1963, parágrafo 235; informe 333º, caso n. 2151, parágrafo 985; e informe 338º, caso n. 2326, parágrafo 445)

535. O fato de ser convocada uma greve pelo reconhecimento legal de um sindicato constitui caso de interesse legítimo que os trabalhadores e suas organizações devem poder defender.

(Ver Recompilação de 1996, parágrafo 487; e informe 302º, caso n. 1809, parágrafo 381)

536. A proibição de fazer greves por causa de problemas de reconhecimento (para negociar coletivamente) não está de acordo com os princípios da liberdade sindical.

(Ver Recompilação de 1996, parágrafo 488; e informe 321º, caso n. 2066, parágrafo 336)

537. As greves de protesto contra a situação em que se encontram os trabalhadores que não tenham cobrado remuneração alguma durante muitos meses porque o Governo não lhes pagavam seus salários, constituem atividades sindicais legitimas.

(Ver informe 304º, caso n. 1850, parágrafo 216)

538. A proibição de toda greve não ligada a um conflito coletivo, no qual sejam partes os trabalhadores, estão em contradição com os princípios da liberdade sindical.

(Ver Recompilação de 1996, parágrafo 489; e informe 307º, caso n. 1898, parágrafo 325)

539. Disposições legais que proíbem greves relacionadas com o problema da aplicação de um contrato coletivo a mais de um empregador são incompatíveis com os princípios da liberdade sindical relativos ao direito de greve; os trabalhadores e suas organizações devem poder recorrer a atos de protesto em apoio a contratos que abrangem vários empregadores.

(Ver Recompilação de 1996, parágrafo 490)

540. Trabalhadores e suas organizações devem poder recorrer a ações coletivas (greves) para que os contratos (coletivos) de emprego obriguem vários empregadores.

(Ver Recompilação de 1996, parágrafo 491)

541. O Comitê tem mantido, em reiteradas ocasiões, a legitimidade das greves de âmbito nacional, na medida em que tenham objetivos econômicos e sociais e não puramente políticos, a proibição da greve só poderia ser aceitável com relação a funcionários públicos que exerçam funções de autoridade em nome do estado ou com relação aos trabalhadores dos serviços essenciais no sentido restrito do tema (quer dizer, serviços cuja interrupção pudesse pôr em risco a vida e segurança da população ou parte dela).

(Ver Recompilação de 1996, parágrafo 492)

542. A declaração de ilegalidade de uma greve nacional de protesto pelas consequências sociais e trabalhistas da política econômica do governo e sua proibição constituem grave violação da liberdade sindical.

(Ver Recompilação de 1996, parágrafo 493)

543. No que diz respeito à greve geral, o comitê tem considerado que a greve é um dos meios de ação de que devem poder dispor as organizações de trabalhadores. É legítima e faz parte da atividade normal das organizações sindicais uma greve geral de 24 horas, para reivindicar o aumento de salários mínimos, o cumprimento das convenções coletivas em vigor e a mudança da política econômica (para a diminuição dos preços e desemprego).

(Ver Recompilação de 1996, parágrafo 494)

544. A convocação de uma greve geral de protesto para pôr fim a centenas de assassinatos de dirigentes sindicais e de sindicalistas, que se têm produzido nos últimos anos, constitui uma ação sindical legítima, razão pela qual sua proibição constitui uma violação grave da liberdade sindical.

(Ver Recompilação de 1996, parágrafo 495)

MODALIDADES DE GREVE

545. Quando algumas modalidades do direito de greve forem sonegadas aos trabalhadores (greve inoportuna, greve de perfeccionismo — "operação padrão" —, greve de tartaruga, ocupação da empresa ou do centro de trabalho), o comitê considera que estas restrições podem ser justificadas apenas se a greve deixar de ser pacífica.

(Ver Recompilação de 1996, parágrafos 496 e 497; e informe 306º, caso n. 1865, parágrafo 337)

546. O Comitê considerou que as ocupações de imóveis por trabalhadores e outras pessoas, sobretudo quando contribuem com atos de violência, é contrária ao artigo 8º do Convenção n. 87. Por conseguinte, o Comitê pediu ao Governo que no futuro dê cumprimento às ordens de desalojar, que pronuncie a autoridade judicial quando se produzam atos delitivos nos imóveis ou centros de trabalho com motivo de conflitos laborais.

(Ver informe 323º, caso n. 2021, parágrafos 324 e 325)

CONDIÇÕES PRÉVIAS

547. As condições requeridas pela legislação, para que a greve seja considerada atividade lícita, devem ser razoáveis e, em qualquer hipótese, não ser de natureza que constitua significativa limitação das possibilidades de ação das organizações sindicais.

(Ver Recompilação de 1996, parágrafo 498; informe 300º, caso n. 1799, parágrafo 207; informe 318º, caso n. 2018, parágrafo 514; informe 325º, caso n. 2049, parágrafo 520; informe 327º, caso n. 2118, parágrafo 636; e informe 333º, caso n. 2251, parágrafo 995)

548. Os procedimentos legais para declarar uma greve, não deveriam ser complicados a ponto de na prática tornar-se impossível uma greve legal.

(Ver Recompilação de 1996, parágrafo 499; e informe 316º, caso n. 1989, parágrafo 189)

549. Não pode ser considerado como atentatória à liberdade sindical uma legislação que preveja procedimentos de conciliação e arbitragem (voluntária) nos conflitos coletivos como condição prévia para declaração de uma greve, contanto que o recurso à arbitragem não tenha caráter obrigatório e não impeça a prática, o recurso à greve.

(Ver Recompilação de 1996, parágrafo 500; informe 307º, caso n. 1899, parágrafo 83, caso n. 1898, parágrafo 324; informe 309º, caso n. 1912, parágrafo 364; informe 324º, casos ns. 2292 e 2101, parágrafo 2369; informe 212º)

550. Em geral, a decisão de suspender uma greve por um período razoável com o fim de permitir que as partes alcancem uma solução negociada mediante esforços de mediação ou conciliação não constitui em si uma violação dos princípios da liberdade sindical.

(Ver informe 338º, caso n. 2329, parágrafo 1274)

551. O Comitê tem insistido no fato de que, mesmo quando a greve possa ser momentaneamente limitada pela lei e que se esgotem todos os meios existentes de negociação, conciliação e arbitragem, essa limitação deveria vir acompanhada de procedimentos adequados de conciliação e arbitragem, imparciais e rápidos, nos quais os interessados pudessem participar em todas as etapas.

(Ver Recompilação de 1996, parágrafo 501)

552. A obrigação de dar aviso prévio ao empregador, ou a sua organização antes de declarar a greve, pode ser considerado como admissível.

(Ver Recompilação de 1996, parágrafo 502; informe 325º, caso n. 2049, parágrafo 520; e informe 333º, caso n. 2251, parágrafo 996)

553. O requisito de aviso prévio de vinte dias não atenta contra os princípios da liberdade sindical nos serviços de interesse social ou público.

(Ver Recompilação de 1996, parágrafo 504; e informe 309º, caso n. 1912, parágrafo 365)

554. A exigência legal de um período de reflexão de quarenta dias, antes da declaração de greve num serviço essencial com a finalidade de conceder às partes período de reflexão, não é contrária aos princípios da liberdade sindical. Esta cláusula de contemporização pode permitir a ambas as partes entabular novas negociações e, eventualmente, chegar a um acordo sem ter que recorrer à greve.

(Ver Recompilação de 1996, parágrafo 505)

555. No que se refere à maioria exigida por uma legislação para a declaração de uma greve legal (dois terços dos votos da totalidade dos membros da organização ou seção) condição que, no caso de não ser cumprida, pode acarretar sanção por parte das autoridades administrativas, inclusive a dissolução do sindicato, o Comitê lembrou as conclusões da comissão de peritos em aplicação de Convenções e Recomendações, no sentido de que a aludida disposição legal constitui intervenção das autoridades públicas na atividade dos sindicatos, intervenção que tende a limitar os direitos dessas organizações contrariando o disposto no artigo 3º da Convenção.

(Ver Recompilação de 1996, parágrafo 506)

556. A exigência da decisão por mais da metade de todos os trabalhadores para a declaração de uma greve é por demais exagerada e poderia dificultar excessivamente a possibilidade de se fazer a greve, sobretudo nas grandes empresas.

(Ver Recompilação de 1996, parágrafo 507)

557. A exigência de obtenção de maioria absoluta dos trabalhadores para a convocação de uma greve pode ser difícil de ser alcançada, especialmente no caso dos sindicatos que agrupam um grande número de membros. A disposição que exige uma maioria absoluta, portanto, envolve o risco de limitar seriamente o direito à greve.

(Ver Recompilação de 1996, parágrafo 508; e informe 316º, caso n. 1989, parágrafo 190)

558. O Comitê pediu a um governo que tomasse providências para modificar o requisito legal relativo à necessidade de que a decisão de declaração da greve fosse tomada por mais da metade dos trabalhadores por ela compreendidos, particularmente naquelas empresas em que houvesse um grande número de afiliados.

(Ver Recompilação de 1996, parágrafo 509)

559. A obrigação de observar um determinado *quorum* e de tomar a decisão de fazer greve por meio de escrutínio secreto pode ser considerada admissível.

(Ver Recompilação de 1996, parágrafo 510; informe 316º, caso n. 1989, parágrafo 190; e informe 332º, caso n. 2216, parágrafo 912)

560. Um *quorum* de dois terços dos membros poderia ser difícil de alcançar, em particular quando os sindicatos têm grande número de afiliados ou cobrem um vasto território.

(Ver Recompilação de 1996, parágrafo 511; informe 332º, caso n. 2216, parágrafo 912; e informe 333º, caso n. 2251, parágrafo 987)

561. Subordinar a declaração de greve à aprovação da maioria dos afiliados nas federações e confederações e à aprovação por maioria absoluta dos trabalhadores da empresa pode constituir uma limitação importante às possibilidades de ação das organizações sindicais.

(Ver Recompilação de 1996, parágrafo 512)

562. O Comitê tem considerado, dentro dos princípios da liberdade sindical, que a decisão concernentemente à declaração de uma greve, nas seções locais de uma organização sindical, pode ser tomada pela assembleia geral dessas seções locais, se o motivo da greve é de natureza local, e que, nas organizações sindicais de grau superior, a decisão da declaração de greve pode ser tomada pelo comitê de direção dessas organizações, por maioria absoluta de votos de todos os membros do comitê.

(Ver Recompilação de 1996, parágrafo 513)

563. A obrigação legal de proceder a uma segunda votação se a greve não se produziu no período de três meses seguintes à primeira votação, não constitui uma ameaça à liberdade sindical.

(Ver Recompilação de 1996, parágrafo 514)

RECURSO À ARBITRAGEM OBRIGATÓRIA

564. A arbitragem obrigatória, para pôr fim a um conflito coletivo de trabalho e a uma greve, só é aceitável quando solicitada pelas duas partes envolvidas no conflito ou nos casos em que a greve pode ser limitada, e mesmo proibida, ou seja, nos casos de conflito na função pública com relação a funcionários que exercem funções de autoridade em nome do Estado ou nos serviços essenciais no sentido estrito do termo, ou seja, serviços cuja interrupção possam pôr em risco a vida ou a segurança de toda a população ou parte dela.

(Ver Recompilação de 1996, parágrafos 515 e 553; informe 302º, caso n. 1845, parágrafo 512; informe 303º, casos ns. 1810 e 1830, parágrafo 62; informe 307º, caso n. 1890, parágrafo 372; informe 310º, caso n. 1931, parágrafo 506; informe 314º, casos ns. 1948 e 1955, parágrafo 75; informe 333º, caso n. 2281, parágrafo 631; informe 335º, caso n. 2303, parágrafo 1376; e informe 338º, caso n. 2329, parágrafo 1275)

565. Na medida em que a arbitragem obrigatória impede o exercício de greve, tal arbitragem atenta contra o direito das organizações sindicais a organizar livremente suas atividades, e somente poderia justificar-se no marco da função pública ou dos serviços essenciais no sentido estrito do termo.

(Ver Recompilação de 1996, parágrafo 518)

566. Disposição que permite que uma das partes do conflito possa, unilateralmente, solicitar a intervenção da autoridade do trabalho, para avocar a si sua solução, apresenta um risco para o direito dos trabalhadores de declarar a greve e é contrária à promoção da negociação coletiva.

(Ver Recompilação de 1996, parágrafos 519 e 863; informe 300º, caso n. 1839, parágrafo 86; e informe 310º, caso n. 1930, parágrafo 348)

567. O direito de greve seria reduzido se uma disposição legal permitisse aos empregadores submeter, em todos os casos, a uma decisão arbitral obrigatória um conflito resultante da falta de acordo durante as negociações coletivas, impedindo dessa forma o recurso à greve.

(Ver Recompilação de 1996, parágrafo 520)

568. O Comitê considerou que um sistema de arbitragem obrigatório pela autoridade do trabalho, quando não se consegue a solução do conflito por outros meios, pode ter por resultado restringir consideravelmente o direito das organizações de trabalhadores de organizar suas atividades e inclusive impor indiretamente uma proibição absoluta da greve, vai contra os princípios da liberdade sindical.

(Ver Recompilação de 1996, parágrafo 521)

569. Para conseguir e conservar a confiança das partes, todo sistema de arbitragem deveria ser realmente independente, ou seja, que os resultados das arbitragens não deveriam ser predeterminados por critérios legislativos.

(Ver informe 299º, caso n. 1768, parágrafo 110)

CASOS EM QUE A GREVE PODE SER OBJETO DE RESTRIÇÕES INCLUSIVE DE PROIBIÇÃO E GARANTIAS COMPENSATÓRIAS

A. Crise nacional aguda

(Ver também parágrafos 198, 606, 609, 620, 636 e 637)

570. A proibição de greves não poderia ser justificada a não ser numa situação de greve nacional e por duração limitada.

(Ver Recompilação de 1996, parágrafo 527; informe 316º, caso n. 1985, parágrafo 320; informe 327º, caso n. 1581, parágrafo 111; informe 333º, caso n. 2288, parágrafo 829, caso n. 2251, parágrafo 993; informe 336º, caso n. 2340, parágrafo 645; e informe 337º, caso n. 2244, parágrafo 1268)

571. A responsabilidade de suspender uma greve por motivos de segurança nacional ou de saúde publica, não deveria corresponder ao Governo, mas sim a um órgão independente que goze da confiança de tosas as partes interessadas.

(Ver informe 335º, caso n. 2303, parágrafo 1377; e informe 338º, caso n. 2366, parágrafo 1279)

B. Função pública

(Ver também parágrafos 588, 589 e 590)

572. O reconhecimento do princípio da liberdade sindical aos funcionários públicos não implica necessariamente o direito de greve.

(Ver Recompilação de 1996, parágrafo 531; e informe 304º, caso n. 1719, parágrafo 413)

573. O Comitê admitiu que o direito de greve pode ser objeto de restrições, inclusive de proibições, quando se trata da função pública ou de serviços essenciais, na medida em que a greve possa causar graves prejuízos à coletividade nacional e à condição de que estas restrições sejam acompanhadas de certas garantias compensatórias.

(Ver Recompilação de 1996, parágrafo 533; informe 300º, caso n. 1791, parágrafo 345; informe 302º, caso n. 1849, parágrafo 203; e informe 318º, caso n. 2020, parágrafo 318)

574. O direito de greve só pode ser limitado ou proibido na função pública somente no caso dos funcionários que exerçam funções de autoridade em nome do Estado.

(Ver Recompilação de 1996, parágrafo 534; informe 304º, caso n. 1719, parágrafo 413; informe 338º, caso n. 2363, parágrafo 731 e caso n. 2364, parágrafo 975)

575. Uma definição demasiadamente detalhada do conceito de funcionário público poderia ter como resultado uma restrição muito ampla e, até mesmo, uma proibição do direito de greve desses trabalhadores. A proibição do direito de greve na função pública deverá limitar-se aos funcionários que exerçam funções de autoridade em nome do Estado.

(Ver Recompilação de 1996, parágrafo 535)

576. O direito de greve pode ser objeto limitado ou proibido: (1) na função pública só no caso de funcionários que exercem funções de autoridade em nome do Estado ou (2) nos serviços essenciais no sentido estrito do termo (quer dizer, serviços cuja interrupção pudesse pôr em risco a vida, a segurança ou a saúde de toda a população ou parte dela).

(Ver Recompilação de 1996, parágrafos 526 e 536 e, por exemplo, informe 306º, caso n. 1882, parágrafo 427; informe 309º, caso n. 1913, parágrafo 305; informe 316º, caso n. 1934, parágrafo 210; informe 320º, caso n. 2025, parágrafo 405; informe 326º, caso n. 2135, parágrafo 266; informe 329º, caso n. 2157, parágrafo 191; informe 330º, caso n. 2212, parágrafo 749; informe

333º, caso n. 2251, parágrafo 993; informe 335º, caso n. 2257, parágrafo 466; informe 336º, caso n. 2383, parágrafo 579; e informe 337º, caso n. 2244, parágrafo 1268)

577. Os "empregados públicos" (que não atuam como órgãos do poder público) de empresas comerciais ou industriais do Estado deveriam poder negociar convenções coletivas, dispor de uma proteção adequada contra atos de discriminação antissindical e mesmo desfrutar do direito de greve na medida em que a interrupção dos serviços que prestam não ponham em risco a vida, a segurança ou a saúde de toda população ou parte dela (ver informe 259º do Comitê, caso n. 1465 (Colômbia), parágrafo 677).

(Ver Recompilação de 1996, parágrafo 532; e informe 338º, caso n. 2348, parágrafo 997)

578. Os funcionários da administração pública e do poder judiciário são funcionários que exercem funções de autoridade em nome do Estado, razão pela qual seu direito de greve pode ser objeto de restrições e até de proibição.

(Ver Recompilação de 1996, parágrafos 537 e 538; e informe 336º, caso n. 2383, parágrafo 763)

579. A proibição de greve aos trabalhadores em serviços de aduanas, que podem ser considerados como funcionários públicos que exercem funções de autoridade em nome do Estado, não é contrária aos princípios da liberdade sindical.

(Ver informe 304º, caso n. 1719, parágrafo 413)

580. Medidas adotadas por um governo para obter a intervenção judicial, para pôr fim provisoriamente a uma greve no setor público, não constituem violação dos direitos.

(Ver Recompilação de 1996, parágrafo 539)

C. Serviços essenciais

(Ver também parágrafo 576)

581. Para determinar os casos em que se podia proibir a greve, o critério predominante é a existência de uma ameaça evidente e iminente à vida, à segurança ou à saúde de toda a população ou parte dela.

(Ver Recompilação de 1996, parágrafo 540; informe 320º, caso n. 1989, parágrafo 324; informe 324º, caso n. 2060, parágrafo 517; informe 329º, caso n. 2195, parágrafo 737; informe 332º, caso n. 2252, parágrafo 883; informe 336º, caso n. 2383, parágrafo 766; e informe 338º, caso n. 2326, parágrafo 446 e caso n. 2329, parágrafo 1275)

582. O que se entende por serviços essenciais no sentido estrito do termo depende, em grande parte, das condições peculiares de cada país. Por outro lado, esse conceito não é absoluto, uma vez que um serviço não essencial pode converter-se em serviço essencial quando a duração de uma greve ultrapasse um certo período ou um certo alcance, pondo assim em risco a vida, a segurança da pessoa ou a saúde de toda população ou parte dela.

(Ver Recompilação de 1996, parágrafo 541; informe 320º, caso n. 1963, parágrafo 229; informe 321º, caso n. 2066, parágrafo 340; informe 330º, caso n. 2212, parágrafo 749; informe 335º, caso n. 2305, parágrafo 505; e informe 338º, caso n. 2373, parágrafo 382)

583. O princípio sobre a proibição de greves nos "serviços essenciais" poderia ser comprometido quando se tentasse declarar ilegal uma greve numa ou várias empresas que não prestassem "serviço essencial" no sentido do termo, quer dizer, serviços cuja interrupção pudesse pôr em risco a vida, a segurança ou a saúde de toda população ou parte dela.

(Ver Recompilação de 1996, parágrafo 542; informe 308º, caso n. 1923, parágrafo 221; informe 314º, caso n. 1787, parágrafo 32; informe 320º, caso n. 1963, parágrafo 229; informe 328º, caso n. 2120, parágrafo 540; e informe 336º, caso n. 2340, parágrafo 645)

584. Não parece justo que todas as empresas do Estado sejam tratadas na mesma base quanto às restrições do direito à greve, sem se distinguir, na legislação pertinente, entre aquelas que são autenticamente essenciais e as que não as são.

(Ver Recompilação de 1996, parágrafo 543)

585. Podem ser considerados como serviços essenciais:

— setor hospitalar (Ver Recompilação de 1996, parágrafo 544; informe 300, caso n. 1818 parágrafo 366; informe 306º, caso n. 1882, parágrafo 427; informe 308º, caso n. 1897, parágrafo 477; informe 324º, caso n. 2060, parágrafo 617, caso n. 2077, parágrafo 551; informe 329º, caso n. 2174, parágrafo 795; informe 330º, caso n. 2166, parágrafo 292; e informe 338º, caso n. 2399, parágrafo 1171);

— serviços de eletricidade (Ver Recompilação de 1996, parágrafo 544; informe 308º, caso n. 1921, parágrafo 573; informe 309º, caso n. 1912, parágrafo 365; informe 318º, caso n. 1999, parágrafo 165 e caso n. 1944, parágrafo 458)

— serviços de abastecimento de água (Ver Recompilação de 1996, parágrafos 544 e informe 326º, caso n. 2135, parágrafo 267);

— serviços telefônicos (Ver Recompilação de 1996, parágrafo 544; informe 314º, casos ns. 1984 e 1955, parágrafo 72, e informe 318º, caso n. 2020, parágrafo 318);

— polícia e forças armadas (Ver informe 307º, caso n. 1898, parágrafo 323);

— serviços de bombeiros (Ver informe 309º, caso n. 1865, parágrafo 145; e informe 321º, caso n. 2066, parágrafo 336);

— serviços penitenciários públicos e privados (Ver informe 336º, caso n. 2383, parágrafo 767);

— fornecimento de alimento aos alunos em idade escolar e a limpeza dos estabelecimentos escolares (informe 324º, caso n. 2037, parágrafo 102);

— controle de tráfego aéreo (Ver Recompilação de 1996, parágrafo 544 e informe 327º, caso n. 2127, parágrafo 191)

586. O princípio segundo o qual o controle de tráfico aéreo pode se considerar como um serviço essencial, se aplica a todas as greves, qualquer que seja sua forma — greve na modalidade de "operação tartaruga", "operação padrão", suposta enfermidade, etc. — pois estas podem ser tão perigosas como uma greve tradicional para a vida, a segurança pessoal ou a saúde da totalidade ou parte da população.

(Ver informe 327º, caso n. 2127, parágrafo 191)

587. Não constituem serviços essenciais no sentido estrito do termo:

— radiotelevisão (Ver Recompilação de 1996, parágrafo 545; informe 302º, caso n. 1849, parágrafo 204; e informe 306º, caso n. 1865, parágrafo 332 e caso n. 1884, parágrafo 688);

— setores do petróleo e de portos (Ver Recompilação de 1996, parágrafo 545; informe 302º, caso n. 1849, parágrafo 204; informe 306º, caso n. 1865, parágrafo 332; e informe 337º, caso n. 2355, parágrafo 630 e caso n. 2249, parágrafo 1478);

— portos (carga e descarga) (Ver Recompilação de 1996, parágrafo 545; informe 318º, caso n. 2018, parágrafo 514; informe 320º, caso n. 1963, parágrafo 229; e informe 321º, caso n. 2066, parágrafo 340);

— bancos (Ver Recompilação de 1996, parágrafo 545; informe 303º, casos ns. 1810 e 1830, parágrafo 62; e informe 309º, caso n. 1937, parágrafo 450);

— serviços de informática para arrecadação de tarifas e impostos (Ver Recompilação de 1996, parágrafo 545);

— grandes armazéns e parques de diversões (Ver Recompilação de 1996, parágrafo 545);

— metalurgia e conjunto do setor de mineração (Ver Recompilação de 1996, parágrafo 545);

— transporte em geral (Ver Recompilação de 1996, parágrafo 545; informe 302º, caso n. 1849, parágrafo 203; caso n. 1695, parágrafo 248; informe 303º, casos ns. 1810 e 1830, parágrafo 62; informe 316º, caso n. 1989, parágrafo 191; e informe 317º, caso n. 1971, parágrafo 56);

— pilotos de linhas aéreas (Ver informe 329º, caso n. 2195, parágrafo 737);

— geração, transporte e distribuição de combustíveis (Ver informe 307º, caso n. 1898, parágrafo 325);

— serviços ferroviários (Ver informe 308º, caso n. 1923, parágrafo 221);

— transportes metropolitanos (Ver Recompilação de 1996, parágrafo 545);

— serviços de correios (Ver Recompilação de 1996, parágrafo 545; informe 307º, caso n. 1898, parágrafo 325; informe 316º, caso n. 1985, parágrafo 321; e informe 318º, caso n. 2020, parágrafo 318);

— serviços de coleta de lixo (Ver informe 309º, caso n. 1916, parágrafo 100; e informe 338º, caso n. 2373, parágrafo 382);

— empresas frigoríficas (Ver Recompilação de 1996, parágrafo 545;

— serviços de hotelaria (Ver Recompilação de 1996, parágrafo 545); informe 324º, caso n. 1890, parágrafo 58; informe 326º, caso n. 2116, parágrafo 356; e informe 328º, caso n. 2120, parágrafo 540);

— construção (Ver Recompilação de 1996, parágrafo 545; e informe 338º, caso n. 2326, parágrafo 446);

— fabricação de automóveis (Ver Recompilação de 1996, parágrafo 545);

— atividades agrícolas, abastecimento e distribuição de produtos alimentícios (Ver Recompilação de 1996, parágrafo 545; e informe 338º, caso n. 1900, parágrafo 183);

— Casa da Moeda (Ver Recompilação de 1996, parágrafo 545; e informe 306º, caso n. 1865, parágrafo 332);

— Imprensa Oficial e monopólios estatais do álcool, do sal e fumo (Ver Recompilação de 1996, parágrafo 545);

— setor da educação (Ver Recompilação de 1996, parágrafo 545; informe 310º, caso n. 1928, parágrafo 172; caso n. 1943, parágrafo 226; informe 311º, caso n. 1950, parágrafo 457; informe 320º, caso n. 2025, parágrafo 405; informe 327º, caso n. 2145, parágrafo 302; caso n. 2148, parágrafo 800; e informe 329º, caso n. 2173, parágrafo 297);

— empresas de engarrafamento de água mineral (Ver informe 328º, caso n. 2082, parágrafo 475).

588. Embora o setor da educação não constitua um serviço essencial, o direito de greve dos diretores e os subdiretores pode ser objeto de restrições ou inclusive proibição.

(Ver informe 311º, caso n. 1951, parágrafo 227)

589. Os argumentos tradicionalmente utilizados pelo Estado, de que os funcionários públicos, por serem detentores de proteções legais, não gozam do direito de greve, tal argumento não tem convencido o Comitê de que deve mudar de atitude com respeito ao direito de greve do pessoal docentes.

(Ver informe 277º, caso n. 1528, parágrafo 288; e informe 311º, caso n. 2145, parágrafo 458)

590. As possíveis consequências, a longo prazo, das greves no setor de ensino, não justifica sua proibição.

(Ver informe 262º, caso n. 1528, parágrafo 288; e informe 327º, caso n. 2145, parágrafo 303)

591. Considerou-se que o serviço de recolhimento de lixo, pode converter-se em atividade essencial, se a greve neste serviço durar mais de um certo período ou adquirir tal dimensão que pode colocar em risco a saúde ou a vida da população.

(Ver informe 309º, caso n. 1916, parágrafo 100)

592. O fato de vincular as restrições do direito de greve com as dificuldades que provocam no comércio e nos negócios, abrem portas à proibição de uma diversidade de ações reivindicatórias e de greves legítimas. Ainda quando as greves e outras ações conexas têm repercussões prejudiciais para o comércio e os negócios, tais consequências não convertem o setor afetado em um serviço "essencial", e por onde deveriam manter-se o direito de greve.

(Ver informe 320º, caso n. 1963, parágrafo 230)

593. Nos serviços essenciais de algumas categorias de empregados, por exemplo trabalhadores hospitalares e os jardineiros, não deveriam ver-se privados do direito de greve.

Obs.: Consultado no inglês.

(Ver informe 333º, caso n. 2277, parágrafo 274; e informe 338º, caso n. 2403, parágrafo 601)

594. Excluir assalariados do setor privado em regime de experiência do direito de greve é incompatível com os princípios da liberdade sindical.

(Ver Recompilação de 1996, parágrafo 475)

D. Garantias compensatórias em caso de proibição da greve na função pública ou nos serviços essenciais

595. Quando o direito de greve for limitado ou suprimido em empresas ou serviços considerados essenciais, os trabalhadores devem gozar de proteção adequada, de modo que lhes sejam compensadas as restrições impostas a sua liberdade de ação durante os conflitos que possam surgir nas ditas empresas ou serviços.

(Ver Recompilação de 1996, parágrafo 546 e, por exemplo, informe 300º, caso n. 1818, parágrafo 367; informe 306º, caso n. 1882, parágrafo 429; informe 310º, caso n. 1943, parágrafo 227; informe 318º, caso n. 1999, parágrafo 166; informe 324º, caso n. 2060, parágrafo 324; caso n. 2060, parágrafo 518; informe 327º, caso n. 2127, parágrafo 192; informe 330º, caso n. 2166, parágrafo 292; informe 333º, caso n. 2277, parágrafo 274; informe 336º, caso n. 2240, parágrafo 649; e informe 337º, caso n. 2244, parágrafo 1269)

596. Quanto à natureza das "garantias adequadas", em caso de restrição do direito de greve nos serviços essenciais e na função pública, a limitação da greve deve vir acompanhada de adequados procedimentos de conciliação e arbitragem, imparciais e rápidos, nos quais os interessados possam participar em todas as etapas e nos quais os laudos emitidos deveriam ser aplicados integral e rapidamente.

(Ver Recompilação de 1996, parágrafo 547 e, por exemplo, informe 300º, caso n. 1818, parágrafo 367; informe 306º, caso n. 1882, parágrafo 429; informe 308º, caso n. 1897, parágrafo 478; informe 310º, caso n. 1943, parágrafo 227; informe 318º, caso n. 2020, parágrafo 318; caso n. 2020, parágrafo 318; informe 324º, caso n. 2060, parágrafo 518, informe 330º, caso n. 2166, parágrafo 292; informe 333º, caso n. 2277, parágrafo 274; informe 336º, caso n. 2340, parágrafo 649; e informe 337º, caso n. 2244, parágrafo 1269)

597. A reserva de poderes em matéria orçamentária à autoridade legislativa não deveria ter por consequência impedir a aplicação de laudo emitido pelo tribunal de arbitragem obrigatório. Afastar-se dessa prática implicaria reduzir a aplicação efetiva do princípio segundo o qual, quando se restringem ou proíbem as greves dos trabalhadores ocupados em serviços essenciais, essa restrição ou proibição deveria vir acompanhada de mecanismo de conciliação e de procedimento imparcial de arbitragem cujos laudos, em todos os casos, obriguem ambas as partes.

(Ver Recompilação de 1996, parágrafo 548)

598. No caso de mediação à arbitragem em conflitos coletivos, o essencial é que todos os membros dos órgãos encarregados dessas funções não só sejam estritamente imparciais, como também assim o pareçam, tanto para os empregadores como para os trabalhadores interessados, para conquistar e manter a confiança de ambas as partes, do qual depende realmente o funcionamento eficaz da arbitragem, mesmo quando seja obrigatória.

(Ver Recompilação de 1996, parágrafo 549; informe 310º, caso n. 1928, parágrafo 182, caso n. 1943, parágrafo 240; informe 318º, caso n. 1943, parágrafo 117; informe 324º, caso n. 1943, parágrafo 26; informe 327º, caso n. 2145, parágrafo 306; informe 328º; caso n. 2114, parágrafo 406; informe 333º, caso n. 2288, parágrafo 829; informe 335º, caso n. 2305, parágrafo 507 e informe 336º, caso n. 2383, parágrafo 773)

599. A designação pelo ministro, num último caso, dos cincos membros do Tribunal de Arbitragem dos Serviços Essenciais põe em dúvida a independência e a imparcialidade do dito Tribunal, assim como a confiança nesse sistema pelos interessados. As organizações representativas de trabalhadores e de empregadores deveriam poder escolher, respectivamente, os membros do Tribunal de Arbitragem dos Serviços Essenciais que os representam.

(Ver Recompilação de 1996, parágrafo 550; e informe 328º, caso n. 2114, parágrafo 406)

600. Empregados privados do direito de greve porque executam serviços essenciais devem ser beneficiados com garantias apropriadas, com vista a salvaguardar seus interesses: por exemplo, proibição do direito patronal de fechamento, estabelecimento de processo paritário de conciliação e, quando a conciliação não alcançar sua finalidade, a criação de um sistema paritário de arbitragem.

(Ver Recompilação de 1996, parágrafo 551; informe 306º, caso n. 1882, parágrafo 428; informe 308º, caso n. 1902, parágrafo 703; e informe 309º, caso n. 1913, parágrafo 306)

601. Referindo-se a sua recomendação, segundo a qual certas restrições ao direito de greve seriam aceitáveis quando acompanhadas de procedimentos de conciliação e arbitragem, o Comitê precisou que essa recomendação não se referia à proibição absoluta do direito de greve, mas à restrição desse direito nos serviços essenciais ou na função pública, em cujo caso estabeleceu que deveriam ser previstas as garantias apropriadas para proteger os interesses dos trabalhadores.

(Ver Recompilação de 1996, parágrafo 552)

602. O que diz respeito à exigência de que as partes paguem os serviços de conciliação e de mediação/arbitragem, o Comitê opina que, sempre que os custos sejam razoáveis e que não se iniba a capacidade das partes, em particular, as que não contam com recursos financeiros adequados — de fazer uso dos serviços, essa disposição, não serve como base para considerar que teve uma violação da liberdade sindical.

(Ver informe 310º, caso n. 1928, parágrafo 182)

603. O Comitê não se pronuncia acerca da conveniência da conciliação com respeito à mediação, já que ambos são meios para ajudar as partes chegar voluntariamente a um acordo. Tampouco se pronuncia com respeito à conveniência ou não de estabelecer um sistema de conciliação e outro de arbitragem separadamente ou na mudança de um sistema alterado de mediação/arbitragem, na medida em que os membros dos órgãos encarregados dessas funções sejam imparciais e sejam percebidos como tais pelos interessados.

(Ver informe 310º, caso n. 1928, parágrafo 182)

SITUAÇÕES EM QUE SE PODE IMPOR UM SERVIÇO MÍNIMO PARA GARANTIR A SEGURANÇA DAS PESSOAS E AS INSTALAÇÕES (SERVIÇO MÍNIMO DE SEGURANÇA)

(Ver também parágrafo 607)

604. Restrições impostas ao direito de greve em certos setores, com o objetivo de se fazerem respeitar os regulamentos de segurança, constituem restrições normais.

(Ver Recompilação de 1996, parágrafo 554 e informe 310º, caso n. 1931, parágrafo 496)

605. Com relação a uma legislação que obrigava organizações profissionais de todas as atividades a continuar prestando seus serviços com pessoal necessário à segurança das instalações e à prevenção de acidentes, prevendo-se que as divergências que possam surgir a respeito desse pessoal devam ser dirimidas por tribunal administrativo de arbitragem, o Comitê considerou admissíveis essas limitações do direito de greve.

(Ver Recompilação de 1996, parágrafo 555)

SITUAÇÕES E CONDIÇÕES EM QUE PODERIA SE IMPOR UM SERVIÇO MÍNIMO DE FUNCIONÁRIOS

606. A imposição de serviços mínimos, em caso de greve, só deveria ser possível em:

(1) serviços cuja interrupção possa pôr em risco a vida, a segurança ou a saúde de toda a população ou parte dela (serviços essenciais no sentido estrito do termo); (2) serviços não essenciais no sentido estrito, nos quais greves de uma certa abrangência e duração pudessem provocar uma situação de grave crise nacional, de tal modo que as condições normais de existência da população pudessem estar em perigo; e (3) serviços públicos de importância transcendental.

(Ver Recompilação de 1996, parágrafo 556; informe 316º, caso n. 1985, parágrafo 324; informe 320º, caso n. 2057, parágrafo 780; informe 329º, caso n. 2174, parágrafo 795; informe 333º, caso n. 2251, parágrafo 990; informe 336º, caso n. 2300, parágrafo 383; informe 337º; caso n. 2355, parágrafo 630; e informe 338º, caso n. 2364, parágrafo 975)

607. Um serviço mínimo poderia ser apropriado como uma alternativa possível em situações em que uma restrição substancial, poderia constituir-se na proibição total da greve. Nessas situações, não parece justificada uma limitação importante ou a proibição total da greve e em que, sem colocar em tela de juízo, o direito de greve da grande maioria dos trabalhadores deveria ocupar-se de assegurar a satisfação das necessidades básicas dos usuários ou o funcionamento contínuo e em condições de segurança das instalações.

(Ver informe 299º, caso n. 1782, parágrafo 324; e informe 300º, caso n. 1791, parágrafo 326)

608. Dever-se-iam tomar medidas para garantir que dito serviço mínimo evite perigos para a saúde ou a segurança pública.

(Ver informe 309º, caso n. 1916, parágrafo 100)

609. É legítimo se exigir um serviço mínimo no caso de greve cuja magnitude e duração possam provocar uma situação de grave crise nacional, mas, neste último caso, as organizações sindicais deveriam poder participar de sua definição juntamente com empregadores e autoridades públicas.

(Ver Recompilação de 1996, parágrafo 557; informe 308º, caso n. 1923, parágrafo 222; informe 316º, caso n. 1985, parágrafo 324; informe 337º, caso n. 2249, parágrafo 1478; e informe 338º, caso n. 2364, parágrafo 975)

610. Poder-se-ia estabelecer um serviço mínimo em casos de greves cuja extensão e duração pudessem criar uma situação de grave crise nacional, de tal ordem que as condições normais de existência da população pudessem estar em perigo; para ser aceitável, esse dito serviço mínimo deveria limitar-se à operações estritamente necessárias para não comprometer a vida ou as condições normais de existência de toda a população ou parte dela e, por outro lado, possibilitar, no que se refere a sua determinação, a participação das organizações de trabalhadores assim como de empregadores e autoridades públicas.

(Ver Recompilação de 1996, parágrafo 558; informe 308º, caso n. 1923, parágrafo 222; informe 317º, caso n. 1971, parágrafo 751; e informe 330º, caso n. 2212, parágrafo 751)

611. O Comitê tem insistido na importância de que as disposições relativas aos serviços mínimos a se aplicar no caso de greve de um serviço essencial sejam claramente definidas, rigorosamente aplicadas e conhecidas em seu devido tempo pelos interessados.

(Ver Recompilação de 1996, parágrafo 559; informe 308º, caso n. 1921, parágrafo 573; e informe 330º, caso n. 2212, parágrafo 751)

612. Na definição dos serviços mínimos e do número de trabalhadores que os garantam, deveriam poder participar não só as autoridades públicas, mas também as organizações de trabalhadores e de empregadores interessadas. Com efeito, isso não só permite um equilibrado intercâmbio de pontos de vista sobre o que, numa situação concreta, poder-se-ia considerar como serviços mínimos, limitados ao estritamente indispensável, como também contribui para garantir que a dimensão dos serviços mínimos não tenha, na prática, por resultado a inocuidade da greve, tendo em vista seu escasso impacto, assim como para dissipar possíveis impressões das organizações sindicais de que a ação de greve acabou em frustração em razão dos serviços mínimos concebidos em termos demasiadamente amplos e definidos unilateralmente.

(Ver Recompilação de 1996, parágrafo 560; informe 299º, caso n. 1782, parágrafo 325; informe 302º, caso n. 1856, parágrafo 436; informe 308º, caso n. 1923, parágrafo 222; informe 320º, caso n. 1963, parágrafo 231, caso n. 2044, parágrafo 453; informe 324º; caso n. 2078, parágrafo 617; informe 325º, caso n. 2018, parágrafo 88; e informe 338º, caso n. 2373, parágrafo 381)

613. Com referência à alegação relativa à exigência legal de um serviço mínimo quando se trata de uma greve nos serviços públicos essenciais, e cuja divergência, quanto ao número e ocupação, é resolvida pela autoridade do trabalho, a legislação, na opinião do Comitê, deveria prever que a dita divergência fosse resolvida por órgão independente e não pelo Ministério do Trabalho ou pelo ministério ou empresa pública envolvida.

(Ver Recompilação de 1996, parágrafo 561; informe 299º, caso n. 1782, parágrafo 325; informe 308º, caso n. 1923, parágrafo 222; informe 320º, caso n. 2044, parágrafo 453; e informe 330º, caso n. 2212, parágrafo 751)

614. Um pronunciamento definitivo e com elementos completos de avaliação sobre se o nível de serviços mínimos foi ou não o indispensável só pode ser feito pela autoridade judicial, toda vez que supõe, em particular, um profundo conhecimento da estrutura e funcionamento das empresas e estabelecimentos concernentes e do impacto efetivo que tiveram as ações de greve.

(Ver Recompilação de 1996, parágrafo 562; informe 302º, caso n. 1856, parágrafo 437; e informe 304º, caso n. 1866, parágrafo 114)

EXEMPLOS CONCRETOS EM QUE O COMITÊ CONSIDEROU QUE AS CIRCUNSTÂNCIAS CONTRIBUÍRAM PARA SE IMPOR UM SERVIÇO MÍNIMO DE FUNCIONAMENTO

615. O serviço de travessias não constitui um serviço essencial. Todavia, dadas as dificuldades e incômodos que possam causar aos habitantes das ilhas ao longo da costa a interrupção dos serviços de travessias, pode-se prever a manutenção de um serviço mínimo a ser mantido em caso de greve.

(Ver Recompilação de 1996, parágrafo 563; informe 330º, caso n. 2212, parágrafo 749; e informe 336º, caso n. 2324, parágrafo 282)

616. Os serviços que presta a Empresa Nacional de Portos não constituem serviços essenciais, embora por se tratar de um importante serviço público, possa ser previsto a manutenção de um serviço mínimo em caso de greve.

(Ver Recompilação de 1996, parágrafo 564; informe 318º, caso n. 2018, parágrafo 514; informe 320º, caso n. 1963, parágrafo 231; e informe 321º, caso n. 2066, parágrafo 340)

617. O respeito da obrigação de manter um serviço mínimo nas atividades do metrô, visando satisfazer as necessidades mínimas da coletividade local, não é contrário aos princípios da liberdade sindical.

(Ver informe 320º, caso n. 2057, parágrafo 780)

618. Com relação a greves de trabalhadores da empresa de metrô, o estabelecimento de serviços mínimos, em caso de falta de acordo entre as partes, deveria ser da competência de órgão independente.

(Ver Recompilação de 1996, parágrafo 565; e informe 320º, caso n. 2057, parágrafo 780)

619. É legítimo o estabelecimento de um serviço mínimo no caso de greve no setor do transporte ferroviário.

(Ver Recompilação de 1996, parágrafo 567)

620. Em vista da situação especial dos serviços ferroviários do país, uma suspensão total e prolongada pode conduzir a uma situação de grave urgência nacional que pode pôr em risco o bem-estar da população e, em determinadas circunstâncias, justificar uma intervenção que estabelecesse um serviço mínimo.

(Ver informe 308º, caso n. 1923, parágrafo 221)

621. O transporte de passageiros e de mercadorias não é um serviço essencial no sentido estrito do termo; não obstante, trata-se de um serviço público de importância transcendental no país e, no caso de greve, pode justificar-se a imposição de um serviço mínimo.

(Ver Recompilação de 1996, parágrafo 566; informe 320º, caso n. 2044, parágrafo 453; informe 324º, caso n. 2078, parágrafo 616; informe 325º, caso n. 2018, parágrafo 88; e informe 330º, caso n. 2212, parágrafo 749)

622. Nos serviços de correios, pode-se prever a manutenção de um serviço mínimo.

(Ver Recompilação de 1996, parágrafo 568; informe 304º, caso n. 1866, parágrafo 113; e informe 316º, caso n. 1985, parágrafo 324)

623. É admissível a imposição de serviços mínimos, como no setor de coleta de lixos.

(Ver informe 309º, caso n. 1916, parágrafo 100)

624. A Casa da Moeda, os bancos, os transportes e os setores de petróleo são setores onde poderia ser mantido um serviço mínimo em caso de greve, assegurando que se satisfaçam as necessidades essenciais dos usuários.

(Ver informe 309º, caso n. 1865, parágrafo 149; e informe 337º, caso n. 2355, parágrafo 630)

625. Em casos de greve de longa duração no setor da educação, devem ser consultados interlocutores sociais, a fim de estabelecer-se serviços mínimos.

Obs.: Consultado inglês.

(Ver informe 330º, caso n. 2173, parágrafo 297)

626. A decisão adotada por um Governo impondo um serviço mínimo na Divisão de Sanidade Animal, em face de uma enfermidade altamente contagiosa, não viola os princípios da liberdade sindical.

(Ver informe 331º, caso n. 2209, parágrafo 734)

DESCUMPRIMENTO DOS SERVIÇOS MÍNIMOS

627. Embora a decisão final de suspender ou cancelar a personalidade jurídica de uma organização de trabalhadores seja da competência de órgão judicial independente, essas medidas não deveriam ser adotadas em caso do descumprimento dos serviços mínimos.

(Ver Recompilação de 1996, parágrafo 569)

DECLARAÇÃO DE ILEGALIDADE DA GREVE

628. A declaração de ilegalidade da greve não devia ser da incumbência do governo, mas de órgão independente das partes e que conte com a confiança delas.

(Ver Recompilação de 1996, parágrafo 522 e, por exemplo, informe 304º, caso n. 1851, parágrafo 280; informe 309º, caso n. 1916, parágrafo 102; informe 311º, caso n. 1954, parágrafo 405; informe 314º, casos ns. 1948 e 1955, parágrafo 72; informe 320º, caso n. 2007, parágrafo 282; informe 326º; caso n. 2111, parágrafo 474; informe 329º, caso n. 2195, parágrafo 736; informe 330º, caso n. 2208, parágrafo 599; informe 333º, caso n. 2281, parágrafo 634; e informe 337º, caso n. 2355, parágrafo 631)

629. A decisão final da declaração de ilegalidade das greves não deveria ser pronunciada pelo governo, particularmente nos casos em que é parte de um conflito.

(Ver Recompilação de 1996, parágrafo 523; informe 305º, caso n. 1870, parágrafo 143; informe 307º, caso n. 1899, parágrafo 83; e informe 316º, caso n. 1934, parágrafo 210)

630. Não é compatível com a liberdade sindical que o direito de qualificar uma greve como ilegal na administração pública seja atribuído aos chefes das instituições públicas, já que estes juízes são partes na questão.

(Ver Recompilação de 1996, parágrafo 524)

631. Referindo-se a uma circular oficial relativa à ilegalidade de toda greve no setor público, o Comitê considerou que assuntos como este não deveriam ser da competência das autoridades administrativas.

(Ver Recompilação de 1996, parágrafo 525)

ORDEM DE RETOMADA DO TRABALHO, CONTRATAÇÃO DE TRABALHADORES DURANTE A GREVE, MOBILIZAÇÃO

632. A contratação de trabalhadores para desgastar a greve num setor, que não pudesse ser considerado como um setor essencial no sentido estrito do termo, justificador da proibição de uma greve, constitui grave violação da liberdade sindical.

(Ver Recompilação de 1996, parágrafo 570; informe 302º, caso n. 1849, parágrafo 217; informe 306º, caso n. 1865, parágrafo 336; informe 307º, caso n. 1899, parágrafo 81; informe 311º, caso n. 1954, parágrafo 406; informe 327º, caso n. 2141, parágrafo 474; informe 329º; caso n. 2195, parágrafo 474; informe 329º, caso n. 2195, parágrafo 736; informe 330º, caso n. 2208, parágrafo 322; informe 333º, caso n. 2251, parágrafo 998; e informe 335º, caso n. 1865, parágrafo 826)

633. Se uma greve é legal, o recurso à utilização de mão de obra não pertencente à empresa, com a finalidade de substituir os grevistas, por duração indeterminada, envolve o risco de violação do direito de greve que pode afetar o livre exercício dos direitos sindicais.

(Ver Recompilação de 1996, parágrafo 571; informe 306º, caso n. 1865, parágrafo 336; informe 318º, caso n. 2005, parágrafo 183; e informe 333º, caso n. 2251, parágrafo 998)

634. Quando a suspensão total e prolongada do trabalho de importante setor da economia pode criar uma situação que ponha em risco a vida, a segurança e a saúde da população poderia ser legítimo ordenar a uma determinada categoria de pessoal a retomada do trabalho se, por sua magnitude e duração, a greve pudesse criar a dita situação. Em compensação, exigir que se retome o trabalho nos casos não compreendidos nessa situação é contrário aos princípios da liberdade sindical.

(Ver Recompilação de 1996, parágrafo 572; informe 320º, caso n. 2044, parágrafo 452; informe 329º, caso n. 2195, parágrafo 737; informe 332º, caso n. 2252, parágrafo 883; e informe 333º, caso n. 2281, parágrafo 634)

635. O uso da força armada e a mobilização de grevistas, com o objetivo de pôr fim à greve de reivindicações profissionais, exceto no caso de serviços essenciais ou em circunstâncias da mais alta gravidade, constituem grave violação da liberdade sindical.

(Ver Recompilação de 1996, parágrafo 573; informe 308º, caso n. 1921, parágrafo 575; informe 320, caso n. 2044, parágrafo 452; e informe 333º, caso n. 2288, parágrafo 831)

636. A utilização de forças armadas ou de outro grupo de pessoas, para desempenhar funções abandonadas por motivo de um conflito trabalhista, só poderá se justificar, se a greve for legal, pela necessidade de assegurar o funcionamento de serviços ou de indústrias cuja paralisação criasse uma situação de grave crise.

(Ver Recompilação de 1996, parágrafos 528 e 574; informe 321º, caso n. 2066, parágrafo 340; informe 324º, caso n. 2077, parágrafo 551; e informe 328º, caso n. 2082, parágrafo 475)

637. Mesmo se reconhecendo que a suspensão do funcionamento de serviços ou de empresas, como empresas de transportes, ferroviários e do setor petrolífero, poderiam conduzir a uma perturbação da vida normal da comunidade, é difícil admitir que a suspensão desses serviços ou empresas conduza necessariamente a uma grave crise nacional. O Comitê achou, por conseguinte, que a mobilização dos trabalhadores, adotada por ocasião de conflitos nesses serviços, restringia seu direito de greve como meio de defesa de seus interesses profissionais e econômicos.

(Ver Recompilação de 1996, parágrafos 530 e 575; informe 317º, caso n. 1971, parágrafo 56; informe 335º, caso n. 1865, parágrafo 826; e informe 337º, caso n. 2249, parágrafo 1478)

638. A mobilização de ferroviários, a ameaça de demitir os piquetes de greve e o recrutamento de trabalhadores com salários mais baixos e lhes proibindo a sindicalização, com o objetivo de acabar com greves legítimas e pacíficas em serviços que não são essenciais no sentido estrito do termo, não estarão de acordo com o respeito à liberdade sindical.

(Ver Recompilação de 1996, parágrafo 576)

639. Quando um serviço público essencial, como o serviço telefônico, e interrompido por uma greve ilegal, o governo pode ser obrigado, em nome do interesse público, a assumir a responsabilidade de seu funcionamento e, para isso, recorrer às forças armadas ou a outro grupo de pessoas para que desempenhem as funções abandonadas, assim como a adotar medidas com vista a permitir a estas pessoas o ingresso nos locais em que devem exercer essas funções.

(Ver Recompilação de 1996, parágrafo 577)

INGERÊNCIA DE AUTORIDADES DURANTE A GREVE

640. Num caso em que o governo havia ordenado a realização de consulta com o pessoal de uma empresa afetada por uma greve, para decidir se a greve devia ou não continuar, confiada a organização da votação a um organismo de caráter permanente e independente e assegurada aos trabalhadores a garantia do voto secreto, o Comitê insistiu na conveniência de serem consultadas as organizações representativas a fim de assegurar que o exercício do direito de greve não seja afetado, na prática, por influência ou pressão de autoridades.

(Ver Recompilação de 1996, parágrafo 578)

641. A intervenção do exército nos conflitos laborais não favorece a um clima livre de violência, pressões ou ameaças, que é essencial para o exercício da liberdade sindical.

(Ver informe 333º, caso n. 2268, parágrafo 765)

INTERVENÇÃO DA POLÍCIA DURANTE A GREVE

642. O Comitê resolveu desconsiderar denúncias relativas à intervenção de forças de segurança quando os fatos demonstravam que a intervenção se havia limitado à manutenção da ordem pública, não significando uma limitação do legítimo exercício do direito de greve; ao mesmo tempo, o Comitê deu a entender que, na sua opinião, recorrer à polícia para pôr fim a uma greve teria constituído uma violação dos direitos sindicais.

(Ver Recompilação de 1996, parágrafo 579)

643. O recurso da polícia, com a finalidade de "furar uma greve", constitui uma violação dos direitos sindicais.

(Ver informe 304º, caso n. 1863, parágrafo 361)

644. As autoridades só deveriam recorrer à força pública, quando se produz um movimento de greve, se a situação envolvesse uma certa gravidade ou fosse julgada realmente ameaçada a ordem pública.

(Ver Recompilação de 1996, parágrafo 580 e, por exemplo, informe 299º, caso n. 1687, parágrafo 456; informe 302º, caso n. 1825, parágrafo 492; informe 304º, caso n. 1863, parágrafo 361; informe 306º, caso n. 1884, parágrafo 695; informe 308º, caso n. 1773, parágrafo 446, caso n. 1914, parágrafo 669; informe 311º, caso n. 1954, parágrafo 407; informe 324º, caso n. 1865, parágrafo 412; informe 332º, caso n. 2252, parágrafo 888; e informe 333º, caso n. 2153, parágrafo 211)

645. Como os trabalhadores e suas organizações têm a obrigação de respeitar a lei do país, a intervenção das forças de segurança, em situações de greve, deve limitar-se estritamente à manutenção da ordem pública.

(Ver Recompilação de 1996, parágrafo 581; informe 302º, caso n. 1849, parágrafo 211; e informe 324º, caso n. 2093, parágrafo 437)

646. Como os trabalhadores e suas organizações estão obrigados a respeitar a legalidade, a intervenção das forças da polícia, para fazer cumprir uma decisão judicial que afeta aos grevistas, deveria, por sua vez, respeitar as garantias elementares aplicáveis às liberdades públicas fundamentais.

(Ver informe 306º, caso n. 1891, parágrafo 571)

647. Quando se produz um movimento de greve, as autoridades só deveriam recorrer à força pública se considerassem realmente ameaçada a ordem pública. A intervenção da força pública deve guardar proporção com a ameaça à ordem pública que se procura controlar, e os governos deveriam tomar providências para que as autoridades competentes sejam devidamente instruídas para o objetivo de eliminar o perigo que implicam excessos de violência, quando se tratar de controlar manifestações que pudessem envolver alteração da ordem pública.

(Ver Recompilação de 1996, parágrafo 582; informe 320º, caso n. 1865, parágrafo 524; informe 324º, caso n. 2093, parágrafo 437; informe 325º, caso n. 2068, parágrafo 314; informe 335º, caso n. 2228, parágrafo 901; informe 336º, caso n. 2153, parágrafo 175; e informe 338º; caso n. 2364, parágrafo 976)

PIQUETES DE GREVE

648. Os piquetes de greve, que agem de conformidade com a lei, não devem ser objeto de empecilhos por parte das autoridades públicas.

(Ver Recompilação de 1996, parágrafo 583)

649. A proibição de piquetes de greve se justificaria se a greve perdesse seu caráter pacífico.

(Ver Recompilação de 1996, parágrafo 584)

650. O Comitê considerou legítima a imposição legal que proíbe os piquetes de greve de perturbar a ordem pública e ameaçar os trabalhadores que continuam trabalhando.

(Ver Recompilação de 1996, parágrafo 585; e informe 320º, caso n. 1963, parágrafo 232)

651. O simples fato de participar de um piquete de greve e de incitar, aberta, mas pacificamente, os demais trabalhadores a não ocuparem seus postos de trabalho não pode ser considerado como ação ilegítima. É muito diferente, porém, quando o piquete de greve é acompanhado de violências ou de obstáculos a liberdade de trabalho por intimidação aos não grevistas, atos que em muitos países são punidos pela lei penal.

(Ver Recompilação de 1996, parágrafo 586 e, por exemplo, informe 299º, casos ns. 1640 e 1646, parágrafo 152º, caso n. 1687, parágrafo 546; informe 304º, caso n. 1851, parágrafo 282; informe 305º, caso n. 1879, parágrafo 204; informe 306º, caso n. 1865, parágrafo 337; informe 307º; caso n. 1863, parágrafo 344; informe 310º, caso n. 1931, parágrafo 496; informe 314º, caso n. 1787, parágrafo 33; informe 316º, caso n. 2000, parágrafo 638; e informe 320º, caso n. 1963, parágrafo 232)

652. O exercício de direito de greve deve respeitar a liberdade de trabalho dos não grevistas quando a legislação assim o dispõe, assim como o direito da direção da empresa de ingressar nas instalações da mesma.

(Ver informe 300º, caso n. 1811, parágrafo 307)

653. Restrições legais que exigem que os piquetes de greve se instalem exclusivamente nas proximidades de uma empresa não reduzem os princípios da liberdade sindical.

(Ver Recompilação de 1996, parágrafo 587)

DESCONTO SALARIAL

654. O desconto salarial dos dias de greve não põe objeções do ponto de vista dos princípios da liberdade sindical.

(Ver Recompilação de 1996, parágrafo 588; informe 304º, caso n. 1863, parágrafo 363; e informe 307º, caso n. 1899, parágrafo 83)

655. No caso em que os descontos salariais fossem superiores ao valor correspondente à duração da greve, o Comitê observou que o fato de impor sanções por atos de greve não favorece o desenvolvimento de relações profissionais.

(Ver Recompilação de 1996, parágrafos 589 e 595)

656. A imposição ao empregador de pagamento de salários correspondente aos dias de greves, quando é declarado "responsável" pela greve, além de poder alterar o equilíbrio das relações laborais e ser demasiadamente onerosa para o empregador, levanta problemas de conformidade com os princípios da liberdade sindical, a medida em que tal pagamento não deveria ser proibido nem tampouco obrigatório, devendo ser um tema resolvido pelas partes.

(Ver informe 318º, caso n. 1931, parágrafo 366)

657. A ausência de respostas a uma pauta de negociações pode ser considerada como uma prática desleal, contrária ao princípio da boa-fé na negociação coletiva que pode implicar certas sanções previstas em lei, mas sem que daí resultem numa obrigação legal do empregador de pagar os dias de greve, que é uma questão que deveria deixar-se às partes interessadas.

(Ver informe 318º, caso n. 1931, parágrafo 369)

SANÇÕES

A. No caso de greve legítima

(Ver também parágrafos 57, 77, 269 e 853)

658. As imposições de sanções a sindicatos por terem organizado uma greve legítima constituem uma grave violação dos princípios da liberdade sindical.

(Ver informe 302º, caso n. 1849, parágrafo 207)

659. O fechamento de escritórios sindicais, decorrente de uma greve legítima, viola os princípios da liberdade sindical.

(Ver informe 302º, caso n. 1849, parágrafo 215)

660. Ninguém deve ser objeto de sanções por fazer ou tentar fazer uma greve legítima.

(Ver Recompilação de 1996, parágrafo 590 e, por exemplo, informe 302º, caso n. 1849, parágrafo 211; informe 307º, caso n. 1890, parágrafo 372; informe 310º, caso n. 1932, parágrafo 515; informe 311º, caso n. 1934, parágrafo 127; informe 316º, caso n. 1934, parágrafo 211; informe 318º; caso n. 1978, parágrafo 218; informe 321º, caso n. 2056, parágrafo 137; informe 324º, caso n. 2072, parágrafo 587; informe 326º, caso n. 2091, parágrafo 154, informe 331º, casos ns. 1937 e 2027, parágrafo 105; e informe 333º, caso n. 2164, parágrafo 608)

661. A dispensa de trabalhadores por motivo de greve legítima constitui grave discriminação, em matéria de emprego, pelo exercício de uma atividade sindical legítima, contrária à Convenção n. 98.

(Ver Recompilação de 1996, parágrafo 591; informe 306º, caso n. 1904, parágrafo 596; informe 326º, caso n. 2116, parágrafo 356; informe 333º, caso n. 2164, parágrafo 608; informe 334º, caso n. 2267, parágrafo 658, caso n. 2211, parágrafo 678; e informe 338º; caso n. 2046, parágrafo 104)

662. Quando se dispensam sindicalistas ou dirigentes sindicais por ações de greve, o Comitê não pode senão chegar à conclusão de que estão sendo prejudicados por sua ação sindical e sofrendo discriminação antissindical.

(Ver Recompilação de 1996, parágrafo 592; informe 306º, caso n. 1904, parágrafo 596; informe 318º, caso n. 1978, parágrafo 218; informe 326º, caso n. 2116, parágrafo 356; e informe 334º, caso n. 2267, parágrafo 658)

663. O respeito aos princípios da liberdade sindical requer que os trabalhadores não sejam demitidos ou tenham negada sua readmissão por participar de uma greve ou de outro tipo de ação reivindicatória. Para estes fins, é irrelevante se a dispensa se produz durante a greve ou depois dela. Logicamente, deveria ser do mesmo modo irrelevante que a dispensa se produza antes da greve, se sua finalidade foi impedir ou punir o exercício do direito de greve.

(Ver Recompilação de 1996, parágrafo 593; informe 305º, caso n. 1870, parágrafo 144; informe 308º, caso n. 1934, parágrafo 132; e informe 327º, caso n. 2141, parágrafo 324)

664. O Comitê não considerou justa uma série de normas jurídicas que: a) parecem tratar virtualmente toda ação coletiva direta como violação de contrato por parte de quem dela participe; b) expõem todo sindicato ou funcionário sindical, que instiga essas violações de contrato, a processos de danos e prejuízos por toda perda em que incorra o empregador como consequência de suas ações; c) permitem a um empregador que se encontre diante dessas medidas obter uma injunção para impedir o começo (ou a continuação) da conduta ilícita. O efeito cumulativo dessas disposições parece privar os trabalhadores da capacidade de se declarar legitimamente em greve para promover e defender seus interesses profissionais.

(Ver Recompilação de 1996, parágrafo 594)

665. O anúncio, por parte do governo, da obrigação de trabalhar mais além da duração normal de trabalho, para compensar os efeitos da greve, poderia por si mesmo influir indevidamente no desenvolvimento da greve.

(Ver Recompilação de 1996, parágrafo 596)

666. O recurso a medidas extremamente graves, como a dispensa de trabalhadores por haver participado de uma greve e a recusa de readmissão, implica graves riscos de abuso e constitui violação da liberdade sindical.

(Ver Recompilação de 1996, parágrafo 597; informe 311º, caso n. 1954, parágrafo 406; informe 329º, caso n. 2195, parágrafo 738; e informe 333º, caso n. 2281, parágrafo 633)

B. No caso de excesso no exercício do direito de greve

667. Os princípios da liberdade sindical não protegem excessos no exercício do direito de greve que consistem em ações de caráter delituoso.

(Ver Recompilação de 1996, parágrafo 598; informe 320º, caso n. 2007, parágrafo 281; informe 332º, caso n. 2187, parágrafo 719; e informe 338º, caso n. 2363, parágrafo 734)

668. Sanções penais não deveriam ser impostas por atos de greve, a não ser nos casos em que não se respeitassem as proibições relativas à greve, que estivessem em conformidade com os princípios da liberdade sindical. Qualquer sanção imposta por atividades ilegítimas relacionadas com greves deveria ser proporcional ao delito ou falta cometida, e as autoridades deveriam excluir o recurso à medida de encarceramento contra quem organiza uma greve pacífica ou dela participa.

(Ver Recompilação de 1996, parágrafo 599 e, por exemplo, informe 303º, casos ns. 1810 e 1830, parágrafo 62; informe 304º, caso n. 1851, parágrafo 281; informe 310º, caso n. 1930, parágrafo 354; informe 311º, caso n. 1950, parágrafo 460; informe 320º, caso n. 2048, parágrafo 718; informe 329º; caso n. 2195, parágrafo 738; informe 331º, casos ns. 1937 e 2027, parágrafo 105; informe 332º, casos ns. 1937 e 2027, parágrafo 105; informe 332º, caso n. 2252, parágrafo 887; informe 336º, caso n. 2153, parágrafo 174; e informe 338º, caso n. 2363, parágrafo 734)

669. Considerando que algumas medidas temporárias, que haviam sido tomadas pelas autoridades por causa de uma greve realizada num serviço essencial (proibição das atividades do sindicato, cessação do desconto das contribuições sindicais, etc.), eram contrárias às garantias previstas no artigo 32 da Convenção n. 87, o Comitê chamou a atenção do governo dizendo que as medidas tomadas pelas autoridades para assegurar a prestarão dos serviços essenciais devem guardar proporção com o fim perseguido, sem incorrer em excessos.

(Ver Recompilação de 1996, parágrafo 600)

670. As multas que equivalem a um montante máximo de 500 ou 1.000 salários mínimos por dia de greve abusiva são suscetíveis de ter um efeito intimidatório sobre os sindicatos e inibir suas ações sindicais de reivindicações legítimas, e mais ainda quando o cancelamento da multa é subordinada à não realização de uma nova greve que seja considerada abusiva.

(Ver informe 306º, caso n. 1889, parágrafo 175)

C. No caso de greve pacífica

(Ver também parágrafo 77)

671. As autoridades não deveriam recorrer a medidas de detenção e de prisão nos casos de organização ou participação de uma greve pacífica e essas medidas comportam graves riscos de abuso e sérias ameaças à liberdade sindical.

(Ver Recompilação de 1996, parágrafo 601; informe 299º, caso n. 1687, parágrafo 457; informe 302º, caso n. 1825, parágrafo 493; informe 304º, caso n. 1712, parágrafo 378; informe 320º, caso n. 2048, parágrafo 716; e informe 327º, caso n. 1581, parágrafo 111)

672. Ninguém deveria ser privado de liberdade, nem ser objeto de sanções penais pelo simples fato de organizar uma greve pacífica ou dela ter participado.

(Ver Recompilação de 1996, parágrafo 603; informe 302º, caso n. 1825, parágrafo 943; informe 304º, caso n. 1712, parágrafo 378; informe 306º, caso n. 1884, parágrafo 686; informe 308º, caso n. 1773, parágrafo 446; informe 320º, caso n. 2007, parágrafo 283; e informe 332º, caso n. 2234, parágrafo 782 e caso n. 2252, parágrafo 886)

673. O exercício pacífico dos direitos sindicais (greve e manifestações) pelos trabalhadores não deveria levar a detenções e a banimentos.

(Ver Recompilação de 1996, parágrafo 603)

D. Sanções em massa

674. As detenções e as dispensas em massa de grevistas implicam graves riscos de abuso e sério perigo para a liberdade sindical. As autoridades competentes deveriam ser devidamente instruídas para evitar os riscos que essas detenções ou dispensas podem representar para a liberdade sindical.

(Ver Recompilação de 1996, parágrafo 604; informe 304º, caso n. 1719, parágrafo 414; informe 326º, caso n. 2105, parágrafo 445; e informe 338º, caso n. 2364, parágrafo 977)

DISCRIMINAÇÃO EM FAVOR DE NÃO GREVISTAS

675. Com relação a medidas acordadas pelo Ministério da Educação para compensar os docentes que não participaram da greve, com abono em sua escala salarial, o Comitê considerou que essas práticas discriminatórias constituem grave obstáculo ao direito dos sindicatos de organizar suas atividades.

(Ver Recompilação de 1996, parágrafo 605; e informe 326º, caso n. 2105, parágrafo 446)

FECHAMENTO DE EMPRESAS EM CASO DE GREVE

676. O fechamento da empresa, previsto na legislação em caso de greve, atenta contra a liberdade de trabalho dos não grevistas e ignora as necessidades básicas da empresa (manutenção das instalações, prevenção de acidentes e direito de empresários e pessoal de direção) a adentrar nas instalações da empresa e exercer suas atividades.

(Ver informe 310º, caso n. 1931, parágrafo 497)

Capítulo 11

DISSOLUÇÃO E SUSPENSÃO DAS ORGANIZAÇÕES

PRINCÍPIOS GERAIS

677. Nos casos que envolvem dissolução ou a suspensão das organizações sindicais de um país, o Comitê declarou-se plenamente convicto de que não é possível encontrar solução para os problemas econômicos e sociais por que atravessa um país, isolando as organizações sindicais e suspendendo suas atividades. Muito pelo contrário, só o desenvolvimento de organizações sindicais livres e independentes e a negociação com elas podem permitir ao governo em causa enfrentar os problemas e resolvê-los na forma mais favorável possível no interesse dos trabalhadores e da nação.

(Ver Recompilação de 1996, parágrafos 31 e 673; e informe 338º, caso n. 2006, parágrafo 266)

678. Na opinião do Comitê, tendo em vista as graves consequências que tem para a representação profissional dos trabalhadores a dissolução de seu sindicato, seria preferível para o desenvolvimento das relações de trabalho que essa medida só fosse tomada, em última instância, depois de esgotados outros meios menos drásticos para a organização em seu todo.

(Ver Recompilação de 1996, parágrafo 677)

DISSOLUÇÃO VOLUNTÁRIA

679. Quando a dissolução de uma organização sindical foi decidida voluntariamente por uma assembleia regularmente convocada por todos os trabalhadores interessados, o Comitê tem considerado que a dita dissolução, ou suas consequências, não pode ser considerada como um atentado aos direitos sindicais.

(Ver Recompilação de 1996, parágrafo 660)

DISSOLUÇÃO POR NÚMERO INSUFICIENTE DE MEMBROS

(Ver também parágrafo 289)

680. A disposição de uma lei, segundo a qual um sindicato deve ser dissolvido quando o número de seus membros esteja abaixo de vinte ou quarenta membros, conforme se trate de sindicato de empresa ou de sindicato profissional, não pode ser considerada por si mesma como violação do exercício dos direitos sindicais, desde que a dissolução seja acompanhada das garantias legais necessárias para impedir toda possibilidade de abuso na interpretação dessa disposição. A saber, o direito de recorrer à justiça.

(Ver Recompilação de 1996, parágrafo 661)

681. Num caso em que a lei nacional exigia, no mínimo, vinte pessoas para que se pudesse constituir um sindicato e em que um tribunal tinha decretado a dissolução de um sindicato de trabalhadores da homeopatia devido ao número insuficiente de adesões de pessoas habilitadas pela lei a exercer a profissão, o Comitê considerou que a medida de dissolução não parecia haver constituído violação da liberdade sindical.

(Ver Recompilação de 1996, parágrafo 662)

682. Num caso em que se concluiu que a redução do número de afiliados ao sindicato, a ponto de não perfazer mínimo legal de vinte e cinco, fora consequência de dispensas antissindicais ou de ameaças, o Comitê pediu que, se apurado que essas dispensas tiveram caráter antissindical e que as renúncias de dirigentes sindicais à sua afiliação sindical foram resultado de pressões ou de ameaças do empregador, se impusessem sanções previstas na legislação, se reintegrassem os trabalhadores despedidos em seus postos de trabalho e se permitisse a reconstituição do sindicato dissolvido.

(Ver Recompilação de 1996, parágrafo 663)

DISSOLUÇÃO E SUSPENSÃO POR VIA ADMINISTRATIVA

(Ver também parágrafo 199)

683. Medidas de suspensão ou de dissolução por parte da autoridade administrativa constituem graves violações dos princípios da liberdade sindical.

(Ver Recompilação de 1996, parágrafo 664; informe 302º, caso n. 1849, parágrafo 209; informe 304º, caso n. 1850, parágrafo 214; informe 325º, caso n. 2090, parágrafo 166; informe 327º, caso n. 1581, parágrafo 110; informe 329º, caso n. 2181, parágrafo 760; e informe 338º; caso n. 2364, parágrafo 979)

684. A dissolução por via administrativa de organizações sindicais constitui manifesta violação do artigo 4º da Convenção n. 87.

(Ver Recompilação de 1996, parágrafo 665; informe 304º, caso n. 1850, parágrafo 214; informe 305º, caso n. 1893, parágrafo 459; e informe 324º, caso n. 1880, parágrafo 857)

CANCELAMENTO DO REGISTRO OU ANULAÇÃO DA PERSONALIDADE JURÍDICA

685. O Comitê tem observado que a cassação do registro de uma organização equivale à sua suspensão ou dissolução por via administrativa.

(Ver Recompilação de 1996, parágrafo 669; informe 318º, caso n. 2006, parágrafo 348; informe 320º, caso n. 1953, parágrafo 120; informe 323º, caso n. 2075, parágrafo 518; informe 327º, caso n. 2098, parágrafo 759; informe 329º, caso n. 2181, parágrafo 760; e informe 338º; caso n. 2364, parágrafo 979)

686. O cancelamento do registro — que implique na suspensão de suas atividades — por via administrativa, de uma organização sindical como consequência de um conflito interno, viola gravemente os princípios da liberdade sindical e concretamente o artigo 4º da Convenção n. 87 que dispõe que as organizações de trabalhadores e de empregadores não estão sujeitas à dissolução via administrativa.

(Ver informe 300º, caso n. 1821, parágrafo 153)

687. A cassação do registro de um sindicato só deveria ser possível por via judicial.

(Ver Recompilação de 1996, parágrafo 670; informe 310º, caso n. 1888, parágrafo 382; informe 318º, caso n. 2006, parágrafo 348; e informe 324º, caso n. 1880, parágrafo 857)

688. Medidas de cassação do registro, mesmo que justificadas, não deveriam excluir a possibilidade de o sindicato o requerer novamente a partir do momento em que se restabelecesse uma situação de normalidade.

(Ver Recompilação de 1996, parágrafo 671; e informe 329º, caso n. 2181, parágrafo 760)

689. Uma legislação, segundo a qual o ministro pode, à sua discrição e sem direito de apelação à justiça, ordenar a cassação do registro de um sindicato é contrária aos princípios da liberdade sindical.

(Ver Recompilação de 1996, parágrafo 672; e informe 329º, caso n. 2181, parágrafo 760)

DISSOLUÇÃO POR VIA LEGISLATIVA OU DECRETO

690. A dissolução decretada pelo poder executivo com base numa lei de plenos poderes ou no exercício de funções legislativas, do mesmo modo que uma dissolução por via administrativa, não permite assegurar os direitos de defesa, que só podem ser garantidos por processo judicial normal, procedimento que o Comitê considera essencial.

(Ver Recompilação de 1996, parágrafo 675; e informe 302º, caso n. 1849, parágrafo 209)

691. Observando que, com base numa disposição legal, cassava-se o registro de sindicatos existentes, achou o Comitê essencial que a dissolução de organizações de trabalhadores ou de empregadores fosse decretada por autoridades judiciais, porque só elas podem garantir o direito de defesa. Este princípio, observa o Comitê, é igualmente válido quando as medidas de dissolução são tomadas numa situação de emergência.

(Ver Recompilação de 1996, parágrafo 676)

MOTIVOS DE DISSOLUÇÃO

692. Privar dezenas de milhares de trabalhadores de suas organizações sindicais, por terem sido condenados, judicialmente, alguns de seus dirigentes ou membros, por atividades ilegais, constitui clara violação dos princípios da liberdade sindical.

(Ver Recompilação de 1996, parágrafo 667; informe 310º, caso n. 1888, parágrafo 382; informe 318º, caso n. 2006, parágrafo 347; e informe 323º, caso n. 2006, parágrafo 427)

693. Verificado que alguns membros dos sindicatos hajam cometido excessos que transbordem o marco da atividade sindical normal, tais dirigentes podem ser processados de acordo com a legislação ordinária e o devido processo legal, sem que com isso acarrete a suspensão e a dissolução de todo movimento sindical.

(Ver informe 328º, caso n. 2006, parágrafo 347; informe 323º, caso n. 2006, parágrafo 427)

694. Num caso em que foi cassada a personalidade jurídica de uma organização sindical, especialmente por irregularidades na gestão financeira, o Comitê considerou que, se as autoridades tinham comprovado irregularidades que tivessem podido prejudicar o patrimônio social, deveriam ter processado judicialmente as pessoas responsáveis, em vez de adotar medida que equivale a privar o sindicato de toda possibilidade de ação.

(Ver Recompilação de 1996, parágrafo 668)

695. As exigências do desenvolvimento não deveriam justificar a manutenção de todo o movimento sindical de um país numa situação irregular do ponto de vista legal e, desse modo, impedir que os trabalhadores exerçam seus direitos sindicais e as organizações desenvolvam normalmente suas atividades. Um desenvolvimento econômico e social equilibrado requer a existência de organizações fortes e independentes capazes de participar do dito desenvolvimento.

(Ver Recompilação de 1996, parágrafos 25 e 674; informe 330º, caso n. 2189, parágrafo 466; e informe 337º, caso n. 2189, parágrafo 485)

696. Ante as consequências, extremamente graves, que implicam a dissolução de um sindicato para a representação dos trabalhadores em âmbito laboral, o Comitê considera que tais circunstâncias não podem justificar, de modo algum, a dissolução de toda uma federação completa.

(Ver informe 325º, caso n. 2090, parágrafo 166)

697. O Comitê recorda que a dissolução de um sindicato é uma medida extrema, e que tal ação motivada apenas por um piquete, que resultou na perturbação de um evento público, cessado temporariamente por atividades de uma organização sindical ou na interrupção dos transportes, não está evidentemente de conformidade com os princípios da liberdade sindical.

(Ver informe 326º, caso n. 2090, parágrafo 242)

698. Dadas as graves consequências que enceta o cancelamento do registro do sindicato para a representação dos trabalhadores, o Comitê considerou que a utilização do nome da empresa na denominação do sindicato não deveria merecer o cancelamento do registro dele.

(Ver informe 337, caso n. 2388, parágrafo 1371)

INTERVENÇÃO DAS AUTORIDADES JUDICIAIS

(Ver também parágrafo 464)

699. O Comitê considera que a dissolução de organizações sindicais é uma medida que só deveria acontecer em casos de extrema gravidade. Essas dissoluções só deveriam produzir em consequência de uma sentença judicial, a fim de garantir plenamente os direitos da defesa.

(Ver Recompilação de 1996, parágrafo 666; informe 315º, caso n. 1935, parágrafo 22; informe 337º, caso n. 1581, parágrafo 110; e informe 329º, caso n. 2181, parágrafo 760)

700. Medidas de suspensão da personalidade jurídica de organizações sindicais implicam graves restrições aos direitos sindicais e, para questões dessa natureza, os direitos da defesa só podem ser plenamente garantidos mediante processo judicial ordinário.

(Ver Recompilação de 1996, parágrafo 678)

701. Toda medida de suspensão ou de dissolução por parte da autoridade administrativa, quando adotada numa situação de emergência, deve ser acompanhada de garantias judiciais normais, inclusive o direito de interpor recurso junto aos tribunais contra a dita suspensão ou dissolução.

(Ver Recompilação de 1996, parágrafo 679; e informe 300º, caso n. 1799, parágrafo 212)

702. Mesmo se, em algumas circunstâncias, possam justificar-se medidas com vista à cassação da personalidade jurídica e a bloquear fundos sindicais, para evitar todo risco de arbitrariedade, as ditas medidas deveriam ser tomadas por via judicial e não administrativa.

(Ver Recompilação de 1996, parágrafo 680)

703. Para uma devida aplicação do princípio, segundo o qual uma organização profissional não deve estar sujeita à suspensão ou dissolução por via administrativa, não basta que a legislação conceda o direito de apelação contra as ditas decisões administrativas, mas que seus efeitos não devam se produzir antes de transcorrido o prazo legal sem interposição do recurso de apelação ou uma vez confirmadas as decisões pela autoridade judicial.

(Ver Recompilação de 1996, parágrafo 681; e informe 306º, caso n. 1884, parágrafo 690)

704. A legislação deveria eliminar toda possibilidade de suspensão ou de dissolução por via administrativa ou, pelo menos, prever que a decisão administrativa não surtirá efeito até que transcorra um período razoável de tempo para a apelação judicial e, feita a apelação, até que a autoridade judicial se pronuncie sobre os recursos interpostos pelas organizações sindicais afetadas.

(Ver Recompilação de 1996, parágrafo 682; informe 323º, caso n. 2075, parágrafo 518; informe 327º, caso n. 2075, parágrafo 518; e informe 327º, caso n. 1581, parágrafo 110)

705. Os juízes devem poder conhecer o mérito do assunto tratado, a fim de determinar se as disposições em que se baseiam as medidas administrativas recorridas violam ou não os direitos reconhecidos às organizações profissionais pela Convenção n. 87. Com efeito, se a autoridade administrativa tem poder discricionário para registrar um sindicato ou cassar o seu registro, a existência de um recurso judicial de apelação não parece ser garantia suficiente; nesses casos, os juízes não terão outra alternativa que a de se certificar de que a legislação foi corretamente aplicada. O mesmo problema pode ser levantado no caso de suspensão ou de dissolução de uma organização profissional.

(Ver Recompilação de 1996, parágrafo 683; e informe 310º, caso n. 1908, parágrafo 22)

DESTINAÇÃO DOS BENS DE ORGANIZAÇÕES DISSOLVIDAS

A. Princípios gerais

706. O Comitê se inspirou no critério de que, ao se efetuar a dissolução de uma organização, seus bens deveriam ser colocados provisoriamente em custódia e distribuídos definitivamente entre os membros da organização dissolvida ou transferidos para a organização sucessora. Entenda-se como organização sucessora a organização ou organizações que perseguem os fins para os quais se constituíram os sindicatos dissolvidos e que o fazem com o mesmo espírito.

(Ver Recompilação de 1996, parágrafo 684; informe 308º, caso n. 1869, parágrafo 497; informe 309º, caso n. 1938, parágrafo 181; e informe 325º, caso n. 1888, parágrafo 339)

707. Quando um sindicato deixa de existir, seus bens poderiam ser transferidos para a associação sucessora ou repartidos de acordo com seus próprios estatutos e, quando não existir uma norma estatutária a respeito, os bens deveriam ser postos à disposição dos trabalhadores interessados.

(Ver Recompilação de 1996, parágrafo 685)

B. Situações de transição para o pluralismo sindical

(Ver também parágrafo 1088)

708. Quanto à questão da repartição dos bens sindicais entre diferentes organizações sindicais, em consequência da passagem de uma situação de monopólio sindical para o pluralismo sindical, o Comitê ressaltou a importância que atribui ao princípio, segundo o qual a devolução do patrimônio sindical (inclusive os edifícios) ou, na hipótese de que os locais sindicais tenham sido postos à disposição do Estado, a redistribuição desses bens deve ter como objetivo garantir, ao conjunto dos sindicatos, a possibilidade, em condições de igualdade, de desempenhar efetivamente sua atividade com toda independência. Seria conveniente que o governo e todas as organizações sindicais interessadas fizessem o possível para, com a maior brevidade possível, chegar a um acordo definitivo que permitisse dar destinação ao patrimônio da ex-organização sindical.

(Ver Recompilação de 1996, parágrafo 687)

709. Ao examinar um caso relativo à destinação do patrimônio das organizações sindicais de um país ex-comunista em processo de democratização, o Comitê convidou o governo e todas as organizações sindicais interessadas a buscar, com a maior brevidade possível, fórmula que resolvesse a questão da destinação do referido patrimônio, de modo que o governo pudesse, de um lado, recuperar os bens para o cumprimento das funções que agora assumia e, de outro, que se garantisse, em condições de igualdade, a todas as organizações sindicais a possibilidade de desempenhar efetivamente sua atividade com toda independência.

(Ver Recompilação de 1996, parágrafo 688)

Capítulo 12

DIREITO DAS ORGANIZAÇÕES DE TRABALHADORES E DE EMPREGADORES DE CONSTITUIR FEDERAÇÕES E CONFEDERAÇÕES E DE SE AFILIAREM A ORGANIZAÇÕES INTERNACIONAIS DE EMPREGADORES E DE TRABALHADORES

CONSTITUIÇÃO DE FEDERAÇÕES E DE CONFEDERAÇÕES

710. O princípio enunciado no artigo 2º da Convenção n. 87, em virtude do qual os trabalhadores devem ter o direito de constituir as organizações que julguem convenientes, assim como delas se afiliarem, implica para as próprias organizações o direito de constituir as federações e as confederações que considerem convenientes, assim como o delas se afiliarem.

(Ver Recompilação de 1996, parágrafo 606; informe 327º, caso n. 2153, parágrafo 155; informe 329º, caso n. 2140, parágrafo 295; informe 330º, caso n. 2229, parágrafo 942; informe 332º, caso n. 2225, parágrafo 378; informe 333º, caso n. 2301, parágrafo 592; e informe 336º; caso n. 2153, parágrafo 170)

711. Uma organização de trabalhadores deve ter o direito de aderir à federação e confederação de sua preferência, salvo o disposto nos estatutos das organizações interessadas, e sem nenhuma prévia autorização. As próprias federações e confederações decidirão se aceitam ou não a afiliação de um sindicato, de acordo com seus próprios regulamentos,

(Ver Recompilação de 1996, parágrafo 607; informe 329º, caso n. 2140, parágrafo 295; informe 332º, caso n. 2225, parágrafo 378; e informe 336º, caso n. 2153, parágrafo 171)

712. Disposição pela qual o ministro, a seu critério, pode aprovar ou indeferir a constituição de uma federação geral não está de acordo com os princípios da liberdade sindical.

(Ver Recompilação de 1996, parágrafo 609; e informe 332º, caso n. 2225, parágrafo 380)

713. A questão de saber se há necessidade de constituir federações e confederações compete exclusivamente aos trabalhadores e às organizações de trabalhadores, depois de legalmente reconhecido seu direito de constituí-las.

(Ver Recompilação de 1996, parágrafo 610; informe 330º, caso n. 2119, parágrafo 942; e informe 333º, caso n. 2301, parágrafo 592)

714. Uma legislação que impeça a constituição de federações e confederações, nas quais pudessem unir-se sindicatos ou federações de diferentes atividades numa mesma localidade ou região, está em contradição com o artigo 5º da Convenção n. 87.

(Ver Recompilação de 1996, parágrafo 611; e informe 330º, caso n. 2229, parágrafo 945)

715. É incompatível com o artigo 5º da Convenção n. 87 o fato de só poder haver uma confederação num país e que o direito de constituir federações seja necessariamente limitado às federações que podem ser constituídas pelos sindicatos enumerados em lei e pelos novos sindicatos que puderem ser registrados com o consentimento do ministro.

(Ver Recompilação de 1996, parágrafo 612)

716. O Comitê considera importante o direito de constituir federações que reúnam sindicatos de trabalhadores de distintas profissões e ramos da indústria. Nesse sentido, a Comissão de Peritos em Aplicação de Convenções e Recomendações observou, com relação a uma disposição legal que proibia as organizações de funcionários públicos de se afiliarem a organizações ou centrais de trabalhadores industriais ou agrícolas, que esta proibição seria de difícil conciliação com o artigo 5º da Convenção. Indicava, além disso, que, embora a legislação preveja que as organizações de funcionários poderão fundir-se entre si e que essa federação seria a única reconhecida pelo Estado, esta disposição não parece compatível com o artigo 6º da Convenção que, para a criação das federações e confederações e afiliação a estas organizações superiores, refere-se ao artigo 2º da Convenção. Com efeito, em virtude dessas disposições, as organizações sindicais têm o direito de constituir, "sem prévia autorização", as federações ou confederações "que acharem convenientes" e de elas se afiliarem.

(Ver Recompilação de 1996, parágrafo 613)

717. Uma disposição que proíba a federação de sindicatos de distintos departamentos constitui restrição ao direito das organizações de trabalhadores de constituir federações e confederações, direito reconhecido pelo artigo 5° da Convenção n. 87.

(Ver Recompilação de 1996, parágrafo 615; e informe 313º, caso n. 1967, parágrafo 148)

718. As condições exigidas pela legislação para a constituição de federações, pelas quais se cria especialmente a obrigação dos sindicatos fundadores, que tenham sua base em estados diferentes, de obter do ministério uma prévia autorização, que pode ser negada, estão em contradição com os princípios geralmente aceitos em matéria de liberdade sindical quanto ao direito das organizações sindicais de constituir as federações que considerem convenientes.

(Ver Recompilação de 1996, parágrafo 616)

719. Toda restrição, direta ou indireta, do direito dos sindicatos de constituir associações de sindicatos pertencentes ao mesmo ramo de atividade ou a ramos de atividades diferentes, em base regional, é incompatível com os princípios da liberdade sindical.

(Ver Recompilação de 1996, parágrafo 617)

720. As prerrogativas concedidas aos sindicatos mais representativos não deveriam compreender o direito exclusivo de constituir federações e de a elas se afiliarem.

(Ver Recompilação de 1996, parágrafo 618)

721. O direito de preferência concedido às organizações mais representativas não deve dar-lhes o direito exclusivo de criar e juntar-se federações.

(Ver Recompilação de 1996, parágrafo 619; e informe 327º, caso n. 2153, parágrafo 155)

AFILIAÇÃO E FEDERAÇÕES E CONFEDERAÇÕES

722. A aquisição da personalidade jurídica pelas organizações de trabalhadores, de suas federações e confederações não pode estar sujeita a condições cuja natureza limite o direito a que se refere o parágrafo anterior.

(Ver Recompilação de 1996, parágrafo 608; e informe 308º, caso n. 1920, parágrafo 521)

723. Em um caso em que o Governo havia imposto a uma confederação a afiliação de cinco novas organizações, o Comitê considerou que tais ações podem dar lugar a que as autoridades intervenham diretamente na composição dos dirigentes de uma dada organização, influam nos resultados das eleições ou nas atividades dessa organização sindical.

(Ver informe 308º, caso n. 1920, parágrafo 521)

724. Todos os trabalhadores deveriam ter o direito de exercer livremente suas atividades de defesa e promoção de seus interesses econômicos e sociais por meio das centrais sindicais de sua escolha.

(Ver Recompilação de 1996, parágrafo 614)

725. As organizações de funcionários públicos deveriam poder afiliar-se, se estimarem conveniente, a federações ou confederações de trabalhadores do setor privado, se os estatutos destas autorizarem.

(Ver informe 313º, caso n. 1967, parágrafo 147)

726. Uma disposição legal que proíbe as organizações de funcionários públicos afiliarem-se a organizações ou centrais de trabalhadores industriais, parece dificilmente conciliável com o artigo 5º da Convenção n. 87.

(Ver informe 336º, caso n. 2153, parágrafo 170)

727. O fato do governo negar aos sindicatos agrícolas a permissão de se afiliarem a uma central nacional de organizações de trabalhadores, que compreende sindicatos industriais, constitui violação do artigo 5º da Convenção.

(Ver Recompilação de 1996, parágrafo 620)

728. A proibição de uma afiliação direta de certas pessoas a federações ou confederações é contrária aos princípios da liberdade sindical. Compete às organizações determinar as regras relativas a sua afiliação.

(Ver informe 300º, caso n. 1777, parágrafo 70)

729. Compete aos estatutos das federações de um setor de atividade determinar o número e natureza das organizações que a conformam.

(Ver informe 320º, caso n. 1953, parágrafo 120)

DIREITOS DAS FEDERAÇÕES E CONFEDERAÇÕES

(Ver também parágrafos 386, 387, 473, 483, 525, 561 e 562)

730. Para poder melhor defender os interesses de seus membros, as organizações de trabalhadores e de empregadores devem ter o direito de constituir as federações e as confederações que julguem convenientes, as quais, de sua parte, deveriam desfrutar dos diversos direitos que se reconhecem às organizações de base, especialmente no que diz respeito à liberdade de funcionamento, de atividades e de programas de ação.

(Ver Recompilação de 1996, parágrafo 621; informe 306º, caso n. 1849, parágrafo 686; e informe 337º, caso n. 2327, parágrafo 209)

731. Compete aos estatutos sindicais determinar as condições de eleição dos dirigentes sindicais das confederações.

(Ver informe 320º, caso n. 2007, parágrafo 284)

AFILIAÇÃO A ORGANIZAÇÕES INTERNACIONAIS DE TRABALHADORES E DE EMPREGADORES

A. Princípios gerais

732. A solidariedade sindical internacional constitui um dos objetivos básicos de todo movimento sindical e inspirou a norma contida no artigo 5º da Convenção n. 87, segundo a qual toda organização, federação ou confederação tem o direito de afiliar-se a organizações internacionais de trabalhadores e de empregadores.

(Ver Recompilação de 1996, parágrafo 622)

733. Sindicatos e federações devem ser livres para se afiliarem às federações e confederações internacionais que considerem convenientes, sem intervenção das autoridades políticas.

(Ver Recompilação de 1996, parágrafo 623)

734. O artigo 5º da Convenção é o reconhecimento, como indicam os trabalhos preparatórios do instrumento, da solidariedade de interesses que une os trabalhadores, de um lado, e os empregadores, de outro; esta solidariedade não se limita nem a uma empresa nem a um ramo de atividade determinados, nem tampouco à economia nacional, mas se estende a toda a economia internacional. Este direito corresponde, por outro lado, à prática seguida pela Organização das Nações Unidas e pela Organização Internacional do Trabalho, ao ter ambas reconhecido formalmente as organizações internacionais de trabalhadores e de empregadores, associando-as diretamente a seus trabalhos.

(Ver Recompilação de 1996, parágrafo 624)

735. O Comitê ressaltou a importância que atribuiu ao fato de não se pôr obstáculo algum à livre afiliação das organizações de trabalhadores à organização internacional de trabalhadores de sua escolha.

(Ver Recompilação de 1996, parágrafo 625)

736. O Comitê achou que tem procedência a opinião expressa por um reclamante de que o princípio, segundo o qual as organizações de trabalhadores têm o direito de se afiliarem a organizações internacionais de trabalhadores, implica também o direito de se desligarem delas.

(Ver Recompilação de 1996, parágrafo 626)

B. Intervenção de autoridades públicas

(Ver também parágrafo 362)

737. Uma legislação que subordina a afiliação internacional de um sindicato à autorização do governo é incompatível com o princípio de afiliação livre e voluntária dos sindicatos a organizações internacionais.

(Ver Recompilação de 1996, parágrafo 627; e informe 315º, caso n. 1935, parágrafo 24)

738. Quando uma organização nacional quer afiliar-se a uma organização internacional de trabalhadores, as condições que a organização nacional expõe em sua solicitação e a questão sobre se está ou não de acordo com a organização internacional com relação a sua posição quanto a qualquer matéria política concernem unicamente às organizações envolvidas; embora o desacordo possa influir na decisão da organização nacional de requerer, manter ou cancelar a afiliação internacional, isso não deveria dar lugar a uma intervenção governamental.

(Ver Recompilação de 1996, parágrafo 628)

C. Consequências da afiliação internacional

(Ver também parágrafos 121, 152, 153, 171 e 766)

739. A assistência ou apoio que possa prestar qualquer organização sindical internacional à constituição, à defesa ou ao desenvolvimento de organizações sindicais nacionais é uma legítima atividade sindical, inclusive quando a orientação sindical que se pretende não corresponde à existente ou às existentes no país.

(Ver Recompilação de 1996, parágrafo 629; informe 300º, caso n. 1831, parágrafo 397; e informe 328º, caso n. 2116, parágrafo 368)

740. É incompatível com os princípios do artigo 5º da Convenção n. 87 lei que dispõe sobre a proibição de toda organização com relação à qual existam provas de que se acha sob a influência ou direção de qualquer órgão externo e de toda organização a respeito da qual existam provas de que recebe ajuda financeira ou quaisquer outros benefícios de origem externa, a menos que o governo tenha aprovado essa ajuda financeira ou benefícios e sejam recebidos por seu intermédio.

(Ver Recompilação de 1996, parágrafo 630)

741. A concessão de vantagens decorrentes da afiliação internacional de uma organização sindical não deve vir em detrimento da legalidade, ficando entendido que a própria lei não deveria ser de natureza que tire todo sentido à dita afiliação.

(Ver Recompilação de 1996, parágrafo 631; e informe 320º, caso n. 1963, parágrafo 236)

742. Uma legislação que proíba um sindicato nacional de receber assistência pecuniária de uma organização internacional de trabalhadores, à qual esteja afiliado, reduz os princípios relativos ao direito de se afiliar a organizações internacionais.

(Ver Recompilação de 1996, parágrafo 632; informe 305º, caso n. 1834, parágrafo 380; e informe 325º, caso n. 2090, parágrafo 168)

743. Os sindicatos não deveriam ter que obter autorização prévia para poder beneficiar-se de uma assistência financeira internacional em matéria de atividades sindicais.

(Ver Recompilação de 1996, parágrafo 633; informe 325º, caso n. 2090, parágrafo 168; e informe 337º, caso n. 2327, parágrafo 205)

744. Todas as organizações nacionais de trabalhadores e empregadores deveriam gozar do direito de receber assistência financeira de organizações internacionais de trabalhadores ou empregadores, ainda que não estejam afiliados às mesmas.

(Ver informe 305º, caso n. 1834, parágrafo 380; e informe 321º, caso n. 2031, parágrafo 172)

745. O princípio, segundo o qual as organizações nacionais de trabalhadores têm o direito de se afiliar a organizações internacionais, implica, para estas organizações, o direito de manter contatos e, especialmente, de intercambiar suas publicações sindicais.

(Ver Recompilação de 1996, parágrafo 634; e informe 302º, caso n. 1817, parágrafo 324)

746. O direito de se afiliar a organizações internacionais de trabalhadores implica o direito dos representantes dos sindicatos nacionais de se manterem em contato com as organizações internacionais a que estão afiliados, de participar de suas atividades e de gozar dos benefícios que suponha a dita afiliação.

(Ver Recompilação de 1996, parágrafo 635; informe 320º, caso n. 1963, parágrafo 325; e informe 325º, caso n. 2108, parágrafo 365)

747. É uma atividade sindical plenamente legítima que o movimento sindical busque assessoramento e apoio de outros movimentos sindicais melhor estabelecidos na região para ajudá-lo a defender ou desenvolver as organizações sindicais nacionais, ainda que a tendência do sindicato não corresponda com a tendência ou tendências do país, e qualquer visita nesse sentido representa uma atividade sindical normal.

(usado o inglês)

(Ver informe 337º, caso n. 2365, parágrafo 1667)

748. O direito das organizações sindicais nacionais de mandar representantes aos congresso sindicais internacionais é consequência natural de seu direito de se afiliar a organizações internacionais de trabalhadores.

(Ver Recompilação de 1996, parágrafo 636)

749. Os dirigentes de organizações de trabalhadores e de empregadores devem desfrutar das devidas facilidades para o desempenho de suas funções, inclusive o direito de sair do país quando suas atividades em favor das pessoas que representam assim o requeiram (ver informe 222º, caso n. 1998 (Nicarágua) parágrafo 71); além disso, deve ser garantida pelas autoridades a livre circulação desses representantes.

(Ver Recompilação de 1996, parágrafo 637; e informe 320º, caso n. 1998, parágrafo 253)

750. A visita a organizações sindicais nacionais afiliadas e a participação em seus congressos são atividades normais de organizações internacionais de trabalhadores, respeitada a legislação nacional sobre a entrada de estrangeiros.

(Ver Recompilação de 1996, parágrafo 638; informe 307º, caso n. 1865, parágrafo 234; informe 316º, caso n. 1773, parágrafo 611; e informe 337º, caso n. 2365, parágrafo 1667)

751. Depreende-se do princípio antes mencionado que as formalidades a que estejam sujeitos sindicalistas e dirigentes sindicais para entrar num país ou participar de atos sindicais deveriam basear-se em critérios objetivos e não estar sujeitas à discriminação antissindical.

(Ver Recompilação de 1996, parágrafo 639; informe 306º, caso n. 1885, parágrafo 137; e informe 337º, caso n. 2365, parágrafo 1667)

752. O Comitê reconheceu que a negativa de conceder passaporte ou visto e, mais comum, a proibição a cidadãos estrangeiros de entrar no país são assuntos atinentes à soberania do Estado.

(Ver Recompilação de 1996, parágrafo 640; e informe 307º, caso n. 1865, parágrafo 234)

753. Embora reconheça que a negação de visto a estrangeiros seja uma questão de soberania nacional, o Comitê pediu a um governo que tivesse por bem velar a fim de que os requisitos exigidos de sindicalistas internacionais para entrar no país se fundamentassem em critérios objetivos não antissindicais.

(Ver Recompilação de 1996, parágrafo 641)

754. Formalidades exigidas de sindicalistas para sair do país, para participar de reuniões internacionais, devem basear-se em critérios objetivos e isentos de discriminação antissindical, para evitar o risco de infringir o direito das organizações sindicais nacionais de enviar representantes a congressos sindicais internacionais.

(Ver Recompilação de 1996, parágrafo 642)

755. As autoridades não deveriam, em geral, reter documentos oficiais por causa da afiliação de uma pessoa a uma organização de trabalhadores ou de empregadores, já que esses documentos são, às vezes, requisito indispensável para poder realizar alguns atos importantes, por exemplo, conseguir ou manter um emprego. Isto é ainda mais essencial quando se trata de pessoas que ocupam importante posição na organização, tendo em vista poder esse fato impedi-la de exercer suas funções, como a de viajar para participar de uma reunião oficial.

(Ver Recompilação de 1996, parágrafo 643)

756. A imposição de sanções, por exemplo, a proibição ou o controle de viagens ao exterior, por motivos sindicais, constitui violação da liberdade sindical.

(Ver Recompilação de 1996, parágrafo 644)

757. A participação nos trabalhos das organizações internacionais deve ser feita no contexto do princípio de independência do movimento sindical. Segundo esse princípio, os representantes de organizações sindicais devem gozar da maior liberdade possível para participar dos trabalhos das organizações internacionais de trabalhadores às quais estão afiliadas as organizações que representam.

(Ver Recompilação de 1996, parágrafo 646)

758. No que concerne à proibição imposta a representantes de organizações profissionais internacionais de fazer uso da palavra em reuniões sindicais, o Comitê destacou a importância que atribui a que se assegure o devido direito de reunião sindical, assim como o direito das organizações sindicais nacionais de manter relações com organizações profissionais internacionais.

(Ver Recompilação de 1996, parágrafo 647)

759. Os governos têm sempre o direito de tomar as medidas necessárias para garantir a ordem pública e a segurança nacional, o que inclui o de examinar o objetivo da visita ao país de pessoas contra as quais pesem fundadas suspeitas deste ponto de vista. As autoridades deveriam fazer o exame em cada caso concreto, dentro do mais breve espaço de tempo possível e verificar, com base em critérios objetivos, se há fatos que possam realmente dar lugar a que se perturbem a ordem e a segurança públicas. Seria de desejar que, em semelhantes circunstâncias, se procurasse chegar a um acordo, mediante um diálogo que permitisse às autoridades e aos dirigentes e organizações interessados esclarecer suas respectivas posições.

(Ver Recompilação de 1996, parágrafo 648)

PARTICIPAÇÃO EM REUNIÕES DA OIT

760. O Comitê considerou muito lamentável que um fato relacionado diretamente com uma greve, iniciada por causa de uma legislação sobre salários, tivesse tido como efeito impedir que um membro trabalhador participasse de uma reunião do Conselho de Administração; a independência do poder judicial, uma vez iniciados os processos, não pode ser invocada pelo governo como justificativa de uma ação que admite ter sido iniciada por ele próprio. O Comitê chamou, por conseguinte, a atenção do governo para a importância que o próprio Conselho de Administração dá ao princípio estabelecido no artigo 40 da Constituição, segundo o qual os membros do Conselho de Administração devem gozar dos privilégios e imunidades necessários para o exercício independente de suas funções.

(Ver Recompilação de 1996, parágrafo 649)

761. É importante que nenhum delegado a um organismo ou a uma conferência da OIT, como também nenhum membro do Conselho de Administração, sofra embaraço que lhe impeça ou dificulte o cumprimento de seu mandato ou seja importunado por tê-lo cumprido.

(Ver Recompilação de 1996, parágrafo 650)

762. Compete ao governo tanto abster-se de tomar medidas com vista a dificultar o exercício das funções de um delegado a uma conferência da OIT, como empregar sua influência e tomar todas as providências razoáveis para assegurar que o dito delegado não seja de modo algum prejudicado por ter aceitado essas funções ou por sua conduta como delegado, e que, durante sua ausência, não se apliquem contra ele medidas baseadas em outros fatos, mas que se aguarde seu regresso, para que tenha condições de poder se defender.

(Ver Recompilação de 1996, parágrafo 651)

763. Uma decisão governamental que exige que representantes dos trabalhadores, que desejem participar de reunião internacional fora do país, tenham permissão para sair do país não é compatível, no caso dos membros do Conselho de Administração, com o princípio estabelecido pelo artigo 40 da Constituição da OIT.

(Ver Recompilação de 1996, parágrafo 652)

764. Em termos gerais, o fato de o Estado negar a um seu funcionário, que exerça funções sindicais, a necessária autorização para participar de uma reunião consultiva organizada pela OIT não constitui, a critério do Comitê, violação dos princípios de liberdade sindical, a menos que essa negativa se fundamente no exercício, pelo interessado, das ditas funções e atividades sindicais.

(Ver Recompilação de 1996, parágrafo 653)

765. A participação como sindicalistas em palestras organizadas pela OIT constitui legítima atividade sindical e um governo não deveria negar os documentos de saída necessários para esses fins.

(Ver Recompilação de 1996, parágrafo 654)

766. O Comitê destacou a importância especial que atribui ao direito de representantes de trabalhadores e de empregadores de assistir a reuniões, e delas participar, de organizações internacionais de trabalhadores e de empregadores, assim como da OIT.

(Ver Recompilação de 1996, parágrafo 655)

767. Além da proteção específica concedida aos membros do Conselho de Administração, por força do artigo 40 da Constituição da OIT, para lhes permitir o exercício, com toda independência, de suas funções na Organização, a participação, na qualidade de sindicalistas, em reuniões organizadas pela OIT é um direito sindical fundamental. Compete, por conseguinte, aos governos de todo Estado-membro da OIT abster-se de qualquer medida que impeça o representante de uma organização de empregadores ou de trabalhadores de exercer seu mandato com plena liberdade e independência. Em particular, um governo não deve reter os documentos necessários para tais fins.

(Ver Recompilação de 1996, parágrafo 657)

768. O Comitê considera que a proibição de que uma mesma pessoa, trabalhador ou empregador, participe mais de uma vez de conferências internacionais do trabalho como delegado ou conselheiro técnico, viola os princípios da liberdade sindical e, especificamente, os artigos 3º e 5º da Convenção n. 87.

(Ver Recompilação de 1996, parágrafo 658)

Capítulo 13

PROTEÇÃO CONTRA A DISCRIMINAÇÃO SINDICAL

PRINCÍPIOS GERAIS

769. A discriminação antissindical representa uma das mais graves violações da liberdade sindical, já que pode pôr em perigo a própria existência dos sindicatos.

(Ver informe 331º, caso n. 2169, parágrafo 639)

770. Nenhuma pessoa deve ser objeto de discriminação no emprego por causa de sua atividade ou de sua afiliação sindical legítimas, sejam presentes ou passadas.

(Ver Recompilação de 1996, parágrafos 690 e 748 e, por exemplo, informe 300º, caso n. 1823, parágrafo 440; informe 304º, caso n. 1819, parágrafo 155; informe 306º, caso n. 1867, parágrafo 67; informe 310º, caso n. 1930, parágrafo 364; informe 320º, caso n. 1963, parágrafo 226; informe 325º, caso n. 2068, parágrafo 316; informe 327º, caso n. 2098, parágrafo 757; informe 331º, caso n. 2187, parágrafo 441; informe 336º, caso n. 2380, parágrafo 794; e informe 338º; caso n. 2200, parágrafo 325)

771. Ninguém deve ser despedido ou ser objeto de medidas prejudiciais no emprego por causa de sua afiliação sindical ou da realização de atividades sindicais legítimas, e é importante que, na prática, se proíbam e se punam todos os atos de discriminação com relação ao emprego.

(Ver Recompilação de 1996, parágrafos 696 e 748 e, por exemplo, informe 305º, caso n. 1874, parágrafo 270; informe 309º, caso n. 1925, parágrafo 116; informe 316º, caso n. 1972, parágrafo 708; informe 320º, caso n. 1998, parágrafo 254; informe 321º, caso n. 2055, parágrafo 355; informe 327º, caso n. 2125, parágrafo 778; informe 330º, caso n. 2203, parágrafo 808; informe 331º, caso n. 2097, parágrafo 277; informe 333º, caso n. 2229, parágrafo 108; e informe 334º; caso n. 2239, parágrafo 394)

772. Nenhuma pessoa deveria ser objeto de discriminação ou de prejuízo em relação ao emprego por causa de sua atividade ou de sua afiliação sindical legítimas, e as pessoas responsáveis por tais atos deveriam ser punidas.

(usado o inglês)

(Ver informe 299º, caso n. 1808, parágrafo 377)

773. Tendo em vista que algumas garantias inadequadas contra atos de discriminação antissindical, especialmente contra as dispensas, podem ter como efeito o desaparecimento dos próprios sindicatos, quando se trata de organizações limitadas a trabalhadores de uma única empresa, outras medidas deveriam ser consideradas com o objetivo de garantir aos dirigentes de todas as organizações, aos delegados e aos membros dos sindicatos proteção mais completa contra todo ato de discriminação.

(Ver Recompilação de 1996, parágrafo 700; informe 304º, caso n. 1853, parágrafo 299; informe 316º, caso n. 1970, parágrafo 556; informe 336º, caso n. 2316, parágrafo 55; e informe 337º, caso n. 2291, parágrafo 136)

774. O Comitê considerou que não compete aos Estados federais determinar quais são as normas internas que regulam a proteção contra a discriminação antissindical e, em particular, se devem ser aplicadas as normas de aplicação geral ou as da província de que se trate. Entretanto, independentemente das legislações processuais ou substantivas que se apliquem nas províncias de um Estado federal aos funcionários e empregados públicos, cabe ao Comitê avaliar se as medidas concretas de discriminação antissindical alegadas estão ou não em conformidade com as Convenções da OIT ratificadas e com os princípios da liberdade sindical.

(usado o inglês)

(Ver informe 306º, caso n. 1867, parágrafos 63 e 64)

TRABALHADORES AMPARADOS PELA PROTEÇÃO

775. A proteção contra a discriminação antissindical aplica-se do mesmo modo aos afiliados sindicais e a ex-representantes sindicais, como também aos dirigentes sindicais em exercício.

(Ver Recompilação de 1996, parágrafo 691; e informe 327º, caso n. 2098, parágrafo 757)

776. Ninguém deve sofrer qualquer prejuízo em seu emprego por causa de sua afiliação sindical, mesmo se o sindicato de que se trata não é reconhecido pelo empregador como representante da maioria dos trabalhadores interessados.

(Ver Recompilação de 1996, parágrafos 693 e 701; informe 316º, caso n. 1989, parágrafo 194; informe 333º, caso n. 2291, parágrafo 917; informe 334º, caso n. 2316, parágrafo 506; e informe 337º, caso n. 2241, parágrafo 914)

777. O Comitê, mesmo considerando que se tratava de um país em que haviam existido condições muito próximas da guerra civil, achou que as restrições especiais, com vista a evitar a sabotagem nas empresas de utilidade pública, de nenhuma maneira deveriam dar lugar a medidas de discriminação antissindical.

(Ver Recompilação de 1996, parágrafo 714)

778. O Comitê observou que o artigo 8º da Convenção n. 151 permite uma certa flexibilidade na escolha de procedimentos para a solução de conflitos que afetem funcionários públicos, desde que contêm com a confiança das partes interessadas. O próprio Comitê tem afirmado, com relação a queixas contra práticas antissindicais nos setores tanto públicos como privados, que essas queixas deveriam ser normalmente examinadas no contexto de um procedimento que, além de rápido, fosse não só imparcial, mas que assim o parecesse também às partes interessadas.

(Ver Recompilação de 1996, parágrafo 918)

FORMAS DE DISCRIMINAÇÃO

A. Princípios gerais

(Ver também parágrafos 338, 352, 353, 524 e 660)

779. Não compete ao Comitê pronunciar-se sobre a questão do fim dos contratos de trabalho por dispensa, a não ser no caso em que o regime de dispensa implique uma medida de discriminação antissindical.

(Ver Recompilação de 1996, parágrafo 691)

780. A proteção contra atos de discriminação antissindical deverá ser exercida especialmente contra todo ato que tenha como objetivo despedir um trabalhador ou prejudicá-lo, de alguma forma, por causa de sua afiliação sindical ou de sua participação em atividades sindicais fora do local de trabalho ou, com o consentimento do empregador, durante o horário de trabalho.

(Ver Recompilação de 1996, parágrafo 694; informe 304º, caso n. 1787, parágrafo 174; informe 329º, caso n. 2172, parágrafo 351, caso n. 2068, parágrafo 436; e informe 330º, caso n. 2186, parágrafo 379)

781. A proteção contra atos de discriminação sindical deve abranger não só a contratação e a dispensa, mas também toda medida discriminatória adotada durante o emprego e, especialmente, as medidas que envolvam transferências, preterição ou outros atos prejudiciais.

(Ver Recompilação de 1996, parágrafo 695 e, por exemplo, informe 306º, caso n. 1867, parágrafo 67; informe 307º, caso n. 1890, parágrafo 372; informe 311º, caso n. 1942, parágrafo 266; informe 320º, caso n. 1998, parágrafo 254; informe 323º, caso n. 1874, parágrafo 60; informe 325º, caso n. 2087, parágrafo 573; informe 326º, caso n. 2103, parágrafo 295; informe 328º, caso n. 2068, parágrafo 208; informe 330º, caso n. 2200, parágrafo 1101; e informe 334º; caso n. 2222, parágrafo 210)

B. Discriminação durante a contratação

782. Os trabalhadores têm muitas dificuldades de ordem prática para provar a natureza real de sua dispensa ou da recusa de um emprego, especialmente quando o problema é visto do contexto das listas negras, prática cuja força se assenta precisamente em seu caráter secreto. Se é certo que para os empregadores é importante obter informações sobre seus eventuais assalariados, não é menos certo que a trabalhadores, que em outros tempos tenham sido afiliados a um sindicato ou tenham desenvolvido atividades sindicais, se deveria dar conhecimento das informações colhidas sobre eles, oferecendo-lhes a oportunidade de impugná-las, sobretudo se errôneas e se obtidas em fonte que não fosse digna de crédito. Além disso, nessas condições, os trabalhadores em causa seriam mais propensos a instaurar processo legal, uma vez que se achariam em melhor condição para demonstrar a natureza real de sua dispensa ou da recusa de emprego.

(Ver Recompilação de 1996, parágrafos 173 e 710; informe 306º, caso n. 1862, parágrafo 105; informe 330º, caso n. 2186, parágrafo 372; e informe 335º, caso n. 2270, parágrafo 1394)

783. Com relação aos comitês especiais, instituídos em virtude de uma lei e encarregados de conceder ou negar os "certificados de lealdade", de que alguns trabalhadores das empresas de utilidade pública precisam para ser contratados ou confirmados em seus empregos, o Comitê lembrou que convém cuidar de que, em hipótese alguma, os comitês especiais possam ser utilizados de forma a produzir discriminação antissindical.

(Ver Recompilação de 1996, parágrafo 713)

784. A legislação deveria permitir a possibilidade de interpor recurso por discriminação no momento da contratação, assim dizendo, inclusive antes de que os trabalhadores possam ser considerados como "empregados".

(usado o inglês)

(Ver informe 338º, caso n. 2158, parágrafo 186)

C. Discriminação durante o emprego

(Ver também parágrafos 675, 1054 e 1958)

785. A não renovação de um contrato que responda a motivos de discriminação antissindical constitui um prejuízo no sentido do artigo 1º da Convenção n. 98.

(Ver informe 327º, caso n. 2147, parágrafo 866)

786. Os atos de perseguição e intimidação perpetrados contra os trabalhadores por motivo de sua afiliação sindical ou de suas atividades sindicais legítimas, ainda que não impliquem necessariamente prejuízos em seu emprego, podem desencorajá-los de afiliar-se às organizações de sua escolha, o qual constitui uma violação de seu direito de sindicalização.

(Ver informe 302º, caso n. 1826, parágrafo 411)

787. A concessão de gratificação ao pessoal não afiliado à organização sindical — mesmo que não seja para a totalidade dos trabalhadores não afiliados — excluindo delas todos os trabalhadores afiliados que sejam membros de tais sindicatos, durante momento em que exista um conflito coletivo, é um ato de discriminação antissindical contrário à Convenção n. 98.

(Ver informe 307º, caso n. 1886, parágrafo 466)

788. Obrigações contraídas pelo governo, nos termos da Convenção n. 98 e dos princípios da liberdade contra a discriminação antissindical, não só abrangem atos de discriminação direta (rebaixamentos, dispensas, transferências frequentes, etc.), como também a necessidade de proteger os trabalhadores sindicalizados contra agressões mais sutis que possam resultar de omissões. Nesse sentido, as mudanças de proprietário não devem privar os empregados do direito de negociação coletiva nem depreciar, direta ou indiretamente, a condição dos trabalhadores sindicalizados e suas organizações.

(Ver Recompilação de 1996, parágrafo 715; e informe 313º, caso n. 1987, parágrafo 115)

D. Demissão discriminatória

(Ver também parágrafos 268, 269, 408, 661 a 664, 666, 674 e 682)

789. Levando em conta a importância da independência das partes na negociação coletiva, as negociações não deveriam ser realizadas em nome dos trabalhadores ou de suas organizações por meio de representantes designados ou controlados pelos empregadores ou suas organizações.

(Ver Recompilação de 1996, parágrafo 702 e, por exemplo, informe 300º, caso n. 1780, parágrafo 142; informe 306º, caso n. 1884, parágrafo 703; informe 310º, caso n. 1888, parágrafo 389; informe 316º, caso n. 1970, parágrafo 555; informe 321º, caso n. 1979, parágrafo 391; informe 325º, caso n. 2068, parágrafo 316; informe 328º, caso n. 2161, parágrafo 674; informe 333º, caso n. 2087, parágrafo 1010; informe 336º, caso n. 2336, parágrafo 535; e informe 337º; caso n. 2388, parágrafo 1359)

790. A subcontratação acompanhada de dispensa de dirigentes sindicais pode constituir violação do princípio de que ninguém deve ser prejudicado em seu emprego por causa de sua afiliação ou atividades sindicais.

(Ver Recompilação de 1996, parágrafo 705)

791. Em alguns casos em que, na prática, a legislação nacional permite aos empregadores dispensar um trabalhador, desde que paguem a indenização prevista em lei para os casos de dispensa sem justa causa, se o motivo real é sua afiliação a um sindicato ou sua atividade sindical, a proteção concedida não é suficiente contra os atos de discriminação antissindical cobertos pela Convenção n. 98.

(Ver Recompilação de 1996, parágrafo 707 e, por exemplo, informe 308º, caso n. 1934, parágrafo 134; informe 310º, caso n. 1773, parágrafo 459; informe 316º, caso n. 1934, parágrafo 211; informe 318º, caso n. 2004, parágrafo 400; informe 321º, caso n. 1978, parágrafo 35; informe 332º, caso n. 2262, parágrafo 394; informe 333º, caso n. 2186, parágrafo 351; informe 335º, caso n. 2265, parágrafo 1351; informe 336º, caso n. 2336, parágrafo 535; e informe 337º, caso n. 2262, parágrafo 262)

792. Quando as condições de emprego dos funcionários públicos preveem a liberdade de recrutamento e de dispensa, o exercício do direito de dispensa não deve, em nenhuma hipótese, ter como motivo a função ou as atividades sindicais das pessoas que pudessem ser objeto dessas medidas.

(Ver Recompilação de 1996, parágrafo 708; e informe 332º, caso n. 2187, parágrafo 725)

793. Não só a dispensa, mas também a aposentadoria obrigatória, quando devidas a atividades sindicais lícitas, seriam contrárias ao princípio, segundo o qual ninguém pode ser objeto de discriminação no emprego por sua afiliação ou suas atividades sindicais.

(Ver Recompilação de 1996, parágrafo 716)

794. Num caso, o Comitê achou que dificilmente se poderia aceitar como coincidência alheia às atividades sindicais o fato de os chefes de departamento terem decidido, imediatamente após a declaração de uma greve, convocar juntas de disciplina que, baseando-se na folhas de serviço do pessoal, recomendou não só a dispensa de vários grevistas, como também de sete membros do comitê de empresa.

(Ver Recompilação de 1996, parágrafo 717; e informe 333º, caso n. 2186, parágrafo 353)

795. Não se deveriam autorizar atos de discriminação antissindical a pretexto de dispensas por motivos econômicos.

(Ver Recompilação de 1996, parágrafo 718; informe 304º, caso n. 1853, parágrafo 299; informe 332º, caso n. 2187, parágrafo 725; e informe 335º, caso n. 2303, parágrafo 1371)

796. Os programas de redução de pessoal não se deve utilizar para levar a cabo atos de discriminação antissindical.

(Ver informe 304º, caso n. 1796, parágrafo 458; e informe 305º, caso n. 1855, parágrafo 431)

797. A reestruturação de uma empresa não deveria ameaçar direta ou indiretamente a situação dos trabalhadores sindicalizados e de suas organizações.

(Ver informe 320º, caso n. 1963, parágrafo 226)

798. As conversações bipartites e o procedimento administrativo de autorização para proceder à dispensa, não garantem uma devida proteção aos trabalhadores contra atos de discriminação antissindical, quando a legislação em vigor permite que um empregador possa simplesmente invocar "falta de harmonia nas relações de trabalho" para justificar a dispensa de trabalhadores que se limitam a exercer um direito fundamental dentro dos princípios de liberdade sindical.

(Ver Recompilação de 1996, parágrafo 723)

DIRIGENTES E DELEGADOS SINDICAIS

A. Princípios gerais

799. Um dos princípios fundamentais da liberdade sindical é de que os trabalhadores gozem da devida proteção contra atos de discriminação antissindical com relação a seu emprego — tais como dispensa, rebaixamento, transferência e outras medidas prejudiciais — e de que a dita proteção é particularmente necessária quando se trata de delegados sindicais, pois, para poder cumprir suas funções sindicais com plena independência, os delegados sindicais devem ter a garantia de que não serão prejudicados em razão do mandato que exercem no sindicato. O Comitê achou que essa garantia, no caso de dirigentes sindicais, é também necessária para dar cumprimento ao princípio fundamental de que as organizações de trabalhadores devem ter o direito de escolher seus representantes com plena liberdade.

(Ver Recompilação de 1996, parágrafo 724 e, por exemplo, informe 302º, caso n. 1809, parágrafo 381; informe 306º, caso n. 1796, parágrafo 506; informe 311º, caso n. 1944, parágrafo 543; informe 320º, caso n. 1995, parágrafo 371; informe 332º, caso n. 2262, parágrafo 394; informe 334º, caso n. 2222, parágrafo 210; informe 335º, caso n. 2226, parágrafo 756; informe 336º, caso n. 2336, parágrafo 538; informe 337º, caso n. 2262, parágrafo 260; e informe 338º; caso n. 2402, parágrafo 467)

800. O Comitê chamou a atenção para a Convenção n. 135 e a Recomendação n. 143, de 1971, sobre os representantes dos trabalhadores, em que se estabelece expressamente que os representantes dos trabalhadores na empresa deverão gozar de eficaz proteção contra todo ato que possa prejudicá-los, inclusive à dispensa por razão de sua condição de representantes dos trabalhadores, de suas atividades como tais, de sua afiliação ao sindicato ou de sua participação em atividade sindical, sempre que atuem conforme as leis, contratos coletivos ou outros acordos comuns em vigor.

(Ver Recompilação de 1996, parágrafo 732; informe 324º, caso n. 2091 parágrafo 893; informe 335º, caso n. 2276, parágrafo 409; e informe 337º, caso n. 2395, parágrafo 1191)

801. O princípio, segundo o qual o trabalhador ou o dirigente sindical não deve sofrer prejuízo por suas atividades sindicais, não implica necessariamente que o fato de ter um mandato sindical confira a seu titular imunidade contra eventual dispensa qualquer que seja a causa.

(Ver Recompilação de 1996, parágrafo 725; informe 316º, caso n. 1972, parágrafo 706; e informe 335º, caso n. 2236, parágrafo 963)

802. Uma política deliberada de transferências frequentes de pessoas que desempenhem cargos sindicais pode afetar seriamente a eficácia das atividades sindicais.

(Ver Recompilação de 1996, parágrafo 733)

B. Listas negras

803. A prática que consiste em fazer listas negras de dirigentes sindicais e de sindicalistas constitui grave ameaça ao livre exercício dos direitos sindicais e, em geral, os governos deveriam tomar providências enérgicas para coibir essas práticas.

(Ver Recompilação de 1996, parágrafos 709 e 734; informe 304º, caso n. 1850, parágrafo 217; e informe 335º, caso n. 2270, parágrafo 1394 e caso n. 2274, parágrafo 1125)

C. Demissão de dirigentes sindicais

(Ver também parágrafos 830 e 865)

804. O Comitê indicou que uma das formas de assegurar a proteção aos delegados sindicais é dispor de que não poderão ser despedidos enquanto estiverem no exercício de suas funções, nem durante um determinado período a partir do momento em que cessem essas funções, salvo, naturalmente, em caso de falta grave.

(Ver Recompilação de 1996, parágrafo 724; informe 311º, caso n. 1934, parágrafo 129; informe 316º, caso n. 1972, parágrafo 706; e informe 334º, caso n. 2046, parágrafo 350)

805. A dispensa de sindicalistas por se ausentarem de seu emprego sem o consentimento do empregador, para participar, por exemplo, de curso de educação do trabalhador, não pareceria constituir em si violação da liberdade sindical.

(Ver Recompilação de 1996, parágrafo 728; e informe 336º, caso n. 2328, parágrafo 885)

806. O Comitê não pode aceitar que a ausência de trabalho, em um dia festivo, constitua uma falta disciplinar que tenha por consequência a demissão de um dirigente sindical.

(Ver informe 325º, caso n. 2090, parágrafo 176)

807. Num caso em que os dirigentes sindicais poderiam ser despedidos sem justa causa, o Comitê pediu ao governo que tomasse providências com vista a punir os atos de discriminação antissindical e viabilizar meios de recurso para quem tenha sido objeto desses atos.

(Ver Recompilação de 1996, parágrafo 706; e informe 318º, caso n. 2004, parágrafo 400)

808. Em nenhum caso, um dirigente sindical deveria poder ser despedido pelo simples fato de apresentar uma lista de reivindicações; isso constitui ato de discriminação de suma gravidade.

(Ver Recompilação de 1996, parágrafo 720; e informe 330º, caso n. 2158, parágrafo 848)

809. De acordo com as conclusões de um tribunal, uma das razões essenciais para a dispensa de um dirigente sindical foi a de que exercia atividades sindicais em horários de serviço, ocupando o pessoal de seu empregador para fins sindicais e utilizando sua condição na empresa para exercer pressões indevidas sobre outro empregado, tudo isso sem o consentimento de seu empregador. O Comitê opinou que, quando as atividades sindicais se cumprem dessa forma, a pessoa interessada não pode invocar a proteção da Convenção n. 98 ou, em caso de dispensa, alegar que seus legítimos direitos sindicais tenham sido violados.

(Ver Recompilação de 1996, parágrafo 729)

810. Num caso em que um dirigente sindical havia sido despedido e reintegrado poucos dias depois, o Comitê observou que a dispensa de dirigentes sindicais, em razão de sua função ou atividades sindicais, é contrária ao artigo 1º da Convenção n. 98 e pode supor uma intimidação que obsta ao exercício de suas funções sindicais.

(Ver Recompilação de 1996, parágrafo 730; e informe 330º, caso n. 2186, parágrafo 371)

811. Com relação aos motivos da dispensa, as atividades dos dirigentes sindicais devem ser examinadas no contexto de situações particulares que podem ser especialmente tensas e difíceis em caso de conflitos trabalhistas e de movimentos grevistas.

(Ver Recompilação de 1996, parágrafo 731; informe 320º, caso n. 2014, parágrafo 815; e informe 324º, caso n. 2091, parágrafo 892)

812. Num caso relativo a uma grande quantidade de dispensas de dirigentes sindicais e de sindicalistas, o Comitê achou que seria particularmente conveniente que o governo instaurasse inquérito para apurar as verdadeiras razões dessas medidas.

(Ver Recompilação de 1996, parágrafo 735)

NECESSIDADE DE UMA PROTEÇÃO RÁPIDA E EFICAZ

813. É necessário que a legislação estabeleça explicitamente recursos e sanções contra atos de discriminação antissindical, com o objetivo de assegurar a eficácia, na prática, do artigo 1º da Convenção n. 98.

(Ver Recompilação de 1996, parágrafo 697; informe 300º, caso n. 1799, parágrafo 209; informe 329º, caso n. 2172, parágrafo 351, caso n. 2068, parágrafo 436; informe 334º, caso n. 2222, parágrafo 210; e informe 335º, caso n. 2265, parágrafo 1347)

814. Quando um governo se compromete a garantir, com medidas apropriadas, o livre exercício dos direitos sindicais, para que esta garantia seja realmente eficaz, devem ser tomadas, necessariamente, medidas de proteção em favor dos trabalhadores contra atos de discriminação sindical no emprego.

(Ver Recompilação de 1996, parágrafo 698; e informe 329º, caso n. 2154, parágrafo 813)

815. Em virtude da Convenção n. 98, os governos devem tomar providências, sempre que necessário, para que a proteção dos trabalhadores seja eficaz, o que implica, certamente, que as autoridades devem abster-se de todo ato que possa provocar, ou tenha por objetivo provocar, discriminação contra o trabalhador no emprego por razões sindicais.

(Ver Recompilação de 1996, parágrafo 699)

816. Embora se garanta, efetivamente, a proteção contra atos de discriminação antissindical, os métodos que se adotam para garanti-la aos trabalhadores podem variar de um Estado para outro, mas, constatados esses atos de discriminação, o governo interessado deveria, quaisquer que fossem os métodos normalmente utilizados, tomar todas as providências que considerasse necessárias para corrigir a situação.

(Ver Recompilação de 1996, parágrafo 737; informe 307º, caso n. 1877, parágrafo 403; e informe 330º, caso n. 2229, parágrafo 950)

817. O governo é responsável pela prevenção de todo ato de discriminação antissindical e deve velar para que todas as queixas contra práticas discriminatórias dessa natureza sejam examinadas de acordo com um processo que, além de expedito, não só deveria ser imparcial mas também parecê-lo às partes interessadas.

(Ver Recompilação de 1996, parágrafo 738 e, por exemplo, informe 307º, caso n. 1877, parágrafo 403; informe 310º, caso n. 1880, parágrafo 539; informe 321º, caso n. 1972, parágrafo 77; informe 327º, caso n. 1995, parágrafo 211; informe 330º, caso n. 2126, parágrafo 152; informe 334º, caso n. 2126, parágrafo 152; informe 334º, caso n. 2126, parágrafo 73; informe 335º, caso n. 2228, parágrafo 897; informe 336º, caso n. 2336, parágrafo 536; informe 337º, caso n. 2395, parágrafo 1200; e informe 338º; caso n. 2402, parágrafo 467)

818. As normas materiais existentes na legislação nacional que proíbem atos de discriminação antissindical não são suficientes se não vierem acompanhadas de procedimentos que assegurem proteção eficaz contra esses atos.

(Ver Recompilação de 1996, parágrafos 739, 740 e 742 e, por exemplo, informe 320º, caso n. 2034, parágrafo 745; informe 324º, caso n. 2035, parágrafo 574; informe 330º, caso n. 2186, parágrafo 372; informe 331º, caso n. 2215, parágrafo 178; informe 332º, caso n. 2227, parágrafo 608; informe 333º, caso n. 2186, parágrafo 350; informe 334º, caso n. 2222, parágrafo 210, caso n. 2215, parágrafo 236; informe 335º, caso n. 2236, parágrafo 967; informe 337º, caso n. 2395, parágrafo 1200; e informe 338º; caso n. 2186, parágrafo 53)

819. Assim, pode ser difícil, por exemplo, se não impossível, que um trabalhador faça prova de que uma medida de que tenha sido vítima constitui um caso de discriminação antissindical. Nesse sentido, ganha toda importância o artigo 3º da Convenção n. 98, que dispõe que, se necessário, dever-se-ão criar organismos adequados às condições nacionais, para garantir o respeito ao direito de sindicalização.

(Ver Recompilação de 1996, parágrafo 740; informe 310º, caso n. 1867, parágrafo 88; informe 311º, caso n. 1934, parágrafo 127; informe 316º, caso n. 1970, parágrafo 556; informe 330º, caso n. 2186, parágrafo 372; informe 333º, caso n. 2184, parágrafo 354; e informe 335º, caso n. 2265, parágrafo 1348)

820. O respeito aos princípios da liberdade sindical exige claramente que os trabalhadores que se sintam prejudicados, por causa de suas atividades sindicais, disponham de meios de reparação que sejam rápidos, econômicos e totalmente imparciais.

(Ver Recompilação de 1996, parágrafo 741 e, por exemplo, informe 310º, caso n. 1880, parágrafo 530; informe 327º, caso n. 2098, parágrafo 757; informe 328º, caso n. 2158, parágrafo 319; informe 329º, caso n. 2172, parágrafo 351, caso n. 2176, parágrafo 565; informe 330º, caso n. 2186, parágrafo 372; informe 333º, caso n. 2281, parágrafo 633; informe 335º, caso n. 2236, parágrafo 967; e informe 338º, caso n. 2378, parágrafo 1145)

821. Quanto mais se demora para encerrar um procedimento, mais difícil se torna para o organismo competente fixar uma indenização justa e adequada, já que a situação alegada foi alterada substancialmente de maneira irreversível, a pessoa foi transferida, etc., de modo que resulta impossível ordenar uma reparação adequada ou retornar à situação anterior.

(usado o inglês)

(Ver informe 329º, caso n. 2176, parágrafo 565)

822. É preciso que na legislação se prevejam expressamente recursos e sanções, suficientes dissuasivos, contra atos de discriminação antissindical, para assegurar a eficácia prática dos artigos 1º e 2º da Convenção n. 98.

(Ver Recompilação de 1996, parágrafos 743 e 745; informe 299º, caso n. 1687, parágrafo 455; informe 307º, caso n. 1877, parágrafo 401; informe 316º, caso n. 1934, parágrafo 211; informe 330º, caso n. 2203, parágrafo 808; e informe 335º, caso n. 2236, parágrafo 967, caso n. 2265, parágrafo 1351)

823. Quando um governo se compromete a garantir o direito de sindicalização mediante medidas adequadas, a dita garantia, para ser eficaz, deve se fazer acompanhar, quando preciso, de medidas que incluam a proteção dos trabalhadores contra toda discriminação antissindical em seu emprego.

(Ver Recompilação de 1996, parágrafo 744)

824. O Comitê chamou a atenção para a necessidade de garantir, mediante disposições específicas e sanções penais e civis, a proteção dos trabalhadores contra atos de discriminação antissindical por parte dos empregadores.

(Ver Recompilação de 1996, parágrafo 746; informe 329º, caso n. 2154, parágrafo 815; e informe 330º, caso n. 2186, parágrafo 374)

825. Um sistema de proteção contra atos de discriminação antissindical que inclui multas pesadas, no caso de dispensas antissindicais, recomendação administrativa de reintegração e possibilidade de fechamento da empresa não é contrário à Convenção n. 98.

(Ver Recompilação de 1996, parágrafo 747)

826. Processos referentes a questões de discriminação antissindical, em violação à Convenção n. 98, deveriam ser examinados prontamente, a fim de que as necessárias medidas conetivas possam ser realmente eficazes. Uma demora excessiva na tramitação das questões de discriminação antissindical e, especialmente, a falta de decisão, por longo tempo, dos processos relativos à reintegração de dirigentes sindicais despedidos equivale à negação da justiça e, portanto, negação dos direitos sindicais dos afetados.

(Ver Recompilação de 1996, parágrafo 749 e, por exemplo, informe 304º, caso n. 1719, parágrafo 415; informe 309º, caso n. 1945, parágrafo 66; informe 320º, caso n. 1937, parágrafo 95; informe 329º, casos ns. 1948 e 1955, parágrafo 396; informe 331º, caso n. 1955, parágrafo 18; informe 333º, caso n. 2291, parágrafo 915; informe 335º, caso n. 2228, parágrafo 897; informe 336º, caso n. 2203, parágrafo 428; informe 337º, caso n. 2395, parágrafo 1194; e informe 338º; caso n. 1890, parágrafo 179)

827. Relativamente a um caso em que a apreciação do procedimento de demissão havia durado 14 meses, o Comitê solicitou à autoridade judicial que, a fim de evitar uma denegação de justiça, deveria pronunciar-se sobre as demissões sem demora e salientou que uma nova prolongação indevida do processo poderia justificar por si só a reintegração dessa pessoa em seus postos de trabalho.

(Ver informe 323º, caso n. 2059, parágrafo 476)

828. Queixas contra as práticas antissindicais deveriam normalmente ser examinadas mediante um procedimento nacional que, além de rápido, não só deveria ser imparcial, mas, também, assim parecer às partes interessadas, as quais deveriam dele participar de uma maneira apropriada e construtiva.

(Ver Recompilação de 1996, parágrafo 750; informe 330º, caso n. 2158, parágrafo 853; informe 331º, caso n. 2187, parágrafo 443; informe 332º, caso n. 2262, parágrafo 397; e informe 334º, caso n. 2126, parágrafo 73)

829. O Comitê lembrou que a Comissão de Investigação e Conciliação em Matéria de Liberdade Sindical havia ressaltado a importância de se preverem meios rápidos, econômicos e inteiramente imparciais para a solução das queixas de atos de discriminação antissindical; além disso, chamou a atenção para a conveniência de resolver as queixas, sempre que possível, com o diálogo, não se devendo considerar a tramitação das queixas como uma forma de litígio; mas, concluía a Comissão, quando há divergência de opinião ou de pontos de vista expressos de boa-fé, haverá de se apelar para os tribunais ou pessoas imparciais, o que constitui o recurso final nos procedimentos de solução de conflitos.

(Ver Recompilação de 1996, parágrafo 751)

830. O Comitê chamou a atenção para a Recomendação n. 143, de 1971, sobre os representantes dos trabalhadores, que preconiza, para garantir eficaz proteção dos representantes dos trabalhadores, entre outras medidas que devem ser adotadas, quando se alega que a dispensa de um representante dos trabalhadores ou a modificação, em seu detrimento, das condições de emprego foi discriminatória, que se adotem disposições que imponham ao empregador a obrigação de provar a justiça de seu ato.

(Ver Recompilação de 1996, parágrafo 736)

831. Além dos mecanismos de proteção preventiva contra atos de discriminação antissindical (por exemplo, a obtenção de prévia autorização da inspeção do trabalho antes de se proceder à dispensa de um dirigente sindical), outra forma de garantir proteção eficaz poderia consistir em impor aos empregadores o ônus da prova de que os motivos de sua decisão de despedir um trabalhador não se prendem a suas atividades sindicais.

(Ver Recompilação de 1996, parágrafo 752; e informe 335º, caso n. 2265, parágrafo 1348)

832. No caso de redução de pessoal, o Comitê lembrou o princípio contido na Reconvenção n. 143, sobre a proteção e facilidades que deveriam ser dispensados aos representantes dos trabalhadores na empresa, que propugna entre as medidas específicas de proteção "reconhecer a prioridade que deve ser dispensada aos representantes dos trabalhadores com relação à sua continuação no emprego no caso de redução de pessoal" (art. 6º, 2, *f*).

(Ver Recompilação de 1996, parágrafo 960; informe 302º, caso n. 1838, parágrafo 121; informe 311º, caso n. 1865, parágrafo 334; informe 313º, caso n. 1987, parágrafo 115; informe 328º, caso n. 2165, parágrafo 246; informe 330º, caso n. 2142, parágrafo 58, caso n. 2151, parágrafo 536; informe 337º, caso n. 2356, parágrafo 700; e informe 338º, caso n. 2226, parágrafo 132)

833. Num caso em que o governo situava a dispensa de nove dirigentes sindicais no contexto de programas de reestruturação do Estado, o Comitê ressaltou a conveniência de dar prioridade aos representantes dos trabalhadores com relação à sua continuação no emprego, no caso de redução do pessoal, para garantir a proteção efetiva desses dirigentes.

(Ver Recompilação de 1996, parágrafo 961; informe 305º, caso n. 1875, parágrafo 180; informe 313º, caso n. 1987, parágrafo 115; informe 322º, caso n. 1962, parágrafo 66; informe 325º, caso n. 2068, parágrafo 334; informe 328º, caso n. 2068, parágrafo 207; informe 331º, caso n. 2226, parágrafo 302; e informe 337º, caso n. 2356, parágrafo 700)

834. O Comitê considerou, além disso, que os governos deveriam adotar as medidas necessárias para garantir que os inspetores do trabalho pudessem entrar livremente, e sem prévia notificação, nos estabelecimentos sujeitos à inspeção e proceder à qualquer investigação ou exame que considerem necessários para se certificarem de que as disposições legais — sobretudo as relativas à discriminação antissindical — são rigorosamente observadas.

(Ver Recompilação de 1996, parágrafo 753; e informe 336º, caso n. 2316, parágrafo 55)

835. Quando há denúncias de atos de discriminação antissindical, as autoridades competentes devem investigar imediatamente e tomar as medidas oportunas para corrigir as consequências dos atos de discriminação que se constatem.

(Ver Recompilação de 1996, parágrafo 754 e, por exemplo, informe 308º, caso n. 1897, parágrafo 476; informe 309º, caso n. 1952, parágrafo 335; informe

310º, caso n. 1880, parágrafo 539; informe 318º, caso n. 1987, parágrafo 56; informe 320º, caso n. 1989, parágrafo 327; informe 328º, caso n. 2116, parágrafo 364; informe 331º, caso n. 2068, parágrafo 265; informe 334º, caso n. 2200, parágrafo 757; informe 337º, caso n. 2371, parágrafo 238; e informe 338º; caso n. 2407, parágrafo 492)

836. Em um caso em que entre as medidas de reparação disponíveis para os trabalhadores não documentados/irregulares despedidos por exercerem seus direitos sindicais figuram: 1) a ordem que se dá ao empregador para impedir e pôr fim nas infrações à legislação; e 2) a ordem que se dá de colocar em um local visível de suas dependências um anúncio destinado aos trabalhadores, em que se especifique os direitos destes em virtude da lei e se descreva detalhadamente as práticas desleais anteriormente cometidas; o Comitê considerou que tais medidas não sancionam de maneira alguma o ato de discriminação antissindical já perpetrado, sendo que servem unicamente como possíveis fatores de dissuasão de atos futuros. O mais provável é que tal enfoque aporte uma escassa proteção aos trabalhadores não documentados/irregulares que se exponham a ser despedidos indiscriminadamente por exercer os direitos de liberdade sindical, sem que haja nenhuma sanção direta que possa evitar tais ações. As medidas de reparação examinadas são inadequadas para garantir uma proteção efetiva contra os atos de discriminação antissindical.

(Ver informe 332º, caso n. 2227, parágrafos 609 e 610)

REINTEGRAÇÃO DE SINDICALISTAS EM SEUS POSTOS DE TRABALHO

(Ver também parágrafo 682)

837. Ninguém deveria ser objeto de discriminação antissindical pela realização de atividades sindicais legítimas, e a possibilidade de reintegração no posto de trabalho deveria estar à disposição dos interessados nos casos de discriminação antissindical.

(Ver Recompilação de 1996, parágrafo 755; informe 306º, caso n. 1867, parágrafo 67; informe 316º, caso n. 1970, parágrafo 555; informe 327º, caso n. 2046, parágrafo 433; e informe 330º, caso n. 2186, parágrafo 374)

838. No caso de um país que carecia de leis que contemplassem a reintegração dos trabalhadores despedidos de maneira injustificada, o Comitê pediu ao Governo que tomasse medidas para modificar a legislação de maneira que os trabalhadores despedidos pelo exercício de seus direitos sindicais poderiam ser reintegrados em seus postos de trabalho.

(Ver informe 332º, caso n. 2201, parágrafo 548)

839. Em caso de dispensa de sindicalistas por causa de sua afiliação ou de atividades sindicais, o Comitê pediu ao governo que tomasse as providências necessárias para permitir que os dirigentes sindicais e afiliados, que foram demitidos por suas atividades sindicais legítimas, pudessem obter a reintegração em seus postos de trabalho e fossem aplicadas às empresas as sanções legais correspondentes.

(Ver Recompilação de 1996, parágrafo 756; informe 320º, caso n. 1995, parágrafo 372; e informe 323º, caso n. 2034, parágrafo 403)

840. Em numerosos casos, o Comitê solicitou ao Governo que velasse para que os trabalhadores afetados fossem efetivamente reintegrados em seus postos de trabalho sem perda de seus salários.

(Ver, por exemplo, informe 318º, caso n. 1974, parágrafo 306, caso n. 2004, parágrafo 401; informe 319º, caso n. 1962, parágrafo 152; informe 320º, caso n. 1989, parágrafo 325; informe 323º, caso n. 2034, parágrafo 406; informe 324º, caso n. 2090, parágrafo 212; informe 326º, caso n. 2103, parágrafo 296; informe 327º, caso n. 2125, parágrafo 778; e informe 328º, caso n. 2068, parágrafo 206)

841. Se, dado o largo espaço de tempo transcorrido desde a demissão dos trabalhadores, violadora dos princípios da liberdade sindical, e se assim não fosse possível sua reintegração na prática, solicitou o Comitê ao Governo que adotasse medidas para que os trabalhadores recebessem, sem demora, indenização completa.

(Ver informe 319º, caso n. 1962, parágrafos 152 e 153)

842. Em alguns casos de demissão que estavam em curso procedimentos judiciais, o Comitê insistiu ao Governo que, se a sentença constatar atos de discriminação antissindical, que sejam tomadas medidas para que os trabalhadores sejam reintegrados em seus postos.

(Ver informe 324º, caso n. 1889, parágrafo 853; informe 328º, caso n. 2158, parágrafo 320; informe 329º, caso n. 2188, parágrafo 214; informe 330º, caso n. 2186, parágrafo 374, caso n. 2208, parágrafo 600, caso n. 2192, parágrafo 1072; informe 332º, caso n. 2187, parágrafo 724; informe 333º, caso n. 2286, parágrafo 874; e informe 335º, caso n. 2283, parágrafo 225)

843. Se a autoridade judicial constatar que é impossível a reintegração dos trabalhadores despedidos em violação à liberdade sindical, deverão ser indenizados de maneira completa.

(Ver informe 335º, caso n. 2274, parágrafo 1118)

844. As indenizações impostas, a título de reparação, deveriam ser apropriadas, tendo em conta de que por esse meio se tratará de impedir que tais situações se reproduzam no futuro.

(Ver informe 336º, caso n. 2336, parágrafo 537; e informe 338º, caso n. 2404, parágrafo 1053 e caso n. 2248, parágrafo 1200)

845. Nos casos em que a reintegração não seja possível, o Governo assegurará para que se indenize os trabalhadores interessados, uma compensação adequada, que implique uma sanção dissuasiva suficiente contra tais demissões que constituem ato de discriminação antissindical.

(Ver informe 336º, caso n. 2380, parágrafo 337; informe 337º, caso n. 2371, parágrafo 239, caso n. 2262, parágrafo 260, caso n. 2268, parágrafos 1104, 1107 e 1109; e informe 338º, caso n. 2228, parágrafo 195 e caso n. 2399, parágrafo 1172)

846. Em alguns casos, o Comitê solicitou ao Governo que adotasse medidas necessárias para levar a cabo uma investigação independente em relação às alegações e, se constatar que as demissões se devem de um ato de discriminação antissindical, que adote as medidas necessárias para garantir que esses trabalhadores sejam reintegrados em seus postos de trabalhos.

(Ver, por exemplo, informe 327º, caso n. 2098, parágrafo 757, caso n. 2126, parágrafo 845; informe 329º, caso n. 2098, parágrafo 125; informe 330º, caso n. 2103, parágrafo 766; informe 331º, caso n. 2169, parágrafo 639; informe 332º, caso n. 2187, parágrafo 725; informe 333º, caso n. 2286, parágrafo 876; informe 334º, caso n. 2239, parágrafo 394; informe 337º, caso n. 2371, parágrafo 239; e informe 338º, caso n. 2096, parágrafo 274 e caso n. 2303, parágrafo 334)

847. Quando a demissão constitui um ato de discriminação antissindical, e o posto que ocupava o trabalhador tenha desaparecido, deve então reintegrá-lo a um posto de trabalho similar.

(Ver informe 329º, caso n. 2150, parágrafo 314)

848. No caso de que se confirme que a empresa já não existe, devem ser tomadas medidas para que os trabalhadores demitidos por motivos sindicais sejam indenizados de maneira completa.

(Ver informe 329, caso n. 2097, parágrafo 470)

849. Não deveriam exigir-se declarações de lealdade ou outros compromissos de igual natureza para obter a reintegração em um emprego.

(Ver informe 309º, casos ns. 1851 e 1922, parágrafo 237)

850. Em um caso de greve de controladores de voo em que se havia posto em perigo a segurança da população, o Comitê considerou que não pode pedir ao Governo que aceite a solicitação de reintegração dos demitidos de seus postos de trabalho, feita pela organização querelante.

(Ver informe 309º, caso n. 1913, parágrafo 305)

851. No caso de um dirigente demitido por presunção de roubo, em cuja causa não se comprovou a culpa, o Comitê estimou que deveria ser reintegrado em seu posto de trabalho sem perda de salário e autorizado a realizar suas atividades sindicais.

(Ver informe 333º, caso n. 2299, parágrafo 560)

852. Devem ser tomadas as medidas necessárias para que dirigentes sindicais que tenham sido despedidos por atividades relacionadas com a criação de sindicato sejam reintegrados em seus cargos, se assim o desejarem.

(Ver Recompilação de 1996, parágrafos 302, 703 e 757; informe 304º, caso n. 1787, parágrafo 174; informe 328º, caso n. 2160, parágrafo 658; informe 335º, caso n. 2283, parágrafo 225, caso n. 2265, parágrafo 1351; informe 336º, caso n. 2336, parágrafo 535, caso n. 2380, parágrafo 794; e informe 337º, caso n. 2262, parágrafo 620)

853. Não se coaduna com o direito de greve permitir a um empregador que se negue a reintegrar parte ou a totalidade dos empregados no final de uma greve, de um fechamento patronal ou qualquer outra ação coletiva sem que os interessados tenham o direito de se opor a essas dispensas recorrendo à justiça ou a um tribunal independente.

(Ver Recompilação de 1996, parágrafo 722; e informe 333º, caso n. 2281, parágrafo 633)

DISCRIMINAÇÃO EM DETRIMENTO DE EMPREGADORES

854. Com relação a alegações de discriminação em detrimento de dirigentes empregadores por motivo de reforma agrária, o Comitê achou que as disposições relativas à indenização das desapropriações de terras deveriam assegurar uma compensação real e justa das perdas sofridas, e que o governo deveria voltar a examinar as questões de indenização a pedido das pessoas que se julgarem prejudicadas no processo de reforma agrária.

(Ver Recompilação de 1996, parágrafo 758)

Capítulo 14

PROTEÇÃO CONTRA ATOS DE INGERÊNCIA

PRINCÍPIOS GERAIS

855. O artigo 2º da Convenção n. 98 preconiza a total independência das organizações de trabalhadores no exercício de suas atividades com referência aos empregadores.

(Ver Recompilação de 1996, parágrafo 759; informe 325º, caso n. 2068, parágrafo 321; informe 329º, caso n. 2198, parágrafo 683; informe 330º, caso n. 2186, parágrafo 379; informe 339º, caso n. 2185, parágrafo 676; informe 334º, caso n. 2316, parágrafo 506; informe 337º, caso n. 2388, parágrafo 1355; e informe 338º, caso n. 2374, parágrafo 509)

856. O fechamento de espaços sindicais, como consequência de uma greve legítima, caracteriza-se como uma violação aos princípios da liberdade sindical e constitui, quando o decide a direção da empresa, uma interferência do empregador no funcionamento de uma organização de trabalhadores, proibida pelo artigo 2º do Convenção n. 98.

(Ver informe 302º, caso n. 1849, parágrafo 215)

857. A intervenção de um empregador, fomentando a constituição de uma junta diretiva de um sindicato, e a interferência na correspondência do mesmo, constitui atos que violam gravemente os princípios da liberdade sindical.

(Ver informe 311º, caso n. 1966, parágrafo 360)

858. Com referência a alegações, segundo as quais uma empresa recorreu a práticas antissindicais, como tentar subornar membros do sindicato para que dele se desligassem ou levá-los a firmar declarações pelas quais renunciavam à sua afiliação, assim como a pretendidas tentativas de criar sindicatos "fantoches"(*), o Comitê considera que esses atos são contrários ao artigo 2º da Convenção n. 98 que estipula que as organizações de trabalhadores e de empregadores deverão gozar da devida proteção contra todo ato de ingerência de umas nas outras, quer se realize diretamente ou por meio de seus agentes ou membros, em sua constituição, funcionamento ou administração.

(*) No original: títeres

(Ver Recompilação de 1996, parágrafo 760; informe 324º, caso n. 2090, parágrafo 209; informe 330º, caso n. 2090, parágrafo 232, caso n. 2203, parágrafo 810; e informe 337º, caso n. 2388, parágrafo 1354)

859. Com relação aos princípios da liberdade sindical, exige que as autoridades públicas ajam com muita moderação em tudo que concerne à intervenção nos assuntos internos dos sindicatos. É muito mais importante ainda que os empregadores procedam com cuidado nesse sentido. Por exemplo, não deveriam fazer nada que pudesse ser interpretado como indício de favoritismo com relação a determinado grupo de um sindicato em detrimento de outro.

(Ver Recompilação de 1996, parágrafo 761; informe 327º, caso n. 2118, parágrafo 641; informe 328º, caso n. 2124, parágrafo 460; informe 329º, caso n. 2198, parágrafo 685, caso n. 2184, parágrafo 828; informe 330º, caso n. 2118, parágrafo 116; e informe 331º, caso n. 2132, parágrafo 589)

860. Quando uma legislação não contém disposições especiais para proteger as organizações de trabalhadores contra atos e ingerências dos empregadores ou de suas organizações (e estipula que os casos não previstos em lei se resolverão de acordo, entre outros elementos, com as disposições contidas nas convenções e recomendações adotadas pela Organização Internacional do Trabalho, desde que não se oponham às leis do país, e com a Convenção n. 98, em virtude de sua ratificação por esse país), seria conveniente que o governo estudasse a possibilidade de adotar disposições claras e precisas para proteger eficazmente as organizações de trabalhadores contra esses atos de ingerência.

(Ver Recompilação de 1996, parágrafo 762; e informe 333º, caso n. 2186, parágrafo 358)

861. A existência de normas legislativas pelas quais se proíbem atos de ingerência por parte das autoridades ou por parte das organizações de trabalhadores e de empregadores, umas com referências às outras, é insuficiente, se tais normas não se fazem acompanhar de procedimentos eficazes que permitam assegurar sua aplicação na prática.

(Ver Recompilação de 1996, parágrafo 763; e informe 333º, caso n. 2186, parágrafo 358)

862. É necessário que se prevejam expressamente na legislação recursos e sanções suficientemente dissuasivos contra atos de ingerência de empregadores com relação a trabalhadores e suas organizações, a fim de garantir a eficácia prática do artigo 2º da Convenção n. 98.

(Ver Recompilação de 1996, parágrafo 764; informe 330º, caso n. 2203, parágrafo 810; e informe 333º, caso n. 2186, parágrafo 358)

863. O empregador que tenta persuadir trabalhadores a retirar procuração dada a um sindicato, para que negocie em seu nome, poderia dar lugar a ingerências indevidas na decisão dos trabalhadores e solapar a força do sindicato, dificultando-se assim a negociação coletiva, por contrariar o princípio nos termos do qual deve ser promovida.

(Ver Recompilação de 1996, parágrafo 766; informe 304º, caso n. 1852, parágrafo 494; e informe 337º, caso n. 2395, parágrafo 1188)

864. Disposições legais que permitem que empregadores enfraqueçam as organizações de trabalhadores por meio de promoções artificiais constituem violação aos princípios da liberdade sindical.

(Ver Recompilação de 1996, parágrafo 767)

865. Baseando-se numa observação formulada pela Comissão de Peritos em Aplicação de Convenções e Recomendações a respeito de uma legislação, o Comitê fez observar que um trabalhador, para quem se invocasse como motivo de dispensa, por exemplo, "a negligência no desempenho de seus deveres", muito dificilmente poderia provar que o motivo real da dispensa fora sua atividade sindical. Além disso, como os recursos previstos não têm caráter suspensivo, o dirigente despedido deve, em virtude da lei, abandonar seu posto sindical desde o momento da dispensa. O Comitê achou, entretanto, que a legislação poderia permitir aos diretores de empresas perturbar as atividades de um sindicato, o que contraria o artigo 2º da Convenção n. 98, segundo o qual as organizações de trabalhadores e de empregadores devem gozar da devida proteção contra todo ato de ingerência de umas nas outras, quer se realize diretamente ou por meio de seus agentes ou membros, em sua constituição, funcionamento ou administração.

(Ver Recompilação de 1996, parágrafo 768; e informe 333º, caso n. 2186, parágrafo 357)

866. Circulares publicadas por uma companhia convidando os trabalhadores a declarar a qual sindicato pertenciam, mesmo que não tivessem como objetivo interferir no exercício dos direitos sindicais, poderiam, naturalmente, ser consideradas como implicação de ingerência.

(Ver Recompilação de 1996, parágrafo 769)

867. O fato de membro do governo ser, ao mesmo tempo, dirigente de um sindicato que representa a categoria de trabalhadores a serviço do Estado pode permitir atos de ingerência em violação do artigo 2º da Convenção n. 98.

(Ver Recompilação de 1996, parágrafo 770)

868. Tendo em vista a importância da independência das partes na negociação coletiva, as negociações não se deveriam desenvolver em nome dos trabalhadores ou de suas organizações por meio de representantes designados ou controlados por empregadores ou suas organizações.

(Ver Recompilação de 1996, parágrafos 771 e 789; informe 392º, caso n. 2198, parágrafo 683; informe 331º, caso n. 2217, parágrafo 205, caso n. 2185, parágrafo 676; e informe 337º, caso n. 2388, parágrafo 1354)

ASSOCIAÇÕES SOLIDÁRIAS OU DE OUTRAS ÍNDOLES

A. Definição

869. Uma lei de associações solidárias prevê que serão constituídas de doze ou mais trabalhadores e as define da seguinte forma: "As associações mutualistas são entidades de duração indefinida, com personalidade jurídica própria, que, para alcançar seus objetivos (a busca da justiça e da paz social, da harmonia operário-patrimonial e do desenvolvimento integral de seus associados), poderão adquirir toda sorte de bens, celebrar contratos de toda natureza e realizar todas espécies de operações lícitas, com vista à melhoria socioeconômica de seus afiliados, buscando a dignificação e a elevação de seu nível de vida. Nesse sentido, poderão efetuar operações de poupança, de crédito e de investimento, assim como quaisquer outras que sejam rentáveis. Além disso, poderão desenvolver programas de habitação, científicos, desportivos, artísticos, educativos e recreativos, culturais, espirituais, sociais e econômicos, como qualquer outro que fomente licitamente os vínculos de união e de cooperação entre os trabalhadores e entre estes e seus patrões." Os recursos das associações são a poupança mensal mínima dos associados, cujo percentual será fixado em assembleia geral, e a contribuição mensal do patrão em favor de seus trabalhadores, que será fixada de comum acordo entre ambas as partes.

(Ver Recompilação de 1996, parágrafo 772)

870. As associações solidárias são associações de trabalhadores cuja constituição é condicionada à contribuição do empregador do qual dependem, financiadas de acordo com o princípio mutualista, por trabalhadores e empregadores, com fins econômico-social de bem-estar material (poupança, crédito, investimento, programas de habitação, educativos, etc.) e de união e cooperação entre trabalhadores e empregadores, cujos órgãos devem ser integrados por trabalhadores, embora deles possa participar um representante patronal com voz mas sem voto. Na opinião do Comitê, embora nada impeça, do ponto de vista dos princípios das Convenções ns. 87 e 98, que trabalhadores e empregadores busquem formas de cooperação, inclusive de natureza mutualista, para alcançar objetivos sociais, compete ao Comitê, na medida em que essas formas de cooperação se cristalizem em estruturas e organizações permanentes, assegurar-se de que a legislação e o funcionamento, na prática, dessas associações solidárias não interfiram nas atividades e funções próprias dos sindicatos.

(Ver Recompilação de 1996, parágrafo 773)

B. Garantias para evitar que realizem atividades sindicais

871. A Regulamentação relativa às "associações solidárias" deveria respeitar as atividades dos sindicatos, garantidas na Convenção n. 98.

(Ver Recompilação de 1996, parágrafo 774)

872. Medidas legislativa e de outra natureza devem ser tomadas como necessárias para garantir que as associações solidárias não assumam atividades sindicais e para que se assegure proteção eficaz contra toda forma de discriminação antissindical e a eliminação de toda desigualdade de tratamento que favoreça associações solidárias.

(Ver Recompilação de 1996, parágrafo 775; e informe 320º, caso n. 1984, parágrafo 542)

873. Quanto a alegações relativas ao "mutualismo", o Comitê lembra a importância que atribui a que, de conformidade com o artigo 2º da Convenção n. 98, se garanta a proteção contra atos de ingerência de empregadores que tendam a fomentar a constituição de organizações de trabalhadores dominadas por um empregador.

(Ver Recompilação de 1996, parágrafo 776)

874. Com referência a alegações de atividades contrárias à ação sindical de organizações mutualistas, o Comitê chamou a atenção do governo para o artigo 2º da Convenção n. 98, de 1949, sobre o direito de sindicalização e de negociação coletiva, cujo texto dispõe que as organizações de trabalhadores e de empregadores deverão gozar da devida proteção contra todos os atos de ingerência de umas com relação a outras e que se considerem atos de ingerência medidas que tendam a fomentar a constituição de organizações de trabalhadores dominadas por um empregador ou por organização de empregadores, ou a sustentar economicamente, ou de outra forma, organizações de trabalhadores, com objetivo de colocar estas organizações sob controle do empregador ou de organização de empregadores.

(Ver Recompilação de 1996, parágrafo 777)

875. A interferência das associações mutualistas em atividades sindicais, inclusive a negociação coletiva, por meio de acordos diretos concluídos entre um empregador e um grupo não sindicalizado de trabalhadores, embora haja um sindicato na empresa, não promove a negociação coletiva no sentido do artigo 4º da Convenção n. 98, que se refere ao fomento da negociação coletiva entre empregadores e suas organizações e as organizações de trabalhadores.

(Ver Recompilação de 1996, parágrafos 778 e 790)

876. Associações mutualistas financiadas em parte pelos empregadores, integradas por trabalhadores, mas também por altos quadros e pessoal de confiança do empregador e, frequentemente, suscitadas por empregadores, não podem desempenhar papel, como organizações independentes, no processo de negociação coletiva, processo este que deve ser realizado entre um empregador (ou uma organização de empregadores) e uma ou mais organizações de trabalhadores, totalmente independentes entre si. Esta situação levanta pois problemas de aplicação com referência ao artigo 2º da Convenção n. 98, que consagra o princípio de plena independência das organizações de trabalhadores no exercício de suas atividades.

(Ver Recompilação de 1996, parágrafos 779 e 790)

877. Com relação às associações mutualistas, o Comitê ressaltou a importância fundamental do princípio do tripartismo preconizado pela OIT, que supõe organizações independentes (entre elas e com relação às autoridades políticas) de trabalhadores, de um lado, e de empregadores, de outro, e pediu que o governo tomasse providências, em consonância com as centrais sindicais, com vista a criar as condições necessárias para o fortalecimento do movimento sindical independente e o desenvolvimento de suas atividades em matéria de obras sindicais.

(Ver Recompilação de 1996, parágrafo 780)

878. As associações de bem-estar social dos trabalhadores não podem substituir sindicatos livres e independentes, e assim será enquanto não consigam assegurar garantias que tenham sido constituídas e funcionam de forma independente.

(Ver informe 333º, caso n. 2268, parágrafo 742)

879. O Comitê recordou que se devem tomar as medidas legislativas ou de outra ordem, necessárias para garantir que, associações distintas dos sindicatos, não assumam atividades sindicais e garantindo-se uma proteção eficaz contra toda forma de discriminação antissindical.

(Ver informe 334º, caso n. 2295, parágrafo 596)

Capítulo 15

NEGOCIAÇÃO COLETIVA

TITULARIDADE DO DIREITO DE NEGOCIAÇÃO COLETIVA — PRINCÍPIOS GERAIS

880. Deveria ser estimulado e fomentado entre empregadores e organizações de empregadores, de um lado, e organizações de trabalhadores, de outro, o pleno desenvolvimento e uso de procedimentos de negociação voluntária, com o objetivo de regulamentar, por meio de contratos coletivos, as condições de emprego.

(Ver Recompilação de 1996, parágrafo 781 e, por exemplo, informe 308º, caso n. 1934, parágrafo 127; informe 322º, caso n. 2015, parágrafo 102; informe 330º, caso n. 2186, parágrafo 382; informe 331º, caso n. 2228, parágrafo 469; informe 332º, caso n. 2255, parágrafo 945; informe 333º, caso n. 2172, parágrafo 318; informe 334º, caso n. 2222, parágrafo 211; informe 336º, caso n. 2336, parágrafo 538; informe 337º, caso n. 2349, parágrafo 404; e informe 338º; caso n. 2253, parágrafo 82)

881. O direito de negociar livremente com empregadores as condições de trabalho constitui elemento essencial da liberdade sindical, e os sindicatos deveriam ter o direito, mediante negociações coletivas ou por outros meios lícitos, de procurar melhorar as condições de vida e de trabalho de seus representados, enquanto as autoridades públicas devem abster-se de intervir, de forma que este direito seja restringido ou seu legítimo exercício impedido. Essa intervenção violaria o princípio de que as organizações de trabalhadores e de empregadores deveriam ter o direito de organizar suas atividades e formular seu programa.

(Ver Recompilação de 1996, parágrafo 782; informe 310º, caso n. 1928, parágrafo 175; informe 311º, caso n. 1951, parágrafo 220, caso n. 1942, parágrafo 269; informe 321º, caso n. 2019, parágrafo 412; informe 327º, caso n. 2119, parágrafo 253; e informe 338º, caso n. 2326, parágrafo 459)

882. Nos trabalhos preliminares para a aprovação da Convenção n. 87, é dito claramente que "um dos principais objetivos da garantia da liberdade sindical é permitir a empregadores e assalariados unirem-se em organizações independentes dos poderes públicos, com capacidade para definir, por meio de convenções coletivas realizadas livremente, salários e outras condições de emprego". (Liberdade sindical e relações de trabalho, informe VII, Conferência Internacional do Trabalho, 30º reunião, Genebra, 1947, página 53)

(Ver Recompilação de 1996, parágrafo 799; informe 308º, caso n. 1900, parágrafo 186; informe 311º, caso n. 1951, parágrafo 255; e informe 325º, caso n. 1951, parágrafo 211)

883. As federações e confederações deveriam poder concluir convenções coletivas.

(Ver Recompilação de 1996, parágrafo 783; informe 302º, caso n. 1817, parágrafo 320; e informe 332º, caso n. 2216, parágrafo 910)

884. O Comitê ressaltou a importância que atribui ao direito de negociação coletiva das organizações representativas, estejam ou não registradas.

(Ver Recompilação de 1996, parágrafo 784; informe 318º, caso n. 2018, parágrafo 423; informe 329º, caso n. 2140, parágrafo 296, caso n. 2133, parágrafo 543; e informe 333º, caso n. 2133, parágrafo 60)

TRABALHADORES COBERTOS PELA NEGOCIAÇÃO COLETIVA

(Ver também parágrafo 577)

885. A Convenção n. 98, especialmente seu artigo 42, referente ao estímulo e à promoção da negociação coletiva, aplica-se tanto no setor privado como no das empresas nacionalizadas e em organismos públicos.

(Ver Recompilação de 1996, parágrafo 792; e informe 334º, caso n. 2222, parágrafo 211)

886. Todos os trabalhadores da administração pública que não estão a serviço da administração do Estado deveriam gozar do direito de negociação coletiva, e dever-se-ia dar prioridade à negociação coletiva como meio de solucionar os conflitos que possam surgir na definição de condições de emprego na administração pública.

(Ver Recompilação de 1996, parágrafos 793 e 893 e, por exemplo, informe 308º, caso n. 1902, parágrafo 702; informe 321º, caso n. 2019, parágrafo 412; informe 325º, caso n. 2110, parágrafo 265; informe 327º, caso n. 2138, parágrafo 541; informe 328º, caso n. 2114, parágrafo 414; informe 329º, caso n. 2114, parágrafo 414; informe 329º, caso n. 2114, parágrafo 72; informe 334º, caso n. 2269, parágrafo 792; e informe 338º, caso n. 2253, parágrafo 84)

887. Convém distinguir entre funcionários que exercem atividades próprias da administração do Estado (funcionários dos ministérios e demais organismos governamentais comparáveis) e funcionários que atuam na qualidade de auxiliares dos anteriores, de um lado, e as demais pessoas empregadas pelo Estado, em empresas públicas ou em instituições públicas autônomas, de outro. Só se poderia excluir do campo de aplicação da Convenção n. 98 a primeira categoria de trabalhadores acima referida.

(Ver Recompilação de 1996, parágrafo 794; informe 306º, caso n. 1882, parágrafo 433; informe 329º, caso n. 2114, parágrafo 72, casos ns. 2177 e 2183, parágrafo 644; informe 334º, caso n. 2222, parágrafo 209; e informe 338º, caso n. 2253, parágrafo 84)

888. O Comitê considera conveniente lembrar os termos da Convenção n. 151, de 1978, sobre as relações de trabalho na administração pública, cujo artigo 7º prevê que "deverão ser adotadas, se necessário, medidas compatíveis com as condições nacionais para estimular e promover o pleno desenvolvimento e utilização de procedimentos de negociação entre autoridades públicas competentes e organizações de empregados públicos sobre as condições de emprego ou quaisquer outros meios que permitam aos representantes dos empregados públicos participarem na definição das ditas condições".

(Ver Recompilação de 1996, parágrafo 916)

889. Não obstante recordar o disposto no artigo 7º da Convenção n. 151, o Comitê sublinhou que quando a legislação nacional opta pelos procedimentos de negociação, compete ao Estado velar para que os ditos procedimentos se apliquem adequadamente.

(Ver informe 308º, caso n. 1919, parágrafo 322)

890. Referindo-se ao artigo 8º da Convenção n. 151, relativo à solução de conflitos, o Comitê lembrou que, com base nos trabalhos preparatórios para a adoção da Convenção, esse artigo foi interpretado no sentido de que favorece a possibilidade de se optar entre a negociação e outros procedimentos (tais como a mediação, a conciliação e a arbitragem) para a solução de conflitos. O Comitê destacou a importância do princípio estabelecido no artigo 8º da Convenção n. 151.

(Ver Recompilação de 1996, parágrafo 917)

891. O Comitê tem enfatizado que o artigo 7º da Convenção n. 151 prevê certa flexibilidade com relação aos procedimentos para definir as condições de emprego.

(Ver Recompilação de 1996, parágrafo 923)

892. O simples fato de que um funcionário constitua parte da categoria de "empregados não manuais" não caracteriza, por si só, um critério suficiente para determinar seu pertencimento à categoria dos empregados que estão a serviço da administração do Estado, porque se fosse esse o caso, seria muito limitado o alcance da Convenção n. 98. Em resumo, todos os trabalhadores da administração pública, com a única possível exclusão das forças armadas e policiais e dos funcionários ligados diretamente ao serviço da administração do Estado, deverão gozar do direito de negociação coletiva.

(Ver informe 329º, casos ns. 2177 e 2183, parágrafo 644)

893. É imperioso que a legislação reconheça explícita e claramente, por disposições específicas, o direito de organizações de empregados e funcionários públicos que não exerçam atividades próprias da administração do Estado de concluir convenções coletivas. Este direito só poderia ser negado do ponto de vista dos princípios estabelecidos pelos órgãos de controle da OIT, relativos à Convenção n. 98, a funcionários que trabalham nos ministérios e demais organismos governamentais comparáveis, mas não, por exemplo, a pessoas que trabalham em empresas públicas ou e instituições públicas autônomas.

(Ver Recompilação de 1996, parágrafo 795; informe 327º, caso n. 2104, parágrafo 520; e informe 334º, caso n. 2253, parágrafo 312)

894. Empregados de empresas comerciais ou industriais do Estado deveriam poder realizar convenções coletivas.

(Ver Recompilação de 1996, parágrafo 796)

895. O Comitê lembrou que a Convenção n. 98 aplica-se aos empregados dos correios e telecomunicações.

(Ver Recompilação de 1996, parágrafo 797)

896. Num caso em que se procurava submeter os trabalhadores do Banco Nacional ao regime trabalhista privado, o Comitê considerou que não lhe competia pronunciar-se sobre o regime de direito público ou de direito privado a que se devem submeter estes trabalhadores. Não obstante, tendo em vista que as Convenções ns. 87 e 98 aplicam-se a todos os trabalhadores do setor bancário, o Comitê expressou a esperança de que se reconhecesse aos trabalhadores do setor bancário direito de realizar convenções coletivas e o de se afiliar às federações que considerassem convenientes.

(Ver Recompilação de 1886, parágrafo 798)

897. Não parece ser possível, tendo em vista suas funções, excluir o pessoal de um instituto nacional de radiotelevisão, estabelecimento público, do princípio concernente à promoção da negociação coletiva.

(Ver Recompilação de 1996, parágrafo 800)

898. Nenhuma disposição da Convenção n. 98 autoriza a exclusão do pessoal temporário de seu campo de aplicação.

(Ver Recompilação de 1996, parágrafo 802; informe 324º, caso n. 2083, parágrafo 254; informe 327º, caso n. 2138, parágrafo 544; e informe 335º, caso n. 2303, parágrafo 1372)

899. Ao examinar uma legislação que permitia excluir das convenções coletivas marinheiros não residentes no país, o Comitê pediu ao governo que tomasse providências para alterar a lei, de forma que a negociação coletiva plena e voluntária de todos os marinheiros que prestam serviço em barcos de pavilhão nacional fosse uma realidade.

(Ver Recompilação de 1996, parágrafo 803)

900. O Comitê tem chamado a atenção para a importância de que no setor de educação se promova a negociação coletiva nos termos do artigo 4º da Convenção n. 98.

(Ver Recompilação de 1996, parágrafo 804; informe 302º, caso n. 1820, parágrafo 109; informe 310º, caso n. 1928, parágrafo 175; informe 327º, caso n. 2119, parágrafo 253; informe 328º, caso n. 2114, parágrafo 414; informe 329º, casos ns. 2177 e 2183, parágrafo 645; e informe 334º, caso n. 2221, parágrafo 212)

901. O Comitê sublinha que, na sua opinião, os docentes não desempenham tarefas próprias dos funcionários na administração do Estado; de fato, esse tipo de atividades também se leva a cabo no âmbito privado. Nestas condições, se põe em revelia a importância de que os docentes com estatuto de funcionários públicos possam desfrutar das garantias previstas na Convenção n. 98.

(Ver informe 302º, caso n. 1820, parágrafo 109)

902. Deve garantir-se ao pessoal que se desempenha no setor de controle da navegação aérea, o direito de negociação coletiva de suas condições de emprego.

(Ver informe 304º, caso n. 1827, parágrafo 529)

903. As pessoas empregadas nos hospitais públicos deveriam desfrutar do direito de negociação coletiva.

(Ver informe 306º, caso n. 1882, parágrafo 433)

904. Técnicos da aviação civil que prestam serviços sob a jurisdição das forças armadas não podem ser considerados, por força das tarefas que executam, como pertencentes a essas forças armadas para sua exclusão das garantias da Convenção n. 98; competirá aplicar a estes trabalhadores a norma preconizada no artigo 4º da Convenção, relativa à negociação coletiva.

(Ver Recompilação de 1996, parágrafo 805)

905. A Convenção n. 98 é de aplicação ao pessoal de embaixadas de contratação local.

(Ver informe 334º, caso n. 2197, parágrafo 130)

906. Os trabalhadores temporários deveriam poder negociar coletivamente.

(Ver informe 305º, caso n. 1829, parágrafo 130)

907. Com relação a ofertas temporárias de emprego no setor público para combater o desemprego, nas quais a remuneração não se estabelecia de acordo com as convenções coletivas que regulamentam a remuneração dos empregados do quadro, o Comitê fez votos de que o governo velasse para que, na prática, as ofertas individuais de emprego fossem de duração limitada e não se convertessem em oportunidades para preencher postos permanentes com pessoas desempregadas que se veriam prejudicadas em seu direito à negociação coletiva referentes às questões relativas à sua remuneração.

(Ver Recompilação de 1996, parágrafo 912)

908. As pessoas que participam em atividades comunitárias destinadas a combater o desemprego — limitadas a uma duração de seis meses — não são verdadeiros empregados das organizações que se beneficiam de seu trabalho e, por conseguinte, podem ser excluídos legitimamente do âmbito dos acordos coletivos em vigor, a menos no que se refere aos salários.

(Ver informe 316º, caso n. 1975, parágrafo 269; e informe 324º, caso n. 2022, parágrafo 764)

909. Em relação ao princípio que antecede, o Comitê considerou que tendo em vista que as pessoas em questão realizam, sem sombra de dúvidas, um trabalho e oferecem serviços que beneficia uma determinada organização, elas têm de desfrutar, em consequência, de um certo grau de proteção respectivamente as suas condições de trabalho.

(Ver informe 316º, caso n. 1975, parágrafo 270; e informe 324º, caso n. 2022, parágrafo 764)

910. No contexto da luta contra o desemprego e o estabelecimento de programas de ofertas de emprego que impõem um obstáculo para a remuneração horária aos trabalhadores, o Comitê insistiu em que o Governo assegure que na prática não se recorresse aos grupos de emprego de forma sucessiva com a finalidade de cobrir postos regulares com pessoas desempregadas que veriam limitado seu direito de negociar coletivamente. O Comitê pediu ao Governo que estabelecesse procedimentos tripartites a fim de prevenir os abusos.

(Ver informe 312º, caso n. 1958, parágrafo 75)

911. Em um caso em que alguns convênios coletivos se aplicam somente às partes contratantes e a seus afiliados e não a todos os trabalhadores, o Comitê considerou que se trata de uma opção legítima — como também poderia ser o contrário — que não parece violar os princípios da liberdade sindical, e que, ademais, é seguida em muitos países.

(Ver informe 305º, caso n. 1765, parágrafo 100)

MATÉRIAS COBERTAS PELA NEGOCIAÇÃO COLETIVA

(Ver também parágrafos 480 e 481)

912. As medidas que se aplicam unilateralmente pelas autoridades para restringir o âmbito das questões que podem ser objeto de negociações são muitas vezes incompatíveis com a Convenção n. 98; como método particularmente adequado, para remediar este gênero de situações, se dispõe de procedimento de consultas de caráter tripartite destinadas a estabelecer, de comum acordo, linhas de diretrizes em matéria de negociação coletiva.

(Ver informe 308º, caso n. 1897, parágrafo 473)

913. As questões que podem ser objeto da negociação coletiva incluem o tipo de convênio que se oferece aos trabalhadores ou o tipo de convênio coletivo que haja sido negociado para o futuro, assim como os salários, prestações e subsídios, a duração do trabalho, as férias anuais, os critérios de seleção em caso de demissão, um alcance do convênio coletivo, a outorga de instalações aos sindicatos que incluam um acesso ao lugar de trabalho mais amplo que o previsto na legislação, etc.; essas questões não deveriam excluir-se do âmbito da negociação coletiva em virtude da legislação, ou como neste caso, por sanções econômicas e penas severas, em caso de não cumprimento das disposições do código e das diretrizes.

(Ver informe 338º, caso n. 2326, parágrafo 450)

914. Uma legislação que exclua a duração do trabalho do campo de aplicação da negociação coletiva, salvo quando há autorização governamental, parece atentar contra o direito das organizações de trabalhadores de negociar livremente com os empregadores as condições de trabalho garantidas pelo artigo 4º da Convenção n. 98.

(Ver Recompilação de 1996, parágrafo 806)

915. No que se refere à proibição, por via legislativa, da incorporação da cláusula de boicote de solidariedade nas convenções coletivas, o Comitê considerou que não se deviam incluir na legislação restrições a essas cláusulas.

(Ver Recompilação de 1996, parágrafo 807)

916. De acordo com os princípios da liberdade sindical, as convenções coletivas deveriam poder prever um sistema de dedução das contribuições sindicais, sem ingerência das autoridades.

(Ver Recompilação de 1996, parágrafos 327 e 808; e informe 333º, caso n. 2187, parágrafo 722)

917. O Comitê chamou a atenção para o fato de que as limitações em matéria de atribuição de empregos, estabelecidas pelas legislações, podem impedir a negociação de convenções coletivas para melhorar as condições de emprego, inclusive as condições que regulamentam o acesso a determinados empregos, infringindo, por conseguinte, os direitos dos trabalhadores interessados no que respeita à negociação coletiva e à melhoria de suas condições de trabalho.

(Ver Recompilação de 1996, parágrafo 809)

918. Uma legislação que modifica convenções coletivas que, desde algum tempo, já estavam em vigor e que proíbe que, no futuro, se concluam convenções coletivas concernentes à tripulação de navios, não está de acordo com o artigo 4º da Convenção n. 98.

(Ver Recompilação de 1996, parágrafo 810)

919. Uma legislação que faculta ao Ministério do Trabalho baixar normas relativas a salários, jornada de trabalho, descanso e férias e condições de trabalho, devendo as convenções coletivas limitar-se a acatar as ditas normas, e que exclui da esfera da negociação coletiva aspectos tão importantes das condições de trabalho, não está de acordo com o artigo 4º da Convenção n. 98.

(Ver Recompilação de 1996, parágrafo 811)

920. A propósito de denúncia relativa à proibição de celebrar negociações coletivas no setor público sobre algumas questões, o Comitê lembrou a seguinte opinião da Comissão de Investigação e Conciliação em Matéria de Liberdade Sindical: "Há algumas questões que competem, evidentemente, de um modo primordial ou essencial, à administração e à gestão de negócios de governo; estas questões podem ser consideradas razoavelmente fora do alcance da negociação." É também claro que algumas outras questões são primordial ou essencialmente questões que se referem a condições de emprego e não deveriam ser consideradas excluídas do âmbito das negociações coletivas realizadas numa atmosfera de boa-fé e mútua confiança.

(Ver Recompilação de 1996, parágrafo 812; informe 306º, caso n. 1859, parágrafo 242; informe 310º, caso n. 1928, parágrafo 175; informe 311º, caso n. 1951, parágrafo 220; informe 327º, caso n. 2119, parágrafo 253; e informe 329º, casos ns. 2177 e 2183, parágrafo 646)

921. As questões relativas ao número de pessoas ou aos departamentos que devem ver-se afetados pelas dificuldades financeiras, podem ser consideradas como questões que dependem primordial ou essencialmente da direção e do funcionamento dos assuntos do Governo e que, por conseguinte, podem considerar-se de modo razoável fora do alcance da negociação; no entanto, o amplo aspecto da segurança no emprego, em geral, compreende questões vinculadas principal ou essencialmente a questões de emprego, como por exemplo os direitos daqueles que vão ser despedidos e as indenizações devidas a estes, etc., e não deveria considerar-se fora do âmbito da negociação coletiva.

(Ver informe 306º, caso n. 1859, parágrafo 242; e informe 311º, caso n. 1951, parágrafo 220)

922. A definição das linhas gerais da política do ensino, embora constitua uma questão sobre a qual pode ser normal a consulta às organizações do pessoal docente, não se presta a negociações coletivas entre estas organizações e as autoridades competentes.

(Ver Recompilação de 1996, parágrafo 813; informe 310º, caso n. 1928, parágrafo 175; informe 311º, caso n. 1951, parágrafo 220; e informe 330º, caso n. 2173, parágrafo 300)

923. As consequências sobre as condições de emprego derivadas das decisões adotadas em relação a uma política educativa deveriam ser objeto de uma negociação coletiva livre.

(Ver informe 325º, caso n. 1951, parágrafo 206; e informe 327º, caso n. 2119, parágrafo 253)

924. As partes negociadoras são as melhores preparadas para avaliar as razões e determinar as modalidades (e, no que se refere aos empregadores, a viabilidade financeira) das cláusulas negociadas de aposentadoria obrigatória antes da idade de aposentadoria oficial, seja por razões da dificuldade do trabalho ou por motivos de segurança e saúde.

(Ver informe 330º, caso n. 2171, parágrafo 1058)

PRINCÍPIO DA NEGOCIAÇÃO LIVRE E VOLUNTÁRIA

925. A negociação voluntária de convenções coletivas e, portanto, a autonomia dos interlocutores sociais na negociação, constitui aspecto fundamental dos princípios da liberdade sindical.

(Ver Recompilação de 1996, parágrafo 844; informe 321º, caso n. 1975, parágrafo 117; informe 327º, caso n. 2146, parágrafo 896; informe 330º, caso n. 2196, parágrafo 304, caso n. 2171, parágrafo 1048; informe 331º, caso n. 2132, parágrafo 590; informe 332º, caso n. 2233, parágrafo 639; e informe 337º, caso n. 2349, parágrafo 404)

926. A negociação coletiva, para ser eficaz, deve ter caráter voluntário e não implicar recurso a medidas de coação que alterariam o caráter voluntário da dita negociação.

(Ver Recompilação de 1996, parágrafo 845; e informe 337º, caso n. 2349, parágrafo 404)

927. Nenhuma disposição do artigo 4º da Convenção n. 98 obriga um governo a impor coercitivamente um sistema de negociações coletivas a uma determinada organização, intervenção governamental que alteraria claramente o caráter dessas negociações.

(Ver Recompilação de 1996, parágrafo 846; informe 311º, caso n. 1942, parágrafo 269; informe 313º, caso n. 1959, parágrafo 217; informe 316º, caso n. 1996, parágrafo 667; informe 328º, caso n. 2149, parágrafo 579; e informe 332º, caso n. 2252, parágrafo 880)

928. O artigo 4º do Convenção n. 98 não impõe, de maneira alguma, ao Governo, o dever de negociar coletivamente, do mesmo modo que tampouco resulta contrário ao dito artigo em obrigar os interlocutores sociais a entabular negociações sobre términos e condições de trabalho com vistas a estimular e fomentar o desenrolar e a utilização dos mecanismos da negociação coletiva das condições de trabalho; no entanto, as autoridades públicas deveriam abster-se de toda ingerência indevida no processo de negociação.

(Ver informe 328º, caso n. 2149, parágrafo 581)

929. Embora o conteúdo do artigo 4º do Convenção n. 98 não obrigue a um Governo impor coercitivamente a negociação coletiva a uma organização determinada, posto que uma intervenção desse tipo alteraria claramente o caráter voluntário da negociação coletiva, ele não significa que os governos devam abster-se de adotar medidas que tenham por objetivo estabelecer mecanismos de negociação coletiva.

(Ver informe 338º, caso n. 2253, parágrafo 82)

930. Uma legislação que impõe a conciliação obrigatória e impede que o empregador a abandone independentemente das circunstâncias, com o risco de ser penalizado com sanção dos salários correspondentes aos dias de greves, além de impor um castigo desproporcionado, é contrária ao princípio da negociação coletiva voluntária consagrado no Convenção n. 98.

(Ver informe 318º, caso n. 1931, parágrafo 369)

931. A possibilidade oferecida aos empregadores, conforme a legislação, de relacionar suas propostas para os fins da negociação coletiva, se estas propostas constituem simples base para a negociação voluntária a que se refere a Convenção n. 98, não deve ser considerada como violação dos princípios aplicáveis na matéria.

(Ver Recompilação de 1996, parágrafos 849; e informe 337º, caso n. 2331, parágrafo 592)

MECANISMOS DESTINADOS A FACILITAR A NEGOCIAÇÃO COLETIVA

932. Os organismos responsáveis pela solução de conflitos entre as partes de uma negociação coletiva deveriam ser independentes e de caráter voluntário o recurso a esses organismos.

(Ver Recompilação de 1996, parágrafo 858; informe 320º, caso n. 2025, parágrafo 408; informe 327º, caso n. 2145, parágrafo 305; e informe 335º, caso n. 2305, parágrafo 506)

933. Embora algumas normas e práticas possam facilitar o desenvolvimento da negociação coletiva e contribuir para promovê-la, e se algumas medidas podem facilitar às partes o acesso a algumas informações, por exemplo, sobre a situação econômica de sua unidade de negociação, sobre salários e condições de trabalho em unidades vizinhas e sobre a situação econômica geral, todas as legislações, pelas quais se instituem organismos e procedimentos de mediação e conciliação com vista a facilitar a negociação entre copartícipes sociais, devem salvaguardar a autonomia das partes implicadas na negociação. Em face do exposto, em vez de conferir às autoridades públicas poderes de assistência ativa, e mesmo de intervenção, que lhes permitam fazer prevalecer seu ponto de vista, é mais conveniente procurar convencer as partes envolvidas na negociação a tomar em consideração, por sua própria vontade, as razões capitais relacionadas com as políticas econômicas e sociais de interesse geral mencionadas pelo governo.

(Ver Recompilação de 1996, parágrafo 859; e informe 318º, caso n. 2012, parágrafo 424)

O PRINCÍPIO DA NEGOCIAÇÃO DE BOA-FÉ

(Ver também parágrafo 657)

934. O Comitê lembra a importância que atribui à obrigação de negociar de boa-fé para se manter o desenvolvimento harmonioso das relações profissionais.

(Ver Recompilação de 1996, parágrafo 814 e, por exemplo, informe 307º, caso n. 1873, parágrafo 98; informe 311º, caso n. 1944, parágrafo 546; informe 318º, caso n. 2005, parágrafo 184; informe 325º, caso n. 2106, parágrafo 485; informe 330º, caso n. 2186, parágrafo 380; informe 332º, caso n. 2263, parágrafo 298; informe 333º, caso n. 2288, parágrafo 826; informe 335º, caso n. 2274, parágrafo 1121; informe 337º, caso n. 2244, parágrafo 1258; e informe 338º, caso n. 2404, parágrafo 1047)

935. É importante que tanto empregadores como sindicatos participem de boa-fé das negociações e façam todo o possível para chegar a um acordo, e a celebração de negociações verdadeiras e construtivas é necessária para se criar e manter uma relação de confiança entre as partes.

(Ver Recompilação de 1996, parágrafo 815 e, por exemplo, informe 330º, caso n. 1806, parágrafo 125; informe 316º, caso n. 1970, parágrafo 566; informe 318º, caso n. 2020, parágrafo 329, informe 324º, casos ns. 2092 e 2101, parágrafo 732; informe 325º, caso n. 2110, parágrafo 265; informe 326º, caso n. 2122, parágrafo 316; informe 329º, caso n. 2198, parágrafo 679; informe 332º, caso n. 2263, parágrafo 298; informe 333º, caso n. 2288, parágrafo 826; e informe 338º, caso n. 2404, parágrafo 1047)

936. É importante que tanto os empregadores como os sindicatos devem negociar de boa-fé, realizando esforços para chegar a um acordo, e a existência de relações de trabalho satisfatórias dependem primordialmente da atitude recíproca das partes e de sua confiança mútua.

(Ver informe 299º, caso n. 1768, parágrafo 107)

937. O princípio de que tanto empregadores como sindicatos devem negociar de boa-fé, fazendo esforços para chegarem a um acordo, supõe evitar-se todo atraso injustificado no desenvolvimento das negociações.

(Ver Recompilação de 1996, parágrafo 816; informe 330º, caso n. 1804, parágrafo 322; informe 316º, caso n. 1970, parágrafo 566; informe 318º, caso n. 2009, parágrafo 295, caso n. 1994, parágrafo 455; informe 330º, caso n. 2186, parágrafo 380; informe 332º, caso n. 2252, parágrafo 880; informe 335º, caso n. 2311, parágrafo 1148; e informe 338º, caso n. 2404, parágrafo 1047)

938. Embora a atitude conciliadora ou intransigente, adotada por uma das partes face às reivindicações da outra, seja matéria de negociação coletiva entre elas, tanto empregadores como sindicatos devem negociar de boa-fé esforçando se para chegar a um acordo.

(Ver Recompilação de 1996, parágrafo 817; informe 307, caso n. 1873, parágrafo 99; informe 320º, caso n. 2048, parágrafo 720; informe 324º, caso n. 2093, parágrafo 436, caso n. 2091, parágrafo 890; informe 325º, caso n. 2068, parágrafo 326; informe 327º, caso n. 2127, parágrafo 195; informe 328º, caso n. 2149, parágrafo 580; e informe 337º, caso n. 2337, parágrafo 443)

939. Os acordos devem ser de cumprimento obrigatório para as partes.

(Ver Recompilação de 1996, parágrafo 818 e, por exemplo, informe 311º, caso n. 1944, parágrafo 546; informe 320º, caso n. 2048, parágrafo 720; informe 323º, caso n. 1960, parágrafo 244; informe 324º, caso n. 1965, parágrafo 801; informe 325º, caso n. 2106, parágrafo 481; informe 327º, caso n. 2138, parágrafo 540; informe 330º, caso n. 2212, parágrafo 745; informe 333º, caso n. 2288, parágrafo 826; e informe 337º, caso n. 2362, parágrafo 760)

940. O respeito mútuo dos compromissos assumidos nos acordos coletivos é um elemento importante do direito de negociação coletiva e deveria ser salvaguardado para estabelecer relações laborais sobre uma base sólida e estável.

(Ver informe 308º, caso n. 1919, parágrafo 325; informe 323º, caso n. 1960, parágrafo 244; informe 325º, caso n. 2068, parágrafo 329; informe 328º, caso n. 2165, parágrafo 248; e informe 337º, caso n. 2362, parágrafo 760)

941. A negociação coletiva, que implica um processo de concessões mútuas, é uma certeza razoável de que se manterão os compromissos negociados, ao menos enquanto dure o convênio, já que este é resultado de compromissos contraídos por ambas partes sobre certas questões, e da renúncia a determinadas exigências de negociação com o fim de obter outros direitos considerados como mais prioritários pelos sindicatos e seus membros. Se esses direitos, em troca dos quais foram feitas concessões em outros pontos, podem cancelar-se unilateralmente, não poderia haver nenhuma expectativa razoável de estabilidade de relações laborais, nem confiança suficiente nos acordos negociados.

(Ver informe 330º, caso n. 2171, parágrafo 1048)

942. Disposição legal que permita ao empregador modificar unilateralmente o conteúdo dos acordos coletivos, previamente pactuados, ou obriga a negociá-los novamente, é contrária aos princípios da negociação coletiva.

(Ver Recompilação de 1996, parágrafo 848; informe 330º, caso n. 2171, parágrafo 1047; informe 332º, caso n. 2242, parágrafo 824; e informe 336º, caso n. 2324, parágrafo 278)

943. A falta de aplicação do convênio coletivo, mesmo em caráter temporário, supõe uma violação do direito de negociação coletiva, assim como do princípio de negociação de boa-fé.

(Ver informe 327º, caso n. 2118, parágrafo 639)

NEGOCIAÇÃO COLETIVA COM REPRESENTANTES NÃO SINDICAIS

(Ver também parágrafos 868, 875 e 876)

944. A Recomendação n. 91, de 1951, sobre contratos coletivos, dá proeminência, quanto a uma das partes da negociação coletiva, às organizações de trabalhadores, referindo-se aos representantes dos trabalhadores não organizados só no caso de não existirem essas organizações. Nestas circunstâncias, a negociação direta entre a empresa e seus trabalhadores, por cima das organizações representativas quando as há, pode, em alguns casos, ocorrer em detrimento do princípio, segundo o qual a negociação coletiva entre empregadores e organizações de trabalhadores deve ser estimulada e promovida.

(Ver Recompilação de 1996, parágrafo 785; informe 299º, caso n. 1512, parágrafo 424; informe 302º, caso n. 1781, parágrafo 253; informe 308º, caso n. 1926, parágrafo 628, informe 321º, caso n. 1926, parágrafo 65; informe 327º, caso n. 2138, parágrafo 545; informe 331º, caso n. 2243, parágrafo 618; informe 332º, caso n. 2216, parágrafo 909; e informe 333º, caso n. 2251, parágrafo 977)

945. A Recomendação n. 91, de 1951, sobre contratos coletivos, dispõe: "Para os efeitos da presente Recomendação, a expressão 'contrato coletivo' compreende todo acordo escrito relativo às condições de trabalho e de emprego, celebrado entre um empregador, um grupo de empregadores ou uma ou várias organizações de empregadores, de uma parte, e, de outra, uma ou várias organizações representativas de trabalhadores ou, na falta dessas organizações, representantes dos trabalhadores interessados, devidamente eleitos e por estes autorizados; de acordo com a legislação nacional". Nesse sentido, o Comitê ressaltou que a mencionada Recomendação enfatiza o papel das organizações de trabalhadores na qualidade de parte na negociação coletiva. A negociação direta entre a empresa e seus trabalhadores, por cima das organizações representativas quando as há, pode, em certos casos, ocorrer em detrimento do princípio pelo qual se deve estimular e promover a negociação coletiva entre empregadores e organizações de trabalhadores.

(Ver Recompilação de 1996, parágrafo 786; informe 318º, caso n. 2018, parágrafo 512; informe 322º, caso n. 2046, parágrafo 138; informe 325º, caso n.

2107, parágrafo 234, informe 334º, caso n. 2046, parágrafo 345; informe 337º, caso n. 2362, parágrafo 762; e informe 338º, caso n. 2386, parágrafo 1249)

946. Na Convenção n. 135, de 1971, sobre os representantes dos trabalhadores, e na Convenção n. 154, de 1981, sobre a negociação coletiva, figuram disposições expressas para garantir que, numa mesma empresa, quando há sindicatos e representantes eleitos pelos trabalhadores, se adotem medidas adequadas para garantir que a existência de representantes eleitos não seja utilizada em detrimento da posição dos sindicatos interessados.

(Ver Recompilação de 1996, parágrafo 787; informe 308º, caso n. 1934, parágrafo 127; informe 310º, caso n. 1887, parágrafo 104; informe 325º, caso n. 2090, parágrafo 162; e informe 332º, caso n. 2255, parágrafo 944)

947. A possibilidade de que delegados do pessoal, que representam dez por cento dos trabalhadores, celebrem convenções coletivas com o empregador, mesmo na suposição de que já existam uma ou várias associações de trabalhadores, não promove a negociação coletiva no sentido do artigo 4º da Convenção n. 98; além disso, tendo em vista o reduzido percentual mencionado, a dita possibilidade pode prejudicar a posição das organizações de trabalhadores, contrariamente ao disposto no artigo 3º, parágrafo 2, da Convenção n. 154.

(Ver Recompilação de 1996, parágrafo 788)

948. Se a proposta direta da empresa a seus trabalhadores é só uma reiteração das propostas já anteriormente feitas ao sindicato e que este havia recusado, mas, posteriormente, voltem a ser retomadas as negociações entre a empresa e o sindicato, o Comitê considerou que, nestas circunstâncias, os reclamantes não provam uma violação dos direitos sindicais.

(Ver Recompilação de 1996, parágrafo 791)

RECONHECIMENTO DAS ORGANIZAÇÕES MAIS REPRESENTATIVAS

(Ver também parágrafos 356 e 358)

949. A Recomendação n. 163, de 1981, sobre a negociação coletiva, enumera diversas medidas com vista à sua promoção, inclusive o reconhecimento das organizações representativas de empregadores e de trabalhadores (parágrafo 3 (a)).

(Ver Recompilação de 1996, parágrafo 819)

950. São compatíveis com os princípios da liberdade sindical, tanto os sistemas de negociação coletiva com direitos exclusivos para o sindicato mais representativo, como aqueles em que são possíveis várias convenções coletivas concluídas por vários sindicatos dentro de uma empresa.

(Ver informe 328º, caso n. 2136; e informe 329º, caso n. 2136, parágrafo 99)

951. Num caso em que os direitos de representação da totalidade dos trabalhadores do setor de que se tratava pareciam haver sido conferidos a organizações de limitada representatividade em nível nacional, o Comitê achou que, se a legislação nacional estabelece mecanismos para a representação dos interesses profissionais de toda uma categoria de trabalhadores, essa representação deveria recair normalmente na organização majoritária da categoria e os governos deveriam abster-se de toda intervenção que pudesse desvirtuar o dito princípio.

(Ver Recompilação de 1996, parágrafo 820)

952. Os empregadores, inclusive as autoridades governamentais na qualidade de empregadores, devem reconhecer, nas negociações coletivas, as organizações que representam os trabalhadores empregados por eles.

(Ver Recompilação de 1996, parágrafo 821; informe 305º, caso n. 1861, parágrafo 251; informe 311º, caso n. 1942, parágrafo 269; informe 316º, caso n. 1996, parágrafo 667; informe 318º, caso n. 1978, parágrafo 217; informe 333º, caso n. 2301, parágrafo 595, caso n. 2291, parágrafo 916; e informe 336º, caso n. 1996, parágrafo 93)

953. O reconhecimento, pelo empregador, dos principais sindicatos representados em sua empresa, ou do mais representativo deles, constitui a própria base de todo processo de negociação coletiva das condições de emprego no âmbito do estabelecimento.

(Ver Recompilação de 1996, parágrafo 822; informe 307º, caso n. 1890, parágrafo 373; informe 333º, caso n. 2301, parágrafo 595, caso n. 2281, parágrafo 635, caso n. 2291, parágrafo 916; e informe 338º, caso n. 2378, parágrafo 1141)

954. Os empregadores deveriam reconhecer as organizações representativas de trabalhadores, numa determinada indústria, para fins de negociação coletiva.

(Ver Recompilação de 1996, parágrafo 823; informe 333º, caso n. 1996, parágrafo 98; e informe 336º, caso n. 1996, parágrafo 93)

955. Quando houver dificuldades na interpretação das normas relativas à eleição de dirigentes sindicais, criando situações em que os empregadores se negam a negociar com o sindicato correspondente e, em termos mais gerais, a reconhecê-lo, se mostrará com problemas de compatibilidade a Convenção n. 87.

(Ver informe 338º, caso n. 2096, parágrafo 273)

DETERMINAÇÃO DE SINDICATO OU SINDICATOS HABILITADOS PARA NEGOCIAR

956. O requisito da maioria não só do número de trabalhadores, mas também de empresas, para celebrar uma convenção coletiva por ramo de atividade ou profissão, pode levantar problemas de aplicação com a Convenção n. 98.

(Ver Recompilação de 1996, parágrafo 854; informe 302º, caso n. 1845, parágrafo 514; e informe 306º, caso n. 1996, parágrafo 553)

957. Para que um sindicato do ramo de atividade possa negociar um acordo coletivo na empresa, deveria bastar a prova de que dito sindicato conte com suficiente representatividade ao nível de empresa.

(Ver informe 302º, caso n. 1845, parágrafo 516)

958. Relativamente a uma disposição quem tem por efeitos que um sindicato majoritário em uma empresa não possa negociar coletivamente, se não estiver afiliado a uma central representativa, o Comitê recordou a importância que deve ser dada ao direito de negociação coletiva do sindicato majoritário da empresa.

(Ver informe 305º, caso n. 1765, parágrafo 99)

959. As autoridades competentes deveriam ter sempre a faculdade de proceder a uma verificação objetiva de solicitação de um sindicato que afirme representar a maioria dos trabalhadores da empresa, quando a solicitação lhes parecesse plausível. Se provado que o sindicato interessado representa a maioria dos trabalhadores, as autoridades deveriam adotar as devidas medidas de conciliação para fazer com que os empregadores reconheçam o dito sindicato para fins de negociação coletiva.

(Ver Recompilação de 1996, parágrafos 824 e 835; informe 305º, caso n. 1861, parágrafo 251; informe 309º, caso n. 1852, parágrafo 337; informe 311º, caso n. 1873, parágrafo 108; informe 316º, caso n. 1996, parágrafo 667; informe 332º, caso n. 2250, parágrafo 281, caso n. 2187, parágrafo 726; informe 333º, caso n. 2281, parágrafo 635; informe 334º, caso n. 2316, parágrafo 504; e informe 338º, caso n. 2378, parágrafo 1141)

960. Se um distinto sindicato, signatário de uma convenção, torna-se o sindicato majoritário e pede a anulação da convenção, as autoridades, independentemente do previsto na convenção, deveriam dirigir-se devidamente ao empregador para fins do reconhecimento do dito sindicato.

(Ver Recompilação de 1996, parágrafo 825; e informe 330º, caso n. 2229, parágrafo 955)

961. Quando as autoridades têm a faculdade de promover votações para saber qual sindicato é majoritário para representar os trabalhadores nas negociações coletivas, deveriam sempre proceder a essas votações quando não sabem ao certo por qual sindicato desejam os trabalhadores ser representados.

(Ver Recompilação de 1996, parágrafos 826 e 837; informe 323º, caso n. 2006, parágrafo 428; e informe 329º, caso n. 2175, parágrafo 697)

962. Quando, segundo o sistema em vigor, o sindicato mais representativo goza de direitos preferenciais ou exclusivos de negociação, o dito sindicato deve ser indicado de acordo com critérios objetivos e previamente definidos, a fim de se evitar toda possibilidade de parcialidade ou abuso.

(Ver Recompilação de 1996, parágrafo 827; informe 307º, caso n. 1890, parágrafo 373; e informe 328º, caso n. 2136, parágrafo 535)

963. Embora as administrações públicas tenham o direito de decidir se negociam no âmbito nacional ou no regional, os trabalhadores, qualquer que seja o âmbito em que se faça a negociação, deveriam ter o direito de escolher a organização que os representará nas negociações.

(Ver Recompilação de 1996, parágrafo 828)

964. Em um caso em que, para aspirar a representatividade e ter a capacidade de ser o único a firmar convênios, a organização sindical está obrigada a acreditar a um tempo sua representatividade tanto nacional como multissetorial, o Comitê estimou que a soma destas duas exigências criam dificuldades com respeito aos princípios da liberdade sindical no que respeita à representatividade. Sua aplicação poderia ter como consequência impedir que um sindicato representativo em um setor determinado firme somente os convênios coletivos derivados das negociações coletivas nas que tenham participado.

(Ver informe 324º, caso n. 1980, parágrafo 669)

965. Para que a associação de uma organização determinada na negociação coletiva seja plenamente efetiva e real, esta organização deve estar em condições de firmar os convênios derivados das negociações quando o considere oportuno, e de ser única signatária, sempre que sua representatividade no setor haja sido objetivamente demonstrada.

(Ver informe 324º, caso n. 1980, parágrafo 670)

966. A participação na negociação coletiva e a assinatura de convenções coletivas, que delas se derivam, implica necessariamente a independência das organizações signatárias, a respeito do empregador e das organizações de empregadores, assim como das autoridades públicas. As organizações sindicais podem participar na negociação somente quando se demonstra a efetividade de tal independência.

(Ver informe 324º, caso n. 1980, parágrafo 671)

967. A determinação das organizações suscetíveis de firmar somente as convenções coletivas, deveria efetuar-se, atendendo a um critério duplo: da representatividade e da independência. Segundo o Comitê, as organizações que reúnam estes critérios deveriam ser declaradas como tais por um órgão que ofereça todas as garantias de independência e objetividade.

(Ver informe 324º, caso n. 1980, parágrafo 672)

968. O requisito de um mínimo de mil membros, estipulado por lei, para a concessão de direitos exclusivos de negociação, pode privar trabalhadores pertencentes a pequenas unidades de negociação, ou dispersos por amplas regiões geográficas, do direito de constituir organizações que possam exercer plenamente as atividades sindicais, o que contraria os princípios da liberdade sindical.

(Ver Recompilação de 1996, parágrafo 832; informe 316º, caso n. 1996, parágrafo 662; e informe 338º, caso n. 2378, parágrafo 1149)

969. Não é necessariamente incompatível com a Convenção n. 87 providenciar a identificação do sindicato mais representativo numa dada unidade, reconhecendo-o como agente negociador exclusivo da dita unidade, desde que se preveja, nesse caso, uma série de garantias. Nesse sentido, o Comitê observou que, em vários países, nos quais se tenha estabelecido o processo que consiste em conceder aos sindicatos um certificado que lhes atribui a qualidade de agentes exclusivos de negociação, era essencial que essas garantias assegurassem: (a) que o certificado seja dado por organismo independente; (b) que a organização representativa seja escolhida por voto da maioria dos trabalhadores da unidade interessada; (c) que a organização que não obtenha número de votos suficiente tenha o direito de requerer uma nova eleição dentro de um dado período de tempo; (d) que toda organização, que não obteve o certificado, tenha o direito de requerer nova eleição dentro de um determinado prazo, a contar da eleição anterior, em geral, de doze meses.

(Ver Recompilação de 1996, parágrafo 834; informe 300º, caso n. 1741, parágrafo 55; informe 302º, caso n. 1826, parágrafo 407; informe 328º, caso n. 2136, parágrafo 525; e informe 332º, caso n. 2252, parágrafo 879)

970. Quando se modifica a relação de forças entre sindicatos que lutam pelo direito de preferência ou pela faculdade de representante exclusivo dos trabalhadores nas negociações coletivas, é conveniente que haja a possibilidade de reconsiderar os elementos do fato gerador desse direito ou faculdade. Na falta desta possibilidade, pode ocorrer que a maioria dos trabalhadores interessados seja representado por um sindicato que, durante um período excessivamente longo, tenha sido impedido, de fato e de direito, de organizar sua administração e atividades com o fim de promover e defender plenamente os interesses de seus afiliados.

(Ver Recompilação de 1996, parágrafo 836; informe 329º, caso n. 2175, parágrafo 696; e informe 330º, caso n. 2229, parágrafo 955)

971. Para encorajar o desenvolvimento harmonioso de negociações coletivas e evitar conflitos, conviria aplicar, desde que existam, procedimentos com vista a designar os sindicatos mais representativos para fins de negociação coletiva, quando não se sabe claramente por qual desses sindicatos desejam optar os trabalhadores. À falta desses procedimentos, dado o caso, as autoridades deveriam examinar a possibilidade de baixar normas objetivas nesse sentido.

(Ver Recompilação de 1996, parágrafo 838; e informe 311º, caso n. 1942, parágrafo 269)

972. Num caso em que um projeto de lei sobre a criação de comitês de negociação nos serviços públicos estabelecia a obrigação de fazer o cômputo dos membros contribuintes dos sindicatos para definir sua representatividade, e de controle exercido por uma comissão presidida por um magistrado (verificação prevista a cada seis anos ou a qualquer momento a pedido de um sindicato), o Comitê observou que, embora em geral uma votação possa ser conveniente para definir a representatividade das organizações sindicais, as pesquisas previstas pelo projeto de lei davam, ao que parece, sérias garantias no que se refere ao segredo e à imparcialidade indispensáveis a essa missão.

(Ver Recompilação de 1996, parágrafo 839)

973. Num caso em que o governo, atendendo à situação nacional, limitara o direito de realizar negociações coletivas às duas centrais operárias nacionais de âmbito geral, o Comitê achou que isso não deveria ser óbice a que o sindicato, que representasse a maioria dos trabalhadores de uma determinada categoria, defendesse os interesses de seus afiliados. O Comitê recomendou que o governo fosse convidado a examinar as medidas que poderia tomar, de acordo com a situação nacional, para dar ao sindicato a possibilidade de participar no processo de negociação coletiva, de modo que pudesse representar e defender devidamente os interesses coletivos de seus afiliados.

(Ver Recompilação de 1996, parágrafo 843)

DIREITOS DOS SINDICATOS MINORITÁRIOS

(Ver também parágrafos 326, 358 e 359)

974. Quando a legislação de um país faz distinção entre o sindicato mais representativo e os demais sindicatos, este sistema não deveria impedir o funcionamento dos sindicatos minoritários e, menos ainda, privá-los do direito de fazer reivindicações em nome de seus membros e de representá-los nos casos de conflitos individuais.

(Ver Recompilação de 1996, parágrafo 829)

975. Ajustar direitos exclusivos à organização mais representativa, não deveria significar a proibição da existência de outros sindicatos, que certos trabalhadores interessados desejariam afiliar-se; além disso, as organizações minoritárias deveriam estar autorizadas a exercer suas atividades e a ter ao menos direitos a ser os porta-vozes de seus membros e a representá-los.

(Ver informe 300º, caso n. 1741, parágrafo 55)

976. Quando, num sistema de designação de agente negociador exclusivo, nenhum sindicato representa o percentual exigido de trabalhadores para ser declarado agente negociador exclusivo, os direitos de negociação deveriam ser concedidos aos sindicatos da unidade, pelo menos em nome de seus próprios afiliados.

(Ver Recompilação de 1996, parágrafo 830)

977. Se nenhum sindicato representasse mais de cinquenta por cento dos trabalhadores num centro de trabalho, deveriam, não obstante, ser reconhecidos os direitos de negociação coletiva aos sindicatos da dita unidade, pelo menos em nome de seus próprios membros.

(Ver Recompilação de 1996, parágrafo 833; informe 302º, caso n. 1817, parágrafo 321; informe 316º, caso n. 1996, parágrafo 663; informe 333º, caso n. 2301, parágrafo 595; informe 337º, caso n. 2118, parágrafo 85; e informe 338º, caso n. 2303, parágrafo 337)

978. Quanto à disposição que impunha que só poderia negociar uma convenção coletiva o sindicato que representasse a maioria absoluta dos trabalhadores de uma empresa, o Comitê considerou que esta disposição não promove a negociação coletiva no sentido do artigo 4º da Convenção n. 98, e pediu ao governo que tomasse providências para que, em consulta com as organizações interessadas, se modificasse a dita disposição, de modo que, nos casos em que nenhum sindicato representasse a maioria dos trabalhadores, as organizações minoritárias pudessem negociar conjuntamente uma convenção coletiva aplicável à empresa ou unidade de negociação ou, ao menos, concluir uma convenção coletiva em nome de seus afiliados.

(Ver Recompilação de 1996, parágrafo 831; informe 316º, caso n. 1996, parágrafo 663; informe 335º, caso n. 2303, parágrafo 1373; e informe 338º, caso n. 2386, parágrafo 1248)

979. Requisito estabelecido por lei, de acordo com o qual um sindicato deve demonstrar que foi credenciado por todos os trabalhadores que pretende representar nas negociações relativas a um contrato coletivo de emprego, é excessivo e incompatível com os princípios da liberdade sindical, já que poderia ser aplicado como impedimento do direito das organizações de representar seus membros.

(Ver Recompilação de 1996, parágrafo 840)

980. Na medida em que são representantes sindicais os que celebram convenções coletivas, o requisito da aprovação pela maioria absoluta dos trabalhadores interessados pode constituir obstáculo à negociação coletiva, incompatível com o artigo 4º da Convenção n. 98.

(Ver Recompilação de 1996, parágrafo 841)

DETERMINAÇÃO DAS ORGANIZAÇÕES DE EMPREGADORES HABILITADAS PARA NEGOCIAR

981. Os empregadores deveriam poder eleger a organização que considerem que melhor defende seus interesses no processo de negociação coletiva.

(Ver informe 327º, caso n. 2146, parágrafo 897)

982. O princípio de representação no âmbito da negociação coletiva não pode regular as associações de empregadores se a afiliação à Câmara de Comércio é obrigatória e se esta tem a faculdade de negociar coletivamente com os sindicatos.

(Ver informe 327º, caso n. 2146, parágrafo 896; e informe 332º, caso n. 2233, parágrafo 641)

983. A atribuição de direito de negociação coletiva à Câmara de Comércio, entidade que foi criada por lei, e a qual a afiliação é obrigatória, restringe a liberdade de eleição dos empregadores a respeito das organizações que representam seus interesses na negociação coletiva.

(Ver informe 327º, caso n. 2146, parágrafo 897)

REPRESENTAÇÃO DAS ORGANIZAÇÕES NA NEGOCIAÇÃO COLETIVA

984. As organizações de trabalhadores devem poder escolher por si mesmas os delegados que vão representá-las nas negociações coletivas, sem ingerência alguma das autoridades públicas.

(Ver informe 307º, caso n. 1910, parágrafo 174)

985. As prescrições excessivamente rigorosas em matéria como a representação das partes no processo de negociação coletiva, podem restringir a eficácia da mesma. Trata-se de uma questão que deveria ser determinada pelas partes.

(Ver informe 310º, caso n. 1931, parágrafo 504)

986. As organizações de empregadores e de trabalhadores deveriam ter o direito de eleger, sem restrição alguma, as pessoas que eles desejam que lhes assistam durante as negociações coletivas, assim como os procedimentos de solução de conflitos.

(Ver informe 306º, caso n. 1865, parágrafo 331)

987. No que se refere à proibição da intervenção de terceiros na solução dos conflitos, o Comitê achou que esta exclusão constitui grave limitação ao livre funcionamento das organizações sindicais, por privar as organizações sindicais de serem assistidas por assessores.

(Ver Recompilação de 1996, parágrafo 850)

NÍVEL DE NEGOCIAÇÃO COLETIVA

(Ver também parágrafos 336 e 963)

988. Com base no princípio de negociação coletiva livre e voluntária, estabelecida no artigo 4º da Convenção n. 98, a determinação do âmbito da negociação coletiva deveria depender essencialmente da vontade das partes e, por conseguinte, o dito âmbito não deveria ser imposto por força da lei, de uma decisão da autoridade administrativa ou de uma jurisprudência da autoridade administrativa do trabalho.

(Ver Recompilação de 1996, parágrafo 851; informe 302º, caso n. 1845, parágrafo 514; informe 306º, caso n. 1906, parágrafo 553; informe 308º, caso n. 1926, parágrafo 629; informe 321º, caso n. 1975, parágrafo 117; informe 325º, caso n. 2099, parágrafo 193; e informe 338º, caso n. 2326, parágrafo 448, caso n. 2403, parágrafo 600 e caso n. 2375, parágrafo 1226)

989. A determinação do âmbito da negociação deveria depender da vontade das partes. Por isso, a negativa dos empregadores de negociar num determinado âmbito não constituiria uma violação da liberdade sindical.

(Ver Recompilação de 1996, parágrafo 852; e informe 321º, caso n. 1975, parágrafo 117)

990. A legislação não deveria obstacularizar a negociação coletiva no âmbito da indústria.

(Ver Recompilação de 1996, parágrafo 853)

991. Para proteger a independência das partes interessadas, seria mais conveniente lhes permitir que decidam de comum acordo em que âmbito deve realizar-se a negociação. Não obstante, em muitos países, essa questão compete a um organismo independente das partes. O Comitê tem achado que, nesses casos, o dito organismo deve ser realmente independente.

(Ver Recompilação de 1996, parágrafo 855; e informe 338º, caso n. 2375, parágrafo 1226)

RESTRIÇÕES AO PRINCÍPIO DA NEGOCIAÇÃO LIVRE E VOLUNTÁRIA

A. A arbitragem obrigatória

(Ver também parágrafos 566 e 567)

992. A imposição de um procedimento de arbitragem obrigatória no caso de não chegarem as partes a um acordo sobre o projeto de contrato coletivo, levanta problemas de aplicação com a Convenção n. 98.

(Ver Recompilação de 1996, parágrafo 861; informe 332º, caso n. 2261, parágrafo 665; e informe 333º, caso n. 2281, parágrafo 631)

993. Disposições que estabelecem que, à falta de acordo entre as partes, as questões em litígio da negociação coletiva serão resolvidas por arbitragem da autoridade, não estão em conformidade com o princípio da negociação voluntária contido no artigo 4º da Convenção n. 98.

(Ver Recompilação de 1996, parágrafos 518 e 862; e informe 338º, caso n. 2329, parágrafo 1276)

994. O recurso à arbitragem obrigatória, quando as partes não chegam a um acordo na negociação coletiva, só é admissível no âmbito dos serviços essenciais no sentido estrito (serviços cuja interrupção pudesse pôr em risco a vida, a integridade ou a saúde de toda a população ou de parte dela).

(Ver Recompilação de 1996, parágrafo 860, informe 320º, caso n. 2025, parágrafo 408; informe 327º, caso n. 2145, parágrafo 305; informe 332º, caso n. 2261, parágrafo 665; e informe 335º, caso n. 2105, parágrafo 506)

995. Para obter e conservar a confiança das partes, todo sistema de arbitragem deveria ser realmente independente, significa dizer que os resultados das arbitragens não deveriam ser predeterminados por critérios legislativos.

(Ver informe 299º, caso n. 1768, parágrafo 110)

996. Num caso, o Comitê lamentou que o governo não tivesse dado prioridade à negociação coletiva como meio para regulamentar as condições de emprego num serviço não essencial e que, em lugar disso, se tivesse sentido obrigado a recorrer ao procedimento de arbitragem obrigatória nesse conflito.

(Ver Recompilação de 1996, parágrafo 864)

997. A utilização da negociação coletiva para solucionar problemas de racionalização nas empresas e melhorar a sua eficiência pode levar a resultados vantajosos tanto para os trabalhadores como para as empresas. Mas, se esse tipo de negociação coletiva se desenvolve de acordo com um regime especial que, em síntese, impõe a negociação às organizações sindicais sobre os aspectos que indica a autoridade do trabalho, determina que o prazo das negociações não deve exceder um determinado período e estabelece que, à falta de acordo entre as partes, as questões em litígio sejam decididas por arbitragem da dita autoridade; esse regime legal não atende ao princípio da negociação voluntária que inspira a norma contida no artigo 4º da Convenção n. 98.

(Ver Recompilação de 1996, parágrafos 847 e 865)

B. A intervenção das autoridades na negociação coletiva

(Ver também parágrafos 919, 1086 e 1087)

a) Princípios gerais

998. Não incumbe ao Comitê pronunciar-se sobre a idoneidade dos argumentos de caráter econômico apresentados pelo Governo para justificar sua posição ou sobre as medidas que este tenha adotado. Pelo contrário, corresponde-lhe expressar sua opinião sobre se ao tomar estas medidas, o

Governo impôs restrições à liberdade de negociação superiores às que o Comitê considera que se podem aplicar provisoriamente ao procedimento de livre negociação coletiva.

(Ver informe 299º, caso n. 1800, parágrafo 180, caso n. 1733, parágrafo 241, caso n. 1802, parágrafo 275; e informe 300º, caso n. 1806, parágrafo 120)

999. Em qualquer hipótese, qualquer limitação à negociação coletiva por parte das autoridades deveria ser precedida de consultas com as organizações de trabalhadores e de empregadores, na busca da concordância de ambas as partes.

(Ver Recompilação de 1996, parágrafo 884; informe 330º, caso n. 2194, parágrafo 791; e informe 305º, caso n. 2293, parágrafo 1237)

1000. Num caso em que um governo havia recorrido em reiteradas ocasiões, ao longo de uma década, a limitações legais à negociação coletiva, o Comitê observa que a repetida utilização de restrições legislativas à negociação coletiva só pode ter, a longo prazo, influência prejudicial e desestabilizadora das relações profissionais, uma vez que priva os trabalhadores de um direito fundamental e de um meio para a defesa e promoção de seus interesses econômicos e sociais.

(Ver Recompilação de 1996, parágrafo 885)

b) Elaboração de convenções coletivas

1001. Os órgãos do Estado não deveriam intervir para modificar o conteúdo das convenções coletivas livremente pactuados.

(Ver informe 299º, caso n. 1733, parágrafo 243)

1002. A intervenção de representante da autoridade pública na elaboração de convenções coletivas, se não se limita ao papel de simples ajuda técnica, parece irreconciliável com o espírito do artigo 4º da Convenção n. 98.

(Ver Recompilação de 1996, parágrafo 866)

1003. O Comitê reconheceu que existe um momento na negociação na qual após, ou em continuidade de negociações prolongadas e infrutíferas pode justificar a intervenção das autoridades, quando é óbvio que a dificuldade das mesmas não será superada sem uma iniciativa de sua parte.

(Ver informe 299º, caso n. 1768, parágrafo 109; e informe 330º, caso n. 2170, parágrafo 888)

1004. Em relação com o princípio antes exposto, o Comitê assinalou, não obstante, que a mera existência de um impasse em um processo de negociação coletiva não é motivo suficiente para justificar a intervenção das autoridades públicas para impor uma arbitragem às partes no conflito coletivo. A intervenção das autoridades públicas em conflitos coletivos deve ser compatível com o princípio da celebração de negociações livres e voluntárias, para o qual é essencial que os órgãos designados para solucionar conflitos entre as partes em negociação coletiva sejam independentes e que se recorra a eles voluntariamente, exceto em caso de crise nacional aguda.

(Ver informe 330º, caso n. 2170, parágrafo 888)

1005. A intervenção de autoridades públicas com o fim essencial de assegurar que as partes nas negociações subordinem seus interesses à política nacional do governo, independentemente do fato de estarem ou não de acordo com a dita política, é incompatível com os princípios geralmente aceitos de que as organizações de trabalhadores e de empregadores devem ter o direito de organizar livremente suas atividades e de formular seu programa e que as autoridades deverão abster-se de toda intervenção que tenda a limitar esse direito ou a enfraquecer seu exercício legal, e de que a legislação nacional não diminuirá nem será aplicada de modo a diminuir o gozo do dito direito.

(Ver Recompilação de 1996, parágrafo 867)

1006. Legislação que autorize a recusa do registro de uma convenção coletiva por defeitos de forma não seria contrária ao princípio de negociação voluntária. Por outro lado, se essa legislação previsse que a recusa do registro pudesse basear-se em motivos tais como ser contrários à política geral do governo, isso equivaleria a exigir prévia aprovação para a entrada em vigor de uma convenção coletiva.

(Ver Recompilação de 1996, parágrafo 868)

1007. Num caso em que, no contexto de uma política de estabilização, se suspenderam disposições de convenções coletivas em matéria de remunerações (setor público e privado), o Comitê ressaltou que as convenções coletivas em vigor devem ser aplicadas integralmente (salvo acordos entre as partes) e, no que diz respeito a negociações futuras, só são admissíveis as ingerências do governo com base no seguinte princípio: "se, em virtude de uma política de estabilização, um governo considerasse que os índices salariais não pudessem ser livremente fixados por negociação coletiva, essa restrição deveria ser aplicada como medida de exceção, limitar se ao necessário, não ultrapassar um período razoável de tempo e ser acompanhada de adequadas garantias para proteger o nível de vida dos trabalhadores."

(Ver Recompilação de 1996, parágrafo 883; e informe 318º, caso n. 1976, parágrafo 613)

1008. A suspensão ou a derrogação — por meio de decreto, sem o acordo das partes — de convenções coletivas acordadas livremente por elas, viola o princípio da negociação coletiva livre e voluntária estabelecida no artigo 4º da Convenção n. 98. Se um governo deseja que as cláusulas de uma convenção coletiva vigente se ajustem à política econômica do país, deve tentar convencer as partes a levar voluntariamente em consideração esses fatores, sem lhes impor a renegociação de convenções coletivas vigentes.

(Ver Recompilação de 1996, parágrafo 878; informe 307º, caso n. 1899, parágrafo 84; e informe 323º, caso n. 2089, parágrafo 491)

1009. Embora o Comitê estime que a aplicação de medidas de restrições salariais deve ser oportuna para que tenham a máxima repercussão possível na situação econômica, considera que a interrupção de contratos já negociados não está de acordo com os princípios da livre negociação coletiva, já que esses contratos devem ser respeitados.

(Ver Recompilação de 1996, parágrafo 877; informe 307º, caso n. 1899, parágrafo 84; e informe 323º, caso n. 2089, parágrafo 491)

1010. O desenvolvimento das relações de trabalho seria favorecido se as autoridades públicas, ao enfrentar problemas relativos à perda do poder aquisitivo dos trabalhadores, adotassem soluções que não envolvessem modificações do conveniado, sem a anuência de ambas as partes.

(Ver Recompilação de 1996, parágrafo 880; e informe 332º, caso n. 2187, parágrafo 720)

1011. As autoridades públicas deveriam promover a livre negociação coletiva e não impedir a aplicação de acordos coletivos pactuados livremente, ainda mais quando essas mesmas autoridades atuam como empregadores ou se comprometeram a garantir a aplicação dos acordos assinados.

(Ver informe 299º, caso n. 1807, parágrafo 356)

c) Aprovação administrativa de convenções coletivas livremente pactuadas e política econômica nacional

1012. Subordinar a entrada em vigor das convenções coletivas firmadas pelas partes na sua homologação pelas autoridades é contrário aos princípios da negociação coletiva e ao Convênio n. 98.

(Ver informe 320º, caso n. 2030, parágrafo 596)

1013. Disposições legais que submetem as convenções coletivas à aprovação do Ministério do Trabalho por razões de política econômica, de modo que as organizações de empregadores e de trabalhadores não possam fixar livremente os salários, não estão de conformidade com o artigo 4º da Convenção n. 98 sobre o pleno desenvolvimento e uso de procedimentos de negociação coletiva voluntária.

(Ver Recompilação de 1996, parágrafo 869)

1014. O requisito da aprovação, pelo Conselho de Ministros, de convenções negociadas, e de estarem conforme com a política e diretrizes adotadas unilateralmente para o setor público, não se coaduna com os princípios da liberdade sindical, ficando bem entendido que isso se aplica a todos os trabalhadores amparados pela Convenção n. 98.

(Ver Recompilação de 1996, parágrafo 870)

1015. A necessidade de aprovação prévia do governo, para dar validade a uma convenção coletiva, poderia implicar medida contrária à promoção dos procedimentos de negociação coletiva entre empregadores e trabalhadores para definir as condições de emprego. Mesmo quando a negativa de aprovação administrativa possa ser objeto de recurso judicial, o próprio sistema de prévia aprovação administrativa é contrário a todo o sistema de negociações voluntárias.

(Ver Recompilação de 1996, parágrafo 871; e informe 310º, caso n. 1930, parágrafo 346)

1016. A oposição ao princípio da aprovação prévia das convenções coletivas pelo governo não significa que, na prática, não possa haver meios de levar as partes, ao negociar convenções coletivas, a ter voluntariamente em vista questões de política econômica e social do governo e a salvaguarda do interesse geral. Mas, para isso, é necessário, antes de tudo, que os objetivos, aos quais se reconhece um interesse geral, sejam submetidos a uma ampla discussão pelas ditas partes, em âmbito nacional, por meio de um organismo consultivo, de conformidade com o princípio enunciado na Recomendação n. 113, de 1960, sobre a consulta (ramos de atividade econômica em âmbito nacional). Poder-se-ia, além disso, estudar a possibilidade de um procedimento que permitisse, em alguns casos, chamar a atenção das partes para as considerações de interesse geral que pudessem exigir um novo exame das convenções em questão. Todavia, em cada caso se deveria utilizar a persuasão e não a compulsão. Assim, em vez de condicionar a validade das convenções coletivas à aprovação do governo, poder-se ia prever que toda convenção coletiva que fosse apresentada ao Ministério do Trabalho entrasse normalmente em vigor, dentro de um prazo razoável, a contar do momento de sua apresentação; quando a autoridade pública considerasse que os termos da convenção proposta são claramente contrários aos objetivos da política econômica reconhecida como convenientes ao interesse geral, o caso poderia ser submetido ao parecer e à recomendação de um adequado organismo consultivo, ficando, porém, entendido que as partes estariam livres para tomar a decisão final.

(Ver Recompilação de 1996, parágrafo 872)

1017. O requisito de homologação ministerial, para que uma convenção coletiva possa entrar em vigor, não está em plena conformidade com os princípios de negociação voluntária estabelecidos na Convenção n. 98. No caso em que termos de convenções coletivas parecessem contrários a considerações de interesse geral, se poderia prever um procedimento para o efeito de chamar a atenção das partes para essas considerações, para que procedessem a um novo exame, ficando, todavia, resguardada sua liberdade quanto à decisão final. O estabelecimento de um sistema desse tipo estaria de acordo com o princípio de que os sindicatos devem ter o direito, mediante negociações coletivas, de procurar melhorar as condições de vida e de trabalho daqueles a quem representam, enquanto as autoridades públicas devem abster-se de intervir de forma que limite esse direito.

(Ver Recompilação de 1996, parágrafo 873)

1018. Disposição que estabeleça como motivo de negativa de homologação a inclusão, numa convenção coletiva, de cláusula que atente contra "o direito do Estado de coordenar a vida econômica da nação e de exercer controle geral nesse sentido", envolve o risco de que se restrinja gravemente a livre negociação de convenções coletivas.

(Ver Recompilação de 1996, parágrafo 874)

d) Intervenções administrativas ou legislativas que impõem a renegociação de convenções coletivas existentes

1019. O recurso reiterado a restrições legislativas da negociação coletiva só pode, a longo prazo, ter efeito nefasto e desestabilizador no clima das relações de trabalho, se o legislador intervém frequentemente para suspender ou anular o exercício dos direitos reconhecidos aos sindicatos e a seus membros. Isto pode, ainda, minar a confiança dos trabalhadores no significado da afiliação a um sindicato. Os possíveis membros ou aderentes podem ser assim induzidos a considerar que é inútil aderir a uma organização cuja principal finalidade é representar seus membros nas negociações coletivas, se comprovam que seus resultados são frequentemente anulados por via legislativa.

(Ver Recompilação de 1996, parágrafo 875; informe 330º, caso n. 2196, parágrafo 304; e informe 336º, caso n. 2324, parágrafo 283)

1020. Legislação que obrigue as partes a negociar novamente convenções coletivas vigentes é contrária aos princípios da negociação coletiva.

(Ver Recompilação de 1996, parágrafo 878)

1021. Ao examinar alegações de anulação e de renegociação forçada de convenções coletivas por razões de crise econômica, o Comitê considerou que a imposição da renegociação de convenções vigentes, em virtude de uma lei, é contrária aos princípios da livre negociação coletiva consagrados na Convenção n. 98, e insistiu em que o governo "deveria ter-se esforçado para que a renegociação fosse decidida mediante acordo entre as partes concernentes".

(Ver Recompilação de 1996, parágrafo 879; e informe 307º, caso n. 1887, parágrafo 67)

1022. Uma vez que se tornou claro que a aplicação de um acordo sobre o Fundo de Aposentadoria dependente de um pressuposto do Estado era praticamente impossível e depois de se ter esgotado de boa-fé todos os esforços para conseguir determinada aplicação, não se pode implantar objeções a que o governo se empenhe concretamente na renegociação de acordo com o fim de encontrar uma solução que foi aceitável para as partes.

(Ver informe 330º, caso n. 2212, parágrafo 746)

e) Prolongação obrigatória da validez das convenções coletivas

1023. Referindo-se a uma lei sobre a prorrogação das convenções coletivas, subsequente a intervenções governamentais anteriores, em matéria de negociação coletiva, o Comitê observou que essas medidas, implicando como implicam intervenção regulamentar no processo da negociação coletiva, só deveriam ser tomadas em casos urgentes e por breves períodos. O Comitê confiou em que, no futuro, não fossem tomadas essas medidas de ingerência na livre negociação coletiva ou de restrição do direito dos trabalhadores de defender seus interesses econômicos e sociais por meio de ações sindicais.

(Ver Recompilação de 1996, parágrafo 881)

f) Restrições impostas pelas autoridades para negociações futuras

(Ver também parágrafo 918)

1024. Se, em virtude de uma política de estabilização, um governo considerasse que os índices salariais não pudessem ser estabelecidos livremente por meio de negociação coletiva, essa restrição deveria ser aplicada como medida de exceção, limitar-se ao necessário, não exceder um período razoável e ser acompanhada de adequadas garantias para proteger o nível de vida dos trabalhadores.

(Ver Recompilação de 1996, parágrafo 882; informe 299º, caso n. 1733, parágrafo 242; informe 300º, caso n. 1806, parágrafo 121; informe 306º, caso n. 1882, parágrafo 432; informe 324º, caso n. 2060, parágrafo 524; informe 330º, caso n. 2194, parágrafo 789; informe 332º, caso n. 2132, parágrafo 104; e informe 335º, caso n. 2293, parágrafo 1235)

1025. Um período de três anos de limitação do direito de negociação coletiva, em matéria de remunerações, no contexto de uma política de estabilização econômica, constitui uma considerável restrição, e a legislação que a impõe deveria deixar de ter efeito, o mais tardar, em datas estipuladas em lei, ou mesmo antes, se melhorasse a situação tributária e econômica.

(Ver Recompilação de 1996, parágrafo 886)

1026. A imposição de restrições à negociação coletiva, durante um período de três anos, constitui um prazo demasiadamente longo.

(Ver Recompilação de 1996, parágrafo 887; e informe 330º, caso n. 2166, parágrafo 293)

1027. Nos casos de um governo adotar medidas de restrições salariais para impor controles financeiros, dever-se-ia procurar garantir a continuidade da negociação coletiva sobre as questões não monetárias e o exercício da atividade sindical normal por parte dos sindicatos e seus membros.

(Ver Recompilação de 1996, parágrafo 888)

1028. Não compete ao Comitê determinar que percentual de redução salarial seria aceitável por razões financeiras, mas, dentro do possível, as ditas medidas só deveriam ser aplicadas naqueles setores que realmente tivessem que enfrentar uma situação de emergência.

(Ver Recompilação de 1996, parágrafo 889; e informe 325º, caso n. 2106, parágrafo 479)

1029. No que diz respeito à obrigação legal de que as futuras convenções coletivas se ajustem a critérios de produtividade, o Comitê lembrou que, se no contexto de uma política de estabilização, um governo considera que, por razões imperiosas, o índice salarial não pode ser livremente fixado (neste caso específico, a determinação do dito índice exclui a indexação e deve ajustar-se aos índices de aumento da produtividade) por negociação coletiva essa restrição só excepcionalmente deveria ser aplicada, limitando-a ao indispensável, não ultrapassando um período razoável e vir acompanhada das devidas garantias para proteger o nível de vida dos trabalhadores. Esse princípio tem tanta importância que sucessivas limitações podem levar a uma prolongada limitação das negociações salariais, contrária à promoção da negociação coletiva voluntária.

(Ver Recompilação de 1996, parágrafo 890; e informe 332º, caso n. 2250, parágrafo 949)

g) Restrições relativas às cláusulas de reajuste dos salários ao custo de vida

1030. São contrárias ao princípio da voluntária negociação coletiva, consagrado na Convenção n. 98, disposições legais que proibiam a negociação de aumentos salariais acima da alta do custo de vida; limitação dessa espécie só seria admissível no contexto de uma política de estabilização econômica e desde que se aplique como medida de exceção, se limite ao necessário e não exceda um período razoável.

(Ver Recompilação de 1996, parágrafo 891)

1031. Num caso em que medidas governamentais haviam fixado o padrão de referência em matéria de ajuste de salários, enquanto as partes tinham baixado normas de ajuste de salários, o Comitê lembrou que a intervenção governamental em matérias que, há muito tempo, vêm sendo livremente negociadas entre as partes, poderia pôr em xeque o princípio da livre negociação coletiva reconhecido no artigo 4º da Convenção n. 98 a menos que acompanhada de garantias e, sobretudo, que seja breve sua duração.

(Ver Recompilação de 1996, parágrafo 892)

1032. A determinação dos critérios a aplicar pelas partes na fixação de salários (aumentos de custo de vida, produtividade, etc.) é um assunto para negociação entre as partes e não é destinado à Comissão emitir parecer sobre os critérios que devem ser aplicados na fixação de ajustes salariais.

(Ver informe 310º, caso n. 1946, parágrafo 268)

h) Faculdades orçamentárias e negociação coletiva

1033. A lei orçamentária, da competência da autoridade legislativa, não deveria ter por resultado impedir o cumprimento das convenções coletivas celebradas diretamente por essa autoridade ou em seu nome.

(Ver Recompilação de 1996, parágrafo 894; e informe 330º, caso n. 2212, parágrafo 745)

1034. O Comitê tem considerado que o exercício das prerrogativas da autoridade pública, em matéria financeira de uma maneira que tenha como efeito impedir ou limitar o cumprimento de convenções coletivas anteriormente negociadas por órgãos públicos, não é compatível com o princípio da liberdade de negociação coletiva.

(Ver Recompilação de 1996, parágrafo 895; e informe 325º, caso n. 2106, parágrafo 481)

1035. Deveria encontrar-se um compromisso equitativo e razoável entre, por uma parte, a necessidade de preservar até onde seja possível a autonomia das partes na negociação e, por outra, o dever que incumbe aos governos de adotar as medidas necessárias para superar suas dificuldades orçamentárias.

(Ver informe 297º, caso n. 1758, parágrafo 299; e informe 299º, caso n. 1800, parágrafo 184)

1036. Na medida que as receitas de empresas e entidades públicas dependem do orçamento do Estado, não seria objetável que — após ampla discussão e consulta entre empregadores e organizações sindicais interessadas, no seio de um sistema que conte com a confiança das partes — se estabelecessem tetos salariais nas leis orçamentárias do Estado. Tampouco seria objetável se o Ministério de Economia e Fazenda fizesse um relatório antes de se iniciar a negociação coletiva, com vista a que os ditos tetos fossem respeitados.

(Ver Recompilação de 1996, parágrafos 896 e 898; informe 318º, caso n. 1993, parágrafo 590; informe 325º, caso n. 2068, parágrafo 325, caso n. 2106, parágrafo 486; informe 327º, caso n. 1865, parágrafo 501; e informe 330º, casos ns. 2166, 2173, 2180 e 2196, parágrafo 290)

1037. No que se refere à exigência de uma avaliação preliminar (realizada pelas autoridades financeiras e não pela entidade ou empresa pública de que se trate) de projetos de contrato coletivo no setor público e dos gastos que implicariam, o Comitê observou que estava consciente de que a negociação coletiva no setor público exige a verificação dos recursos disponíveis nos distintos organismos ou empresas públicas; de que esses recursos estão condicionados ao orçamento do Estado e de que o período de vigência dos contratos coletivos no setor público nem sempre coincide com a vigência da lei orçamentária do Estado, o que pode criar dificuldades. O órgão que faz a avaliação preliminar pode também fazer de fato recomendações em função da política econômica do governo e velar para que não se produzam discriminações nas condições de trabalho dos empregados de distintas entidades ou empresas públicas por causa da negociação coletiva. Dever-se-ia prever, pois, um mecanismo com o objetivo de que, no processo de negociação coletiva no setor público, organizações sindicais e empregadores e suas organizações no setor público, sejam consultados e possam manifestar seus pontos de vista à autoridade responsável pelo controle das consequências financeiras dos projetos de contratos coletivos. Não obstante, independentemente de toda opinião expressa pelas autoridades financeiras, as partes na negociação deveriam estar em condições de poder concluir livremente um acordo.

(Ver Recompilação de 1996, parágrafos 897 e 898; informe 306º, caso n. 1878, parágrafo 537; informe 318º, caso n. 1993, parágrafo 590; informe 325º, caso n. 2106, parágrafo 482; informe 327º, caso n. 1865, parágrafo 501; e informe 330º, casos ns. 2166, 2173, 2180 e 2196, parágrafo 290)

1038. O Comitê partilha o ponto de vista da Comissão de Peritos, em seu Estudo Geral de 1994, que assim se manifesta: Embora o princípio da autonomia das partes na negociação coletiva mantenha "sua validade no que se refere aos funcionários e empregados públicos amparados pela Convenção n. 151, esta deve ser aplicada com certo grau de flexibilidade, dadas as características particulares da administração pública anteriormente apontadas. Por esta razão, no parecer da Comissão, são compatíveis com a Convenção disposições legislativas que credenciam o Parlamento ou o órgão competente em matérias orçamentárias a fixar um "leque" salarial que sirva de base para as negociações, ou estabelecer uma "rubrica" orçamentária global fixa em cujo âmbito as partes pudessem negociar as cláusulas de natureza pecuniária ou normativa (por exemplo, a redução do tempo de trabalho ou outros acordos em matéria de condições de emprego, a regulamentação dos aumentos salariais em função dos diferentes níveis de remuneração, ou o estabelecimento de dispositivos para escalonar os reajustes) ou mesmo as disposições que conferissem às autoridades públicas com responsabilidades financeiras o direito de participar nas negociações coletivas juntamente com o empregador direto, na medida em que deixassem espaço significativo à negociação coletiva. É fundamental, porém, que os trabalhadores e suas organizações possam participar plena e significativamente na definição deste âmbito global de negociação, o que implica, especialmente, que disponham de todas as informações financeiras orçamentárias ou de outra natureza que lhes permitam avaliar a questão com pleno conhecimento de causa. É diferente o caso de disposições legislativas motivadas pela situação econômica de um país, que, por exemplo, impõem unilateralmente um percentual de determinado aumento salarial e excluem toda possibilidade de negociação, especialmente quando proíbem recurso a mecanismos de pressão sob pena de graves sanções. A Comissão está consciente de que "a negociação coletiva no setor público exige a verificação dos recursos disponíveis nos diversos organismos ou empresas públicas; de que esses recursos são condicionados ao orçamento do Estado e de que o período de vigência dos contratos coletivos no setor público nem sempre coincide com a vigência da lei orçamentária do Estado, o que pode impor dificuldades". A Comissão, por conseguinte, leva muito em conta as graves dificuldades financeiras e orçamentárias que devem enfrentar os governos, sobretudo nos períodos de estagnação econômica geral e prolongada. Ora, sem prejuízo do exposto, a Comissão considera que as autoridades deveriam privilegiar, na maior medida possível, a negociação coletiva como mecanismo para definir as condições de emprego dos funcionários; se, em razão das circunstâncias, isso não fosse possível, esta classe de medidas deveria ser aplicada durante períodos limitados e ter como objetivo a proteção do nível de vida dos trabalhadores mais afetados. Em outras palavras, deveria ser encontrado um compromisso equitativo e razoável entre, de um lado, a necessidade de preservar até onde for possível a autonomia das partes na negociação e, de outro, o dever que incumbe aos governos de adotar as medidas necessárias para superar suas dificuldades orçamentárias.

(Ver Recompilação de 1996, parágrafo 899 e, por exemplo, informe 299º, caso n. 1561, parágrafo 38; informe 300º, caso n. 1806, parágrafo 122; informe 306º, caso n. 1859, parágrafo 238; informe 307º, caso n. 1873, parágrafo 98; informe 308º, caso n. 1921, parágrafo 571; informe 318º, caso n. 1999, parágrafo 168; informe 329º, caso n. 2123, parágrafo 531; informe 330º, casos ns. 2166, 2173, 2180 e 2196, parágrafo 290; informe 333º, caso n. 2288, parágrafo 826; e informe 337º, caso n. 2356, parágrafo 704)

1039. É aceitável que, em processo de negociação, a parte empregadora que representa a administração pública solicite parecer do Ministério das Finanças ou de um órgão econômico-financeiro que controle as consequências financeiras dos projetos de contratos coletivos.

(Ver informe 306º, caso n. 1878, parágrafo 537; e informe 318º, caso n. 1993, parágrafo 590)

1040. Em contextos de estabilização econômica deve-se dar prioridade à negociação coletiva para regular as condições de trabalho dos funcionários, em vez de promulgar lei de limitação de salários no setor público.

(Ver Recompilação de 1996, parágrafo 900; informe 331º, caso n. 2187, parágrafo 438; e informe 337º, caso n. 2349, parágrafo 406)

1041. O Comitê lamentou que, apesar de seus apelos para que se abstivesse de interferir no processo de negociação coletiva, um governo tivesse deixado, mais uma vez, de dar prioridade à negociação coletiva como meio de negociar uma mudança nas condições de emprego dos funcionários públicos, e que a autoridade legislativa tivesse considerado necessário promulgar lei sobre a semana de trabalho e a remuneração do setor público, sobretudo tendo em vista que essa lei é imediatamente posterior à intervenção legislativa que congelara os salários do setor público pelo período de um ano.

(Ver Recompilação de 1996, parágrafo 901)

1042. Quando o princípio da autonomia das partes da negociação coletiva conserva sua validez pelo que se refere aos funcionários e empregadores públicos amparados pelo Convênio n. 151, este há de ser aplicado com certas graduações de flexibilidade, dadas as características particulares da administração pública, mas ao mesmo tempo as autoridades deveriam privilegiar na maior medida do possível a negociação coletiva como mecanismo para determinar as condições de emprego dos funcionários.

(Ver informe 337º, caso n. 2331, parágrafo 594 e caso n. 2356, parágrafo 704)

1043. Um sistema em que os empregados públicos podem somente apresentar "memoriais respeitosos" que não serão objetos de negociação alguma, em particular sobre as condições de emprego, cuja determinação é de exclusiva competência das autoridades não está em conformidade com os Convenções ns. 98, 151 e 154.

(Ver informe 337º, caso n. 2331, parágrafo 594)

i) Outras intervenções das autoridades

1044. Num caso em que se alegava que o governo havia violado o artigo 4º da Convenção n. 98 quando, ao se ter chegado a uma situação de impasse insuperável após amplas negociações, atendera às reivindicações do sindicato por via legislativa, o Comitê observou que esse argumento, levado ao extremo, autorizaria a pensar que em quase todos os países, em que se estabelece por lei um salário mínimo nacional, porque os trabalhadores não contam com organizações suficientemente poderosas para obter, se produziria uma violação do artigo 4º da Convenção n. 98. Esse argumento seria evidentemente insustentável. Se o governo adotasse uma política sistemática, que tivesse por objetivo outorgar por lei o que os sindicatos não pudessem obter com a negociação, a situação poderia requerer um novo exame.

(Ver Recompilação de 1996, parágrafo 902)

1045. Num caso em que se estabeleceram por lei aumentos gerais de salário no setor privado, que se somaram inclusive aos já pactuados nas convenções coletivas, o Comitê observou ao governo que o desenvolvimento harmonioso das relações de trabalho seria favorecido se os poderes públicos, ao enfrentar os problemas relativos à perda do poder aquisitivo dos trabalhadores, adotassem soluções que não gerassem modificações ao que foi convencionado entre organizações de trabalhadores e de empregadores sem a anuência de ambas as partes.

(Ver Recompilação de 1996, parágrafo 903)

PRAZOS PARA A NEGOCIAÇÃO

1046. Num caso em que uma disposição estabelecia para os empregadores um prazo de cento e cinco dias para atender às reivindicações dos trabalhadores e de seis meses (prorrogáveis outros seis no máximo) para negociar uma convenção coletiva, o Comitê opinou que conviria reduzir os prazos estabelecidos para estimular e fomentar mais ativamente o desenvolvimento da negociação voluntária, especialmente tendo em vista que naquele país os trabalhadores não podiam declarar-se em greve em apoio a suas reivindicações.

(Ver Recompilação de 1996, parágrafo 904)

DURAÇÃO DAS CONVENÇÕES COLETIVAS

1047. A duração das convenções coletivas é uma matéria que em primeira conclusão cormpete às partes relacionadas, mas se o Governo considera uma ação sobre este tema, toda modificação legislativa deveria refletir um acordo tripartite.

(Ver informe 320º, caso n. 2047, parágrafo 361)

1048. O Comitê considerou que as emendas legais para a supressão do teto máximo temporário imposto às convenções coletivas e de suas consequências nos prazos estabelecidos para verificação da representatividade, da negociação coletiva e da mudança de pertecimento e de afiliação sindicais não constituem uma violação dos princípios da liberdade sindical. Não obstante, o Comitê está consciente de que, pelo menos potencialmente, a possibilidade de que se admitam convenções coletivas de duração muito longa envolve o risco de que um sindicato, cuja representatividade alcance apenas o mínimo exigido, seja tentado a consolidar sua posição aceitando uma convenção de longa duração em detrimento dos verdadeiros interesses dos trabalhadores.

(Ver Recompilação de 1996, parágrafo 905; e informe 320º, caso n. 2047, parágrafo 361)

1049. Uma disposição obrigatória que estabelece que uma convenção coletiva deve estar em vigor durante dois anos, quando as partes não aprovaram por mútuo acordo, um prazo diferente, não constitui uma violação do direito da negociação coletiva.

(Ver informe 330º, caso n. 2229, parágrafo 956)

ALCANCE DE CONVENÇÕES COLETIVAS

1050. Em casos de decretos baixados por autoridades públicas para estender o âmbito de convenções coletivas, quando as convenções coletivas em causa haviam sido concluídas por organizações minoritárias com a oposição de uma organização que representava a grande maioria dos trabalhadores de um setor, o Comitê achou que o governo deveria ter procedido a uma verificação objetiva da representatividade das associações profissionais em causa, dado que, na falta dessa verificação, a extensão de uma convenção poderia ser imposta a todo setor de atividade contra a vontade da organização majoritária de categorias de trabalhadores a que se destinava a convenção ampliada e limitar assim o direito de negociação voluntária da dita organização majoritária.

(Ver Recompilação de 1996, parágrafo 906)

1051. Toda extensão de convenções coletivas deveria ser feita após prévia análise tripartite das consequências que produzirá no setor ao qual se estendesse.

(Ver Recompilação de 1996, parágrafo 907)

1052. Quando a extensão de uma convenção se aplica a trabalhadores não afiliados das empresas amparadas pela convenção coletiva, essa situação não põe, em princípio, problemas de contradição com os princípios da liberdade sindical, na medida em que a associação negociadora tenha sido a organização mais representativa que atuou em nome da totalidade dos trabalhadores e não se trate de empresas com pluralidade de estabelecimentos (situação esta em que a decisão de extensão deveria caber às partes).

(Ver Recompilação de 1996, parágrafo 908)

1053. A extensão de uma convenção a todo um setor de atividade, contra as opiniões expressas pela organização que representa a maioria dos trabalhadores amparados pela convenção ampliada, pode limitar o direito à livre negociação coletiva da dita organização majoritária. Graças a esse sistema podem ser estendidas a convenções que reúnem disposições susceptíveis de piorar as condições de trabalho da categoria profissional de trabalhadores em questão.

(Ver Recompilação de 1996, parágrafo 909; e informe 307º, caso n. 1725, parágrafo 29)

RELAÇÕES ENTRE CONTRATOS INDIVIDUAIS DE TRABALHO E CONVENÇÕES COLETIVAS

1054. Quando em um processo de negociação com o sindicato, a empresa oferece simultaneamente melhoras nas condições de trabalho aos trabalhadores não sindicalizados através de ajustes individuais, existe um sério perigo de que se prejudique a capacidade negociadora do sindicato e que se produzam situações discriminatórias que favoreçam o pessoal não sindicalizado; ademais, podem suscitar a desfiliação de trabalhadores sindicalizados.

(Ver informe 306º, caso n. 1845, parágrafo 517)

1055. Como os acordos individuais de trabalho em tempo parcial ganharão agora espaço em relação às convenções coletivas, o novo sistema não estimula nem fomenta entre os empregadores e as organizações de empregadores, por uma parte, e as organizações de trabalhadores, por outra, o pleno desenvolvimento e uso de procedimentos de negociação voluntária com objetivo de regulamentar, por meio de contratos coletivos, as condições de emprego.

(Ver informe 330º, caso n. 2178, parágrafo 582)

1056. A relação entre contratos ou acordos individuais de trabalho e convenções coletivas e, concretamente, a possibilidade de que, em determinadas circunstâncias, os contratos derroguem cláusulas das convenções, é tratada de uma maneira diferente segundo os países e sistemas de negociação coletiva. A tarefa básica do Comitê é a de decidir se os fatos são compatíveis ou não com as convenções e os princípios da liberdade sindical. Em um caso em que a relação entre contratos individuais e contratos coletivos havia sido objeto de acordo entre o empregador e organizações sindicais, o Comitê considerou que a matéria não requeria exame mais detido.

(Ver Recompilação de 1996, parágrafo 910)

1057. Num caso, o Comitê achou ser difícil conciliar que se dê o mesmo *status*, como faz a lei, aos contratos individuais e aos coletivos nos termos dos princípios da OIT em matéria de negociação coletiva, segundo os quais se deveria estimular e promover entre empregadores e organizações de empregadores, de um lado, e organizações de trabalhadores, de outro, o pleno desenvolvimento e uso de procedimentos de negociação voluntária, com objetivo de regulamentar, por meio de contratos coletivos, as condições de emprego. Com efeito, pareceria que a lei em questão "permite" a negociação coletiva por meio de contratos coletivos, entre outras alternativas, em vez de os incentivar e promover.

(Ver Recompilação de 1996, parágrafo 911 e informe 329º, caso n. 2172, parágrafo 354)

INCENTIVOS AOS TRABALHADORES PARA QUE RENUNCIEM À NEGOCIAÇÃO COLETIVA

1058. Ao examinar vários casos em que se privava de aumento salarial pessoas empregadas que se negaram a renunciar ao direito à negociação coletiva, o Comitê considerou que o fato punha importantes problemas de compatibilidade com os princípios da liberdade sindical, especialmente, no que se refere ao artigo 1º, parágrafo 2º, inciso "b" da Convenção n. 98. Além disso, dificilmente se pode afirmar que uma situação como esta possa constituir uma medida com vistas a "estimular e promover... o pleno desenvolvimento e uso de procedimentos de negociação voluntária, com o objetivo de regulamentar, por meio de contratos coletivos, as condições de emprego", tal e como se indica no artigo 4º da Convenção n. 98.

(Ver Recompilação de 1996, parágrafo 913; informe 321º, caso n. 2020, parágrafo 50; informe 330º, caso n. 2186, parágrafo 382; e informe 333º, caso n. 2281, parágrafo 637)

FECHAMENTO DA EMPRESA E APLICAÇÃO DA CONVENÇÃO COLETIVA

1059. O fechamento de uma empresa não deveria extinguir por si mesmo as obrigações decorrentes da convenção coletiva, particularmente em matéria de indenização por dispensa.

(Ver Recompilação de 1996, parágrafo 914)

1060. Em um caso vinculado à legislação que contempla situações de concurso de credores e de quebra, exigir o cumprimento da totalidade das disposições de um convênio coletivo pode pôr em perigo a continuidade de funcionamento da empresa e a manutenção das fontes de trabalho.

(Ver informe 307º, caso n. 1887, parágrafo 67)

RELAÇÕES ENTRE CONVENÇÕES DA OIT

1061. A Convenção n. 151 (adotada para completar a Convenção n. 98, de 1949, sobre direito de sindicalização e de negociação coletiva), ao enunciar algumas disposições relativas particularmente de emprego aplicáveis à administração pública em geral, não anula nem reduz, de modo algum, os direitos básicos de sindicalização garantidos a todos os trabalhadores pela Convenção n. 87.

(Ver Recompilação de 1996, parágrafo 915)

1062. O Comitê admitiu que a Convenção n. 98 reconhece a natureza especial das funções dos empregados públicos contratados pela administração do Estado e, particularmente, a possibilidade de que suas condições de emprego sejam fixadas por meios diferentes do processo da livre negociação coletiva; admitiu, além disso, que a Convenção n. 151, cujo objetivo era baixar normativa mais específica para a categoria de funcionários públicos excluídos do âmbito da Convenção n. 98, reconhece que determinadas categorias desses funcionários (inclusive aqueles cujas obrigações são de natureza confidencial) possam ser excluídos das disposições de caráter mais geral que garantem aos empregados públicos a proteção contra atos de discriminação antissindical ou a existência de métodos de participação para a definição de suas condições de emprego. Não obstante, na opinião do Comitê, não se pode considerar que a exclusão de algumas categorias de trabalhadores das Convenções ns. 98 e 151 afete ou desvirtue de modo algum o direito essencial de sindicalização de todos os trabalhadores, garantido pela Convenção n. 87. Não há nada na Convenção n. 98, nem na Convenção n. 151, que indique a intenção de limitar o alcance da Convenção n. 87. Pelo contrário, a julgar tanto pelos termos dessas convenções como pelos trabalhos preparatórios que levam à adoção da Convenção n. 98, deduz-se que o objetivo é precisamente o contrário.

(Ver Recompilação de 1996, parágrafo 920)

1063. O Comitê tem ressaltado os termos do artigo 6º da Convenção n. 98, no qual se estabelece que "a presente Convenção não trata da situação dos funcionários públicos na administração do Estado e não deverá, de modo algum, ser interpretada em detrimento de seus direitos ou de seu *status*". À diferença do artigo 5º da mesma Convenção (refere às forças armadas e à polícia), o artigo 6º, ao estabelecer que a Convenção não deverá, em nenhuma hipótese, ser interpretada em detrimento dos direitos ou do *status* dos funcionários públicos, destaca ao mesmo tempo o possível conflito entre a dita Convenção e a Convenção n. 87 e preserva expressamente os direitos dos funcionários públicos, inclusive os garantidos na Convenção n. 87. O argumento de que os feitos das disposições da Convenção n. 87 são limitados quando se faz referência ao artigo 6º da Convenção n. 98 contradiz os termos concretos do dito artigo. Além disso, o parágrafo 1º do artigo 1º da Convenção n. 151 estabelece que a Convenção deverá ser aplicada a todas as pessoas empregadas pela administração pública "na medida em que não lhes sejam aplicáveis disposições mais favoráveis de outras convenções internacionais do trabalho". Portanto, se a Convenção n. 98 respeitou integralmente os direitos concedidos aos funcionários públicos pela Convenção n. 87, se deduz que a Convenção n. 151 tampouco os tenha desvirtuado.

(Ver Recompilação de 1996, parágrafo 921)

1064. O artigo 4º da Convenção n. 98 apresenta disposições mais favoráveis que as do artigo 7º da Convenção n. 151 em setores como o do ensino público, nos quais ambas as Convenções são aplicáveis, pois a primeira inclui a noção do recurso voluntário à negociação e a autonomia das partes nessa negociação. Nesses casos, tendo em vista o artigo 1º da Convenção n. 151, dever-se-ia aplicar, de preferência, o artigo 4º da Convenção n. 98 com relação ao artigo 7º, pois este artigo insta a todos os poderes públicos a estimular e promover a negociação coletiva, quer por procedimentos que viabilizam a dita negociação, quer por quaisquer outros meios que permitam aos representantes dos empregados públicos participar na definição de suas condições de emprego.

(Ver Recompilação de 1996, parágrafo 922)

Capítulo 16

CONSULTA ÀS ORGANIZAÇÕES DE TRABALHADORES E DE EMPREGADORES

PRINCÍPIOS GERAIS

(Ver também parágrafos 1090)

1065. O Comitê tem destacado a importância, para o equilíbrio da situação social de um país, de uma consulta regular dos meios representativos de empregadores e de trabalhadores e, no que se refere ao mundo social, do conjunto de seus integrantes, quaisquer que possam ser as opiniões filosóficas ou políticas dos dirigentes.

(Ver Recompilação de 1996, parágrafos 26 e 924; e informe 331º, caso n. 2090, parágrafo 165)

1066. O Comitê ressaltou que se deveria dar importância ao princípio de consulta e colaboração entre autoridades públicas e organizações de empregadores e de trabalhadores em nível de indústria e em nível nacional.

(Ver Recompilação de 1996, parágrafo 925; informe 306º, caso n. 1882, parágrafo 437; e informe 329º, caso n. 2090, parágrafo 266)

1067. O Comitê tem destacado a importância que atribui à promoção do diálogo e da consulta, nas questões de interesse comum, entre autoridades públicas e organizações profissionais mais representativas do setor de que se trate.

(Ver Recompilação de 1996, parágrafo 926; informe 299º, caso n. 1808, parágrafo 380; informe 320º, caso n. 2032, parágrafo 697; informe 330º, caso n. 2229, parágrafo 953; informe 332º, caso n. 2221, parágrafo 224; e informe 336º, caso n. 2324, parágrafo 283)

1068. O Comitê tem considerado oportuno referir-se à Recomendação n. 113, de 1960, sobre a consulta (ramos de atividade econômica e âmbito nacional) que, em seu parágrafo 1º, dispõe que se deveriam adotar medidas adequadas para promover efetivamente a consulta e a colaboração nos ramos de atividade econômica e no âmbito nacional entre autoridades públicas e organizações de empregadores e de trabalhadores, sem discriminação de nenhuma espécie contra essas organizações. De conformidade com o parágrafo 5º da Recomendação, essa consulta deveria ter como principal objetivo fazer com que as autoridades públicas competentes buscassem convenientemente as opiniões, o assessoramento e a assistência dessas organizações sobre questões tais como a preparação e a aplicação da legislação e seus interesses.

(Ver Recompilação de 1996, parágrafo 926; informe 316º, caso n. 1972, parágrafo 703; informe 325º, caso n. 2110, parágrafo 263; e informe 337º, caso n. 2244, parágrafo 1254)

1069. Como afirmado na Declaração de Filadélfia, a luta contra a pobreza deve prosseguir com incessante energia dentro de cada nação e mediante um esforço internacional, contínuo e concentrado, na qual os representantes dos trabalhadores e dos empregadores, colaborando em pé de igualdade com os representantes dos governos, participem em discussões livres em decisões de caráter democrático, a fim de promover o bem-estar comum.

(Ver informe 334º, caso n. 2254, parágrafo 1066)

1070. A consulta tripartite tem que dar-se antes que o Governo submeta um projeto à Assembleia Legislativa ou estabeleça uma política laboral, social ou econômica.

(Ver informe 334º, caso n. 2254, parágrafo 1066)

1070. A consulta tripartite deve se dar antes que o Governo submeta um projeto à Assembleia Legislativa ou estabeleça uma política liberal, social ou econômica.

(Ver informe 334º, caso n. 2254, parágrafo 1066)

1071. Destaca-se a importância de que nas consultas reinem a boa-fé, a confiança e o respeito mútuo e que as partes tenham tempo suficiente para expressar seus pontos de vista e discuti-los em profundidade com o objetivo de poder chegar a um compromisso adequado. O Governo também deve velar para que se garanta o peso necessário aos acordos a que as organizações de trabalhadores e de empregadores tenham chegado.

(Ver informe 328º, caso n. 2167, parágrafo 296)

CONSULTA NA PREPARAÇÃO E ELABORAÇÃO DA LEGISLAÇÃO

1072. O Comitê tem ressaltado o interesse de consultar as organizações de empregadores e de trabalhadores na preparação e elaboração de legislação que afete seus interesses.

(Ver Recompilação de 1996, parágrafo 929; informe 316º, caso n. 1972, parágrafo 703; informe 327º, caso n. 2145, parágrafo 308; informe 329º, caso n. 2123, parágrafo 526; e informe 335º, caso n. 2305, parágrafo 508)

1073. O Comitê tem chamado a atenção dos governos para a importância da consulta prévia com organizações de empregadores e de trabalhadores antes de adotar qualquer lei no campo do direito do trabalho.

(Ver Recompilação de 1996, parágrafo 930; informe 304º, caso n. 1851, parágrafo 279; informe 306º, caso n. 1884, parágrafo 685; informe 309º, casos ns. 1851 e 1922, parágrafo 248; informe 311º, caso n. 1969, parágrafo 149; informe 329º, casos ns. 2177 e 2183, parágrafo 651; informe 335º, caso n. 2276, parágrafo 410; e informe 336º, caso n. 2381, parágrafo 574)

1074. O Comitê enfatizou a importância que deve ser atribuída à celebração de consultas francas e sem entraves sobre qualquer questão ou projeto de lei que afete os direitos sindicais.

(Ver Recompilação de 1996, parágrafo 927 e, por exemplo, informe 327º, caso n. 2145, parágrafo 308, caso n. 2132, parágrafo 660; informe 330º, caso n. 2144, parágrafo 717, caso n. 2229, parágrafo 938; informe 331º, caso n. 2187, parágrafo 440; informe 332º, caso n. 2187, parágrafo 721; informe 335º, caso n. 2305, parágrafo 508; informe 336º, caso n. 2324, parágrafo 283; informe 337º, caso n. 2244, parágrafo 1254; e informe 338º, caso n. 2281, parágrafo 249)

1075. Quando se introduz um projeto de lei que afete a negociação coletiva ou as condições de emprego, é fundamental que se proceda antes a consultas detalhadas com as organizações de trabalhadores e de empregadores interessadas.

(Ver Recompilação de 1996, parágrafo 931; informe 302º, caso n. 1817, parágrafo 318; informe 311º, caso n. 1969, parágrafo 149; informe 320º, caso n. 2025, parágrafo 410; informe 326º, caso n. 2095, parágrafo 193; informe 327º, caso n. 2118, parágrafo 637; informe 329º, casos ns. 2177 e 2183, parágrafo 651; informe 330º, caso n. 2180, parágrafo 302; informe 334º, caso n. 2269, parágrafo 792; e informe 338º, caso n. 2326, parágrafo 436)

1076. O processo de consulta sobre a legislação e salário mínimo contribui para que as leis, programas e medidas adotadas ou aplicadas por autoridades públicas tenham um sólido fundamento e sejam melhor respeitados e aplicados. O Governo deve buscar um consenso geral, tanto quanto possível, uma vez que empregadores e organizações de trabalhadores devem ser capazes de partilhar a responsabilidade de assegurar o bem-estar e a prosperidade da comunidade como um todo. Isto é particularmente importante dada a crescente complexidade dos problemas enfrentados pelas sociedades. Nenhuma autoridade pública pode pretender ter todas as respostas, nem presumir que as suas propostas, naturalmente alcancem todos seus objetivos.

(Ver informe 328º, caso n. 2167, parágrafo 295; informe 330º, caso n. 2067, parágrafo 175; informe 334º, caso n. 2254, parágrafo 1065; e informe 337º, caso n. 2254, parágrafo 1592)

1077. Embora a negativa de um governo de permitir ou de incentivar a participação de organizações sindicais na preparação de novas leis ou regulamentos que afetem seus interesses não constitua necessariamente uma infração dos direitos sindicais, dever-se-ia, contudo, atribuir importância ao princípio da consulta e da colaboração entre autoridades públicas e organizações de empregadores e de trabalhadores nos âmbitos da indústria e da nação. Nesse sentido, o Comitê chamou a atenção para as disposições da Recomendação n. 113, de 1960, sobre a consulta (ramo de atividade econômica e âmbito nacional).

(Ver Recompilação de 1996, parágrafo 933; e informe 328, caso n. 2167, parágrafo 296)

CONSULTA E FLEXIBILIDADE LABORAL

1078. Contratação do setor público e/ou maior flexibilidade trabalhista — por exemplo, generalizando os contratos de curta duração — não constituem em si violação da liberdade sindical. Não se pode negar, todavia, que essas mudanças têm consequências importantes no terreno social e sindical, particularmente devido à maior precariedade no emprego que disso pode decorrer. Seria necessário que as organizações de empregadores e de trabalhadores fossem consultadas sobre o alcance e as modalidades das medidas tomadas pelas autoridades.

(Ver Recompilação de 1996, parágrafo 934; e informe 336º, caso n. 2324, parágrafo 278)

CONSULTA E PROCESSOS DE REESTRUTURAÇÃO, DE RACIONALIZAÇÃO E DE REDUÇÃO DE PESSOAL

1079. Ao Comitê só compete pronunciar-se sobre alegações de programas e processos de reestruturação ou de racionalização econômica, impliquem ou não esses processos ou programas em reduções de pessoal ou transferências de empresas ou serviços do setor público para o setor privado, a medida em que tenham dado lugar a atos de discriminação ou de ingerência antissindicais. Em qualquer hipótese, é de lamentar que, nos processos de racionalização e de redução de pessoal, não se consulte as organizações sindicais ou se procure chegar a um acordo com elas.

(Ver Recompilação de 1996, parágrafo 935 e, por exemplo, informe 299º, caso n. 1808, parágrafo 374; informe 305º, caso n. 1875, parágrafo 180; informe 314º, caso n. 1962, parágrafo 91; informe 316º, caso n. 1996, parágrafo 665; informe 321º, caso n. 2052, parágrafo 250; informe 330º, caso n. 2151, parágrafo 535; informe 333º, caso n. 2272, parágrafo 539; informe 334º, caso n. 2297, parágrafo 403; informe 336º, caso n. 2324, parágrafo 280; e informe 338º, caso n. 2384, parágrafo 753)

1080. Nos processos de racionalização e de redução de pessoal se deveriam consultar as organizações sindicais ou tentar chegar a um acordo com elas, em vez de se fazer uso de decreto e de portaria ministerial.

(Ver Recompilação de 1996, parágrafo 936; informe 331º, caso n. 2169, parágrafo 637; e informe 337º, caso n. 2356, parágrafo 702)

1081. O Comitê tem destacado a importância de que os governos consultem as organizações sindicais, com o objetivo de discutir as consequências de programas de reestruturação no emprego e nas condições de trabalho dos assalariados.

(Ver Recompilação de 1996, parágrafo 937, informe 306º, caso n. 1787, parágrafo 289; informe 314º, caso n. 1962, parágrafo 91; informe 321º, caso n. 2052, parágrafo 250; informe 325º, caso n. 2068, parágrafo 333, caso n. 2052, parágrafo 412; informe 329º, caso n. 2154, parágrafo 813; informe 331º, caso n. 2068, parágrafo 263; informe 332º, caso n. 2187, parágrafo 728; informe 333º, caso n. 2288, parágrafo 828; e informe 334º, caso n. 2310, parágrafo 719)

1082. No caso em que devem se aplicar novos programas de redução de pessoal, o Comitê solicitou que se levassem a cabo negociações em consulta com as empresas interessadas e as organizações sindicais.

(Ver informe 291º, casos ns. 1648 e 1650, parágrafo 472; e informe 304º, caso n. 1796, parágrafo 458)

1083. Quando são levadas a efeito programas de aposentadoria voluntária, deveriam consultar as organizações sindicais do setor.

(Ver informe 316º, caso n. 1970, parágrafo 562)

1084. Quanto à instigação para que trabalhadores do setor público renunciassem a seus postos de trabalho no contexto de programas de aposentadoria, em troca de uma compensação econômica, o Comitê lamentou que, no processo de redução do pessoal, não se tivessem consultado as organizações ou tentado se chegar a um acordo com elas.

(Ver Recompilação de 1996, parágrafo 939)

1085. Embora não seja da sua competência pronunciar-se sobre medidas econômicas que um governo, seguindo recomendações expressas do Fundo Monetário Internacional, possa julgar úteis numa situação difícil para o país, o Comitê considera, todavia, que ao tomar decisões que acarretem a perda de emprego para uma importante quantidade de trabalhadores, deveria consultar-se com as organizações sindicais interessadas, a fim de planejar o futuro profissional desses trabalhadores dentro das possibilidades do país.

(Ver Recompilação de 1996, parágrafo 940)

CONSULTAS EM MATÉRIA DE NEGOCIAÇÃO

(Ver também parágrafos 999, 1016 e 1036)

1086. O Comitê tem observado, do mesmo modo que a Comissão de Peritos, que, no caso de um governo pretender a modificação das estruturas de negociação nas quais atua, direta ou indiretamente, como empregador, é particularmente importante que seja observado um adequado processo de consultas, no qual todas as partes implicadas possam discutir os objetivos considerados de interesse nacional. Isso implica que as consultas devem ser feitas de boa-fé e que ambas as partes disporão de toda informação necessária para tomar decisões fundamentadas.

(Ver Recompilação de 1996, parágrafos 856 e 941 e, por exemplo, informe 299º, caso n. 1802, parágrafo 281; informe 300º, caso n. 1806, parágrafo 126; informe 310º, caso n. 1928, parágrafo 183; informe 311º, caso n. 1951, parágrafo 228; informe 318º, caso n. 1976, parágrafo 613; informe 325º, caso n. 2110, parágrafo 263; informe 329º, casos ns. 2177 e 2183, parágrafo 651; informe 330º, caso n. 2173, parágrafo 299; informe 333º, caso n. 2277, parágrafo 272 e informe 338º, caso n. 2403, parágrafo 598)

1087. Tendo em vista as consequências que tem para o nível de vida dos trabalhadores a fixação de salários pelo governo à margem da negociação coletiva e, em termos mais gerais, a política de salários do governo, o Comitê observou a importância que atribui a que se promovam, de uma maneira efetiva, a consulta e a colaboração entre autoridades públicas e organizações de trabalhadores nessa matéria, conforme os princípios expressos na Recomendação n. 113, com objetivo de permitir o exame conjunto das questões de interesse mútuo e de chegar, tanto quanto possível, de comum acordo, a soluções aceitáveis.

(Ver Recompilação de 1996, parágrafo 949)

CONSULTA SOBRE A DISTRIBUIÇÃO DOS BENS DE SINDICATOS DISSOLVIDOS

1088. No que diz respeito à distribuição dos bens das organizações dissolvidas, nessa situação, o Comitê considerou que incumbe aos governos e aos sindicatos cooperar a fim de buscar um acordo ajustado aos princípios da liberdade sindical e aceitável para as partes interessadas, de modo que os sindicatos possam desenvolver suas atividades com plena independência e em pé de igualdade.

(Ver informe 309º, caso n. 1939, parágrafo 181)

Capítulo 17

PARTICIPAÇÃO DAS ORGANIZAÇÕES DE TRABALHADORES E DE EMPREGADORES EM DISTINTOS ORGANISMOS E PROCEDIMENTOS

(Ver também parágrafo 516)

1089. O Comitê considerou que não lhe compete pronunciar-se sobre o direito que tem uma determinada organização de ser convidada a fazer parte de órgãos consultivos ou paritários, a menos que sua exclusão constitua um caso flagrante de discriminação que viole os princípios da liberdade sindical. Esta é uma questão que compete ao Comitê decidir em cada caso particular levado em consideração as circunstâncias.

(Ver Recompilação de 1996, parágrafo 942; informe 299º, caso n. 1753, parágrafo 69; informe 302º, caso n. 1841, parágrafo 77; e informe 305º, caso n. 1871, parágrafo 79)

1090. Toda decisão referente à participação de organizações de trabalhadores num organismo tripartite deveria ser adotada após se consultar plenamente a totalidade das organizações sindicais cuja representatividade é definida por critérios objetivos.

(Ver Recompilação de 1996, parágrafo 943; informe 327º, caso n. 2132, parágrafo 660; informe 328º, caso n. 2139, parágrafo 444; informe 329º, caso n. 2090, parágrafo 268; e informe 331º, caso n. 2132, parágrafo 586)

1091. O fato de não se admitir uma organização sindical para participar nas comissões paritárias não implica forçosamente que haja uma violação dos direitos sindicais dessa organização. Mas, para que não se produza violação, é preciso que se cumpram duas condições: primeiro, que a razão, pela qual se tenha descartado o sindicato da participação numa comissão paritária, se fundamente em sua falta de representatividade, os demais direitos de que desfrute esse sindicato e as atividades que possa desenvolver lhe permitam promover e defender efetivamente os interesses de seus membros, em consonância com o artigo 10º da Convenção n. 87.

(Ver Recompilação de 1996, parágrafos 842 e 946; informe 305º, caso n. 1857, parágrafo 447; informe 328º, caso n. 2139, parágrafo 443; e informe 335º, caso n. 2317, parágrafo 1083)

1092. Se as circunstancias são tais que uma organização considera como a mais representativa dos trabalhadores ou dos empregadores do país, se lhe impede tomar parte dos órgãos paritários e tripartites interprofissionais dos setores ou ramos de atividades em que é representativa, o Comitê considerou que se contravém os princípios da liberdade sindical.

(Ver informe 302º, caso n. 1841, parágrafo 77)

1093. Ao criar comitês paritários competentes para examinar problemas que afetam os trabalhadores, os governos deveriam tomar as medidas necessárias para que houvesse representação equitativa das diversas seções do movimento sindical, realmente interessadas nos problemas considerados.

(Ver Recompilação de 1996, parágrafo 944; informe 328º, caso n. 2139, parágrafo 444; e informe 330º, caso n. 2090, parágrafo 230)

1094. O Comitê admitiu que, dentro de certas condições, o fato de uma organização minoritária não estar qualificada, segundo a lei, para participar de órgãos consultivos não é contrário aos princípios da liberdade sindical.

(Ver Recompilação de 1996, parágrafo 945)

1095. Quando se julga se uma determinada organização tem caráter representativo para tomar parte na composição dos tribunais de arbitragem, é importante que a intervenção do Estado se limite a reconhecer uma situação de fato e, para o fazer, é indispensável que se baseia em critérios objetivos previamente estabelecidos por organismos independentes, certos de que, a sua vez, devem fundar-se em elementos que não ofuscam possibilidades de abuso.

(Ver Recompilação de 1996, parágrafo 947)

1096. A instituição de grupo tripartite, para examinar a questão dos salários e as medidas anti-inflacionárias que caberia adotar, está em harmonia com o preconizado pela Recomendação n. 113, de que se deveria promover a consulta e a colaboração das autoridades públicas e das organizações de empregadores e de trabalhadores, com o objetivo geral de promover a mútua compreensão e as boas relações entre as mesmas para desenvolver a economia em seu todo ou, em alguns de seus ramos, melhorar as condições e elevar o nível de vida e, especialmente, para que as autoridades busquem, de uma forma adequada, as opiniões, a assessoria e a assistência dessas organizações a respeito de questões como a preparação e aplicação da legislação relativa a seus interesses.

(Ver Recompilação de 1996, parágrafo 948)

1097. Os princípios de liberdade sindical não requerem que haja uma representação absolutamente proporcional (que poderia ser inclusive impossível, e que desde logo não é aconselhável por causa do risco de fragmentação extensiva da representação); as autoridades deveriam pelo menos fazer uma concessão para reconhecer a pluralidade sindical, que é reflexo da liberdade da eleição dos trabalhadores, e demonstrar na prática que se levam a cabo esforços jurídicos e razoáveis para tratar a todos os representantes das organizações de trabalhadores em pé de igualdade.

(Ver informe 328º, caso n. 2139, parágrafo 444)

Capítulo 18

FACILIDADES EM FAVOR DOS REPRESENTANTES DOS TRABALHADORES

PRINCÍPIOS GERAIS

1098. Na Convenção n. 135, pede-se aos Estados-membros ratificantes que proporcionem facilidades apropriadas na empresa, para permitir aos representantes dos trabalhadores o pronto e eficaz desempenho de suas funções, e de uma maneira que não se prejudique o bom funcionamento da empresa interessada.

(Ver Recompilação de 1996, parágrafo 950; informe 308º, caso n. 1897, parágrafo 474; e informe 337º, caso n. 2395, parágrafo 1197)

1099. Na Convenção n. 135, de 1971, sobre os representantes dos trabalhadores, e na Convenção n. 154, de 1981, sobre a negociação coletiva, figuram disposições expressas para garantir que, numa mesma empresa, quando haja sindicatos e representantes eletivos pelos trabalhadores, se adotem as devidas medidas para garantir que a existência de representantes eletivos não seja utilizada em detrimento da posição dos sindicatos interessados.

(Ver Recompilação de 1996, parágrafo 951; e informe 331º, caso n. 2243, parágrafo 618)

COBRANÇA DE CONTRIBUIÇÕES

1100. O Comitê tem chamado a atenção para a Recomendação n. 143, de 1971, sobre os representantes dos trabalhadores, que estipula que, à falta de outros acordos para a arrecadação das contribuições sindicais, se deveria permitir que os representantes dos trabalhadores, para isto autorizados pelo sindicato, cobrassem periodicamente as contribuições sindicais nos locais da empresa.

(Ver Recompilação de 1996, parágrafos 436 e 953)

COMUNICAÇÃO COM A DIREÇÃO

1101. Em um caso de negativa da direção da empresa de entrar em contato com os representantes sindicais, o Comitê observou a atenção ao parágrafo 13º da Recomendação sobre os representantes dos trabalhadores, em virtude do qual os representantes dos trabalhadores deveriam ter a possibilidade de contatar, sem demora indevida, com a direção da empresa e com os representantes que estão autorizados para tomar decisões, na medida necessária para o desempenho eficaz de suas funções.

(Ver informe 304º, caso n. 1852, parágrafo 493)

ACESSO AOS LUGARES DE TRABALHO

1102. Num caso em que se levantou o direito dos dirigentes sindicais de entrar numa zona franca industrial, o Comitê chamou a atenção do governo no sentido de que os representantes sindicais dispusessem de facilidades adequadas para o desempenho de suas funções, inclusive a entrada nos locais de trabalho.

(Ver Recompilação de 1996, parágrafo 957; informe 304º, caso n. 1852, parágrafo 493; informe 333º, caso n. 2255, parágrafo 131; e informe 334º, caso n. 2316, parágrafo 505)

1103. Os governos devem garantir o acesso de representantes sindicais aos locais de trabalho, com o devido respeito ao direito de propriedade e aos direitos da direção da empresa, de maneira que os sindicatos possam comunicar-se com os trabalhadores para informá-los dos benefícios que pode trazer a afiliação sindical.

(Ver Recompilação de 1996, parágrafo 954; informe 309º, caso n. 1852, parágrafo 338; informe 327º, casos ns. 1948 e 1955, parágrafo 358; informe 330º, caso n. 2208, parágrafo 604; informe 332º, caso n. 2046, parágrafo 446; informe 333º, caso n. 2255, parágrafo 131; informe 334º, caso n. 2316, parágrafo 505; informe 305º, caso n. 2317, parágrafo 1087; e informe 336º, caso n. 2316, parágrafo 58 e caso n. 2255, parágrafo 112)

1104. Os representantes dos trabalhadores deveriam ser autorizados a entrar em todos os lugares de trabalho da empresa, quando seja necessário para lhes permitir desempenhar suas funções de representação.

(Ver informe 318º, caso n. 2012, parágrafo 426)

1105. Os representantes sindicais que não estão empregados na empresa, mas cujo sindicato tenha membros empregados nela, deveriam gozar de direito de acesso à empresa. A concessão de tais facilidades não deveria afetar o funcionamento eficaz da empresa.

(Ver informe 334º, caso n. 2316, parágrafo 505)

1106. Para que a liberdade sindical tenha significado, as organizações de trabalhadores pertinentes deveriam ser capazes de promover e defender os interesses de seus membros, desfrutando da possibilidade de utilizar as instalações que sejam necessárias para o exercício adequado de suas funções em qualidade de representantes dos trabalhadores, incluindo o acesso ao lugar de trabalho dos membros dos sindicatos.

(Ver informe 334º, caso n. 2222, parágrafo 220)

1107. A proibição de dirigentes sindicais entrarem nas instalações da empresa, por causa da apresentação de uma conflituosa reivindicação de condições, constitui grave violação do direito das organizações sindicais de realizar livremente suas atividades, o que inclui a apresentação de reivindicações, mesmo no caso de não se tratar do sindicato que tenha concluído a convenção coletiva vigente.

(Ver Recompilação de 1996, parágrafo 955)

1108. Dever-se-iam tomar medidas necessárias para assegurar aos sindicatos e a seus representantes o livre acesso aos trabalhadores dos setores agrícola, de mineração e doméstico, para a realização de atividades sindicais normais, inclusive no interior dos locais dos empregadores.

(Ver Recompilação de 1996, parágrafo 956)

1109. O direito de acesso não deveria se exercer em detrimento de funcionamento eficiente da administração ou das instituições públicas afetadas. Para eles, em tais casos, o Comitê tem indicado com frequência que as organizações de trabalhadores pertinentes e o empregador devem tratar de chegar a acordos de maneira que se reconheça às organizações de trabalhadores o acesso aos lugares de trabalho, durante o horário laboral e fora dele, sem prejudicar o funcionamento eficiente da administração ou da instituição pública em questão.

(Ver informe 334º, caso n. 2222, parágrafo 220)

TEMPO LIVRE CONCEDIDO AOS REPRESENTANTES DOS TRABALHADORES

1110. Ao examinar alegação relativa à negociação de tempo livre para participação em reuniões sindicais, o Comitê lembrou que, embora se tenham de levar em conta as características do sistema de relações de trabalho de um país e se a concessão dessas facilidades não cria obstáculo ao bom funcionamento da empresa, o parágrafo 10, alínea I da Recomendação n. 143, de 1971, sobre proteção e facilidades que devem ser concedidas aos representantes dos trabalhadores, prevê que, na empresa, esses representantes deveriam desfrutar, sem perda de salário nem de benefícios ou outras vantagens sociais, do tempo necessário para desempenhar as tarefas de representantes. A alínea II do mesmo parágrafo acrescenta que, embora se possa exigir do representante dos trabalhadores a obtenção da permissão de seus superiores para ter tempo livre, a dita permissão não deveria ser negada sem motivo justo.

(Ver Recompilação de 1996, parágrafo 952; informe 311º, caso n. 1934, parágrafo 130, caso n. 1944, parágrafo 542; informe 318º, caso n. 2009, parágrafo 296; informe 325º, caso n. 2068, parágrafo 312; informe 330º, caso n. 2192, parágrafo 1075; e informe 336º, caso n. 2046, parágrafo 322)

1111. A concessão de facilidades aos representantes das organizações de empregados públicos, entre outras, a concessão de liberação para a atividade sindical, tem como corolário, garantir um "funcionamento eficaz da administração ou serviços interessados". Tal corolário implica que pode existir um controle da solicitação de liberações para ausentar-se durante as horas de trabalho por parte das autoridades administrativas competentes, únicas responsáveis pelo funcionamento eficaz de seus serviços.

(Ver informe 335º, caso n. 2306, parágrafo 353)

FACILIDADES NAS PLANTAÇÕES

1112. Mesmo reconhecendo plenamente que as plantações são propriedade privada, o Comitê considerou que uma vez que os trabalhadores não só trabalham, mas também moram nas plantações, de maneira que só com acesso às plantações os representantes dos sindicatos podem exercer normalmente suas atividades sindicais entre os trabalhadores, é de suma importância que o acesso de representantes sindicais às plantações, com o objetivo de exercer legalmente suas atividades sindicais, seja concedido sem reticências, desde que não se prejudique o andamento do trabalho durante o horário de trabalho e sejam tomadas todas as precauções adequadas à proteção da propriedade. Nesse sentido, o Comitê lembrou igualmente a resolução adotada pela Comissão do Trabalho nas Plantações, em sua primeira reunião, em 1950, na qual se prevê que os empregadores deveriam eliminar todos os obstáculos que houvesse para que os trabalhadores possam criar sindicatos livres, independentes e controlados democraticamente, e deveriam pôr à disposição desses sindicatos facilidades que lhes permitissem exercer suas atividades normais, inclusive locais gratuitos para escritório, liberdade para celebrar reuniões e liberdade de acesso.

(Ver Recompilação de 1996, parágrafo 958)

Capítulo 19

CONFLITOS DENTRO DO MOVIMENTO SINDICAL

(Ver também parágrafo 431)

1113. Uma situação que não provém de conflito entre o governo e organizações sindicais, mas que resulta de conflito no seio do próprio movimento sindical, é da exclusiva competência das partes interessadas.

(Ver Recompilação de 1996, parágrafo 962)

1114. Não compete ao Comitê pronunciar-se sobre conflitos internos de uma organização sindical, salvo se o governo intervém de uma maneira que possa afetar o exercício dos direitos sindicais e o funcionamento normal de uma organização.

(Ver Recompilação de 1996, parágrafo 965; informe 307º, caso n. 1918, parágrafo 249; informe 308º, caso n. 1915, parágrafo 271; informe 311º, caso n. 1969, parágrafo 144; informe 328º, caso n. 2124, parágrafo 458; informe 336º, caso n. 2153, parágrafo 165; e informe 338º, caso n. 2382, parágrafo 527)

1115. Embora o Comitê não tenha competência para examinar os conflitos suscitados nas diversas tendências de um movimento sindical, uma queixa contra outra organização, no caso de estar redigida em termos suficientemente precisos que permitam seu exame quanto à matéria, pode, todavia, comprometer o governo do país interessado, por exemplo, se os atos da organização contra a qual se representa a queixa são indevidamente apoiados pelo governo ou se, por sua natureza, devem ser evitados pelo governo devido ao fato de haver ratificado uma convenção internacional do trabalho.

(Ver Recompilação de 1996, parágrafo 964; e informe 332º, caso n. 2090, parágrafo 346)

1116. Nesses casos de conflitos internos, o Comitê tem observado que a intervenção da justiça permitiria esclarecer a situação do ponto de vista legal para efeito de normalização da gestão e representação da organização afetada.

(Ver Recompilação de 1996, parágrafo 965; informe 307º, caso n. 1918, parágrafo 249; informe 308º, caso n. 1915, parágrafo 271; informe 311º, caso n. 1969, parágrafo 144; informe 328º, caso n. 2124, parágrafo 458; informe 336º, caso n. 2153, parágrafo 165; e informe 338º, caso n. 2382, parágrafo 527)

1117. No caso de dissensões internas no seio de uma mesma federação sindical, a obrigação do governo, em virtude do artigo 3º da Convenção n. 87, limita-se à obtenção de qualquer intervenção que tenda a reduzir o direito das organizações profissionais de redigir seus estatutos e regulamentos administrativos, se escolher livremente seus representantes, de organizar sua administração e atividades e de formular seu programa de ação, ou de toda intervenção que tenda a enfraquecer o exercício legal desse direito.

(Ver Recompilação de 1996, parágrafo 966; e informe 335º, caso n. 2345, parágrafo 207)

1118. O artigo 2º da Convenção n. 98 tem por objetivo proteger as organizações de trabalhadores contra organizações de empregadores ou seus agentes ou membros, ou contra outras organizações de trabalhadores, seus agentes ou membros. A rivalidade entre sindicatos escapa ao alcance dessa Convenção.

(Ver Recompilação de 1996, parágrafo 967)

1119. Sobre a existência de duas comissões diretoras no seio do sindicato, uma delas alegadamente manipulada pelo empregador, o Comitê observou que era necessária que a legislação estabelecesse explicitamente recursos e sanções contra atos de ingerência de empregadores com relação aos trabalhadores, com o objetivo de assegurar o eficaz cumprimento do artigo 2º da Convenção n. 98.

(Ver Recompilação de 1996, parágrafos 765 e 968)

1120. Em casos de conflitos internos, o Comitê tem pedido ao governo que proceda, em consulta com as organizações envolvidas, à criação, o mais cedo possível, de procedimento imparcial, que seja aceitável por todas as partes implicadas, com o objetivo de poder os trabalhadores escolherem livremente seus representantes.

(Ver Recompilação de 1996, parágrafo 970; e informe 311º, caso n. 1969, parágrafo 145)

1121. Quando duas comissões diretoras se autoproclamam legítimas, a decisão do conflito deveria caber à autoridade judicial ou a um mediador independente e não à autoridade administrativa.

(Ver Recompilação de 1996, parágrafo 970; e informe 335º, caso n. 2345, parágrafo 207)

1122. Quando se produzem conflitos internos no seio de uma organização sindical, sua solução deveria ser encontrada pelos próprios interessados (por exemplo, por meio de uma votação), com a designação de um mediador independente, com a concordância das partes interessadas, ou por meio de recurso à justiça.

(Ver Recompilação de 1996, parágrafo 971; informe 311º, caso n. 1969, parágrafo 144; e informe 331º, caso n. 2217, parágrafo 202)

1123. Os conflitos no seio de um sindicato escapam à competência do Conselho e devem ser resolvidos pelas partes entre si ou com recurso à autoridade judicial ou a um mediador independente .

(Ver Recompilação de 1996, parágrafo 972; e informe 333º, caso n. 2068, parágrafo 485)

1124. Nos casos de conflitos internos, o Comitê tem achado conveniente observar que a intervenção da justiça permitiria resolver a situação do ponto de vista legal e normalizar a gestão e a representação da central sindical afetada. Outra ação possível que tende a essa normalização seria a designação de um mediador independente, com a concordância das partes interessadas, com o objetivo de buscar conjuntamente a solução dos problemas existentes e, conforme o caso, proceder a novas eleições. Em qualquer dos casos, o governo deveria reconhecer aqueles que resultem ser os representantes legítimos da organização.

(Ver Recompilação de 1996, parágrafo 973; e informe 300º, caso n. 1821, parágrafo 153)

1125. Atos de violência resultantes da rivalidade entre sindicatos poderiam constituir uma tentativa de impedir o livre exercício dos direitos sindicais. Se assim fosse o caso e esses atos fossem suficientemente graves, caberia recorrer à intervenção das autoridades, especialmente da polícia, para garantir a adequada proteção desses direitos. A questão da violação dos direitos sindicais só se verificaria se o governo reagisse inadequadamente às alegadas agressões.

(Ver Recompilação de 1996, parágrafo 974)

Anexo I

PROCEDIMENTO DA COMISSÃO DE INVESTIGAÇÃO E CONCILIAÇÃO E DO COMITÊ DE LIBERDADE SINDICAL NO EXAME DE QUEIXAS DE VIOLAÇÕES DO EXERCÍCIO DA LIBERDADE SINDICAL

A exposição feita, neste documento, do procedimento em vigor, para o exame de queixas de violação da liberdade sindical, baseia-se, de um lado, nas disposições adotadas, de comum acordo, pelo Conselho de Administração da Organização Internacional do Trabalho e pelo Conselho Econômico e Social das Nações Unidas, em janeiro e fevereiro de 1950 e, de outro, nas decisões tomadas pelo Conselho de Administração, em sua 117ª Reunião (novembro de 1951), em sua 123ª Reunião (novembro de 1953), em sua 132ª Reunião (junho de 1956), em sua 140ª Reunião (novembro de 1958), em sua 144ª Reunião (novembro de 1971), em sua 202ª Reunião (março de 1977) e em sua 209ª Reunião (maio-junho de 1979), relativas ao procedimento interno de exame preliminar das queixas e, por último, cm algumas decisões tomadas pelo próprio Comitê de Liberdade Sindical.

ANTECEDENTES

1. Em janeiro de 1950, o Conselho de Administração, em decorrência de negociações realizadas com o Conselho Econômico e Social das Nações Unidas, resolveu criar uma Comissão de Investigação e de Conciliação em Matéria de Liberdade Sindical e definiu a finalidade dessa Comissão, as linhas gerais de seu procedimento e os critérios de sua composição. O Conselho de Administração resolveu também fazer ao Conselho Econômico e Social algumas sugestões com vista a estabelecer um procedimento que permitisse pôr os serviços da Comissão à disposição das Nações Unidas.

2. Em seu décimo período de reuniões, o Conselho Econômico e Social tomou conhecimento, no dia 17 de fevereiro de 1950, da decisão do Conselho de Administração e adotou resolução aprovando formalmente essa decisão, por considerar que vinha ao encontro das intenções expressas pelo Conselho Econômico e Social em sua resolução de 2 de agosto de 1949 e que permitiria tentar um meio especialmente eficaz de salvaguardar os direitos sindicais. O Conselho Econômico e Social resolveu aceitar, em nome das Nações Unidas, os serviços da OIT e da Comissão de Investigação e de Conciliação, e estabeleceu um procedimento, completado em 1953, segundo o qual, o ECOSOC encaminha à OIT as queixas recebidas pelas Nações Unidas referentes a membros das Nações Unidas que fazem parte da OIT.

3. Conselho Econômico e Social encaminhará ao Conselho de Administração da Organização Internacional do Trabalho as queixas relativas a violação dos direitos sociais que governos ou organizações sindicais operárias ou patronais enviarem às Nações Unidas contra Estados-membros da OIT. O Conselho de Administração da OIT decidirá sobre seu ulterior encaminhamento à Comissão de Investigação de Conciliação.

4. As queixas de violação dos direitos sindicais recebidas pelas Nações Unidas, mas formuladas contra Estados-membros das Nações Unidas que não são membros da OIT, serão encaminhadas à Comissão por intermédio do Conselho Administração da Organização Internacional do Trabalho quando o Secretário-Geral das Nações Unidas, agindo em nome do Conselho Econômico e Social, tiver recebido o consentimento do governo interessado, e se o Conselho Econômico e Social cor dera que essas queixas merecem ser encaminhadas. À falta do consentimento do governo, o Conselho Econômico e Social examinará a situação criada por essa negativa com o objetivo de tomar qualquer outra medida apropriada para proteger os direitos relativos à liberdade de associação que no caso esteja em jogo. Se o Conselho Administração da Organização Internacional do Trabalho toma conhecimento de queixas relativas a violações dos direitos sindicais formuladas contra um membro Nações Unidas que não seja membro da OIT, submetará estas queixas, em lugar, ao Conselho Econômico e Social.

5. O procedimento para exame de queixas referentes a supostas violações dos direitos sindicais prevê o exame das queixas contra Estados-membros da OIT. Evidentemente, é possível que as consequências dos fatos que motivaram a apresentação da queixa possam subsistir depois da criação de um novo Estado que se tenha tornado membro da OIT, mas se tal caso se apresentasse, os reclamantes teriam a possibilidade de recorrer ao novo Estado por meio do procedimento estabelecido para o exame de queixas por violação dos direitos sindicais.

6. Face a alegações relativas à violação de direitos sindicais por parte — um governo, o Comitê tem ressaltado que há vínculos de continuidade entre os governos que se sucedem num mesmo Estado e que, embora não se possa responsabilizar um governo por atos ocorridos no governo anterior, nem por isso deixa de ter manifesta responsabilidade pelas consequências que esses atos possam continuar causando a partir de sua tomada de posse.

7. No caso de se produzir uma mudança de regime num país, o novo governo deveria tomar todas as medidas necessárias para corrigir as consequências que desde sua tomada de posse possam ter tido os fatos alegados numa queixa, mesmo quando esses fatos se tenham produzido no governo anterior.

8. De acordo com uma decisão tomada inicialmente pelo Conselho de Administração, as queixas contra Estados-membros da OIT eram submetidas, em primeira instância, à Diretoria do Conselho de Administração para exame preliminar. Em decorrência de deliberações tomadas em suas 116ª e 117ª Reuniões, o Conselho resolveu criar um Comitê de Liberdade Sindical para proceder a esse exame preliminar.

9. Há hoje, portanto três organismos chamados a conhecer as queixas de violação da liberdade sindical apresentadas à OIT: o Comitê de Liberdade Sindical, criado pelo Conselho de Administração, o próprio Conselho de Administração e a Comissão de Investigação e Conciliação em Matéria de Liberdade Sindical.

COMPOSIÇÃO E FUNCIONAMENTO DO COMITÊ

10. O Comitê emana do Conselho de Administração e tem o caráter tripartite próprio da OIT. Desde sua criação, em 1951, o Comitê se compõe de nove membros titulares provenientes, de uma maneira equitativa, dos Grupos Governamentais, dos Empregadores e dos Trabalhadores do Conselho de Administração. Cada membro, o é, a título pessoal. O Conselho de Administração nomeia também nove membros suplentes, em princípio só convocados para participar das reuniões quando, por qualquer motivo, o membro titular não estiver presente, com o objetivo de manter a composição inicial do Comitê.

11. Embora observando a norma mencionada no parágrafo anterior, a prática atual, adotada pelo Comitê em 1958, permite aos membros suplentes que o solicitem participarem, com expressa autorização do Presidente, da discussão dos casos submetidos ao Comitê, estejam ou não presentes todos os membros titulares. Os membros suplentes têm as mesmas obrigações que os membros titulares.

12. Nenhum representante ou cidadão de um Estado, contra o qual tenha sido formulada uma queixa, assim como nenhuma pessoa que ocupe cargo oficial na organização nacional de empregadores ou de trabalhadores autora da reclamação poderá participar dos trabalhos do Comitê, quando do exame de caso em que as ditas pessoas estejam interessadas.

13. O Comitê procura sempre tomar decisões por unanimidade. No caso de ter que recorrer à votação, os suplentes não votam quando o fazem os membros titulares do grupo. Se um membro governamental titular estiver ausente ou impedido com relação a um caso especial em exame (ver parágrafo 12), será substituído por membro governamental designado pelo Conselho de Administração como suplente direto do dito membro titular. O direito de abster-se é exercido nas mesmas condições que o direito de voto afirmativo ou negativo.

14. Se tanto um membro titular como seu suplente não estão disponíveis quando o Comitê examina um determinado caso, o Comitê recorrerá a um dos membros suplentes governamentais para completar o *quorum* de três; na escolha deste último membro, o Comitê levará em consideração a antiguidade e a norma mencionada no parágrafo 12.

COMPETÊNCIA E RESPONSABILIDADE DO COMITÊ

15. A competência do Comitê consiste essencialmente em examinar, para formular sua recomendação ao Conselho de Administração, se os casos merecem s tomados em consideração pelo Conselho de Administração

16. O Comitê — após efetuar o exame preliminar e tendo em vista as observações apresentadas pelos governos interessados, à condição de terem sido enviado num prazo razoável — faz saber ao Conselho de Administração, em sua reunião imediatamente seguinte, que um determinado caso não requer exame mais detido, se cor prova, por exemplo, que os fatos alegados não constituem, mesmo se provados, uma violação do exercício dos direitos sindicais ou que as alegações apresentadas são natureza tão política que não mereçam que se dê curso à ação; ou, então, que as alegações são excessivamente vagas e não permitem, por isso, o exame do mérito do problema ou, por fim, que o reclamante não apresentou provas suficientes para justifica seja a matéria submetida à Comissão de Investigação e Conciliação.

17. O Comitê pode recomendar que o Conselho de Administração transmita aos governos interessados as conclusões do Comitê, chamando-lhes a atenção para anomalias comprovadas e convidando-os a tomar as medidas adequadas para as corrigir.

18. Em todos os casos em que o Comitê sugere ao Conselho de Administração fazer recomendações a um governo, o Comitê acrescenta a suas conclusões relativas a esses casos um parágrafo em que se convida o governo interessado a informa dentro de um prazo razoável, conforme as circunstâncias de cada caso, o curso que tenha dado às recomendações que lhe tenham sido formuladas.

19. Nesse sentido, se estabelece uma distinção entre os países que ratificaram uma ou várias convenções sobre a liberdade sindical e os que não as tenha ratificado.

20. No primeiro caso (convenções ratificadas), o exame do andamento dado às recomendações do Conselho compete normalmente à Comissão de Peritos em Aplicação de Convenções e Recomendações, cuja atenção é chamada expressamente nas conclusões dos relatórios do Comitê para as divergências que existam entre a legislação ou a prática nacional e as disposições das convenções, ou para a incompatibilidade de uma determinada situação com as normas desses instrumentos. Essa possibilidade não impede que o Comitê examine por sua conta, conforme procedimento indicado mais abaixo, o andamento dado a algumas recomendações que tiver formula o que poderia ser de utilidade tendo em vista a natureza ou a urgência de determinadas questões.

21. No segundo caso (convenções não-ratificadas), por não contar com uma resposta ou se a mesma não for satisfatória em parte ou em seu todo, pode continuar do assunto periodicamente, convidando o Diretor-Geral, em intervalos apropriados, conforme a natureza do caso, a chamar a atenção do governo interessado para a questão de que se trate e a solicitar desse governo informações sobre o curso que tenha sido dado às recomendações aprovadas pelo Conselho de Administração. Por sua parte, o Comitê procede, de vez em quando, a uma recapitulação da situação.

22. O Comitê pode recomendar ao Conselho de Administração que procure obter o consentimento do governo interessado para que o caso seja levado à Comissão de Investigação e de Conciliação. O Comitê submete, ao Conselho de Administração, relatório sobre os progressos feitos nos casos a respeito dos quais o Conselho tenha achado que mereciam exame mais detido. Quando o governo, objeto de uma queixa, não dá seu consentimento para que o caso seja submetido à Comissão de Investigação e Conciliação, o Comitê pode formular, em seu relatório ao Conselho de Administração. recomendações referentes a "adequadas medidas alternativas" que, na sua opinião, poderiam ser adotadas pelo Conselho de Administração. Em alguns casos, o próprio Conselho de Administração tem discutido as medidas que deveriam ser adotadas quando um governo não consente em que a questão seja transferida para a Comissão de Investigação e Conciliação.

23. O Comitê tem enfatizado que a função da Organização Internacional do Trabalho em matéria de liberdade sindical e de proteção da pessoa consiste em contribuir para a aplicação efetiva dos princípios gerais da liberdade sindical, que constitui uma das garantias primordiais para a paz e a justiça social. Sua função consiste em garantir e promover o direito de organização de trabalhadores e de empregadores. Não consiste em formular acusações contra governos ou condená-los. No cumprimento de sua missão, o Comitê tem sempre dispensado a maior atenção em aplicar o procedimento, que vem se desenvolvendo no decurso dos anos, e em evitar entrar em questões alheias a sua competência específica.

24. A fim de evitar mal-entendidos ou falsas interpretações, O Comitê tem considerado necessário lembrar que suas funções se limitam ao exame das queixas que lhe são submetidas. Suas atribuições não consistem em fazer conclusões de caráter geral sobre a situação sindical em determinados países na base de vagas generalidades, mas de avaliar o mérito de específicas alegações formuladas.

25. A prática constante do Comitê tem consistido em não fazer distinção entre alegações contra governos e alegações contra empregadores, mas tem considerado em cada caso particular se o governo havia assegurado ou não, em seu território, o livre exercício dos direitos sindicais.

COMPETÊNCIA DO COMITÊ NO EXAME DAS QUEIXAS

26. O Comitê tem considerado que não lhe compete pronunciar-se sobre violação das convenções da OIT em matéria de condições de trabalho, uma vez que essas alegações não se referem à liberdade sindical.

27. O Comitê tem lembrado que não tem competência em matéria de legislação sobre seguridade social.

27bis. Ao examinar um anteprojeto de lei sobre o exercício profissional, depois de haver analisado suas disposições, o Comitê considerou que o dito anteprojeto regulamenta matérias que estão fora do alcance das convenções em matéria de liberdade sindical, uma vez que se limita a regulamentar o acesso às diferentes profissões tituladas, seu exercício e entidade e órgãos competentes nessas matérias. [*Ver Informe 218º, Caso n. 1007, Parágrafo 464.1*]

28. Assuntos que implicam normas jurídicas relacionadas com a posse ou a propriedade de terras não concernem ao exercício dos direitos sindicais.

28bis. Não compete ao Comitê pronunciar-se sobre qual modelo ou quais características — inclusive o grau de regulamentação legal — deve ter o sistema de relações profissionais num determinado país. [*Ver Informe 287º, Caso n. 1627, (Uruguai), Parágrafo 32*]

29. Em alguns casos, o Comitê tem lembrado ter formulado, em seu primeiro relatório [ver o *Informe* 1º, parágrafo 29], diversos princípios relacionados com o exame de queixas em que o governo implicado considera ser a matéria de caráter puramente político, e decidiu, especialmente, que mesmo que as alegações sejam de origem política ou apresentem alguns aspectos políticos, estes devem ser examinados de uma maneira mais detida se põem questões diretamente ligadas aos direitos sindicais.

29bis. O governo, contra o qual se move uma queixa, não pode decidir unilateralmente se as questões nela levantadas estão relacionadas com o direito penal ou com o exercício dos direitos sindicais. Compete ao Comitê pronunciar-se sobre a matéria após exame de todas as informações disponíveis. [*Ver Informe 268º, Caso n. 1500 (China), Parágrafo 693*]

30. O Comitê tem achado que, quando lhe submetem alegações precisas e detalhadas referentes a um projeto de lei, a circunstâncias de as mesmas se referir a um texto sem força legal não constitui motivo suficiente para que não se pronuncie sobre o mérito das alegações apresentadas. O Comitê tem considerado que, nesses casos, é con-veniente que o governo e as organizações reclamantes conheçam a opinião do Comitê sobre um projeto de lei antes de sua adoção, uma vez que o governo, que tem a iniciativa na matéria, pode introduzir eventuais modificações.

31. Quando a legislação nacional prevê a possibilidade de recurso a tribunais independentes e esse procedimento não foi observado com relação às questões de objeto de uma queixa, o Comitê tem considerado que devia tê-lo em conta ao examinar o mérito da queixa

32. Quando um caso é ajuizado numa jurisdição nacional independente, cujo procedimento oferece garantias apropriadas, e considera que a decisão a ser tomada pode trazer elementos adicionais de informação, o Comitê adia por um espaço razoável de tempo o exame do caso, esperando poder contar com a dita decisão, desde que o adiamento não seja susceptível de provocar prejuízos à parte que alegava terem si infringidos seus direitos.

33. Embora o recurso às instâncias judiciais internas, e independentemente dos resultados, constitua um elemento que certamente deve ser tomado em considera e que o governo pode fazer valer, o Comitê tem sempre achado que, dada a natureza de suas responsabilidades, sua competência para examinar as alegações não está condicionada ao esgotamento dos procedimentos nacionais de recurso.

ADMISSIBILIDADE DAS QUEIXAS

34 As queixas apresentadas à OIT, quer diretamente quer por intermédio das Nações Unidas, devem emanar de organizações de trabalhadores, de empregadores ou de

governos. As alegações só serão admissíveis quando apresentadas por organização nacional diretamente interessada na questão, por organizações internacionais de empregadores ou de trabalhadores que tenham *status* consultivo junto à OIT, ou se emanam de outras organizações internacionais de empregadores ou de trabalhadores, quando se referem a questões que afetem diretamente organizações filiadas independentemente de ter o país de que se trate ratificado ou não as convenções sobre liberdade sindical. O Comitê tem plena liberdade de decidir se uma organização pode ou não ser considerada como organização profissional de empregadores ou de trabalhadores segundo a Constituição da OIT e não se considera preso a nenhuma definição nacional a respeito. O Comitê não considera admissível uma queixa só porque procede de organizações sindicais que tenham sido dissolvidas ou que se encontrem em exílio.

ADMISSIBILIDADE QUANTO À ORGANIZAÇÃO RECLAMANTE

35. O Comitê, em sua primeira reunião, em janeiro de 1952 [*Informe* 1º, Comentários Gerais, Parágrafo 28], formulou o princípio, segundo o qual, goza de inteira liberdade para decidir se uma organização pode ser considerada como organização profissional do ponto de vista da Constituição da OIT e não se considera preso qualquer definição nacional desse termo.

36. O Comitê não considera que uma queixa seja inadmissível pelo simples fato de o governo implicado ter dissolvido ou se proponha a dissolver a organização cujo nome é feita a queixa ou porque a pessoa ou as pessoas de quem provenha a queixa se tenham refugiado no exterior.

37. O fato de um sindicato não ter apresentado seus estatutos, como poderia exigi-lo a lei nacional, não seria suficiente para que uma queixa fosse declarada inadmissível, uma vez que os princípios de liberdade sindical exigem justamente que os trabalhadores possam, sem prévia autorização, constituir as organizações profissionais que considerem convenientes.

38. A falta de reconhecimento oficial de uma organização não pode justificar a recusa das alegações quando se depreende da queixa que a dita organização tem pelo menos uma existência de fato.

39. Nos casos em que o Comitê deve examinar queixas apresentadas por organizações sobre as quais carece de informações precisas, o Diretor-Geral pode ir às ditas organizações a apresentação de dados precisos sobre o número de seus membros, seus estatutos, filiação nacional e internacional e, de uma maneira geral, dê toda informação útil que permita, ao se examinar a admissibilidade da queixa, apreciar melhor a real importância representativa da organização reclamante.

40. O Comitê não tomará conhecimento de queixas apresentadas por pessoas que por medo de represálias, pedem que seus nomes ou o lugar de origem das queixas não sejam revelados, exceto se o Diretor-Geral, depois de examinar a queixa, conforme ao Comitê que a mesma contém alegações de certa gravidade que não foram antes examinadas pelo Comitê. O Comitê decidirá, então, que medidas devem ser adotadas com referência à dita queixa.

QUEIXAS IDÊNTICAS

41. No que concerne às queixas que se referem a violações idênticas a violações sobre as quais o Comitê já se tenha pronunciado, o Diretor-Geral pode submeter as ditas queixas, em primeiro lugar, ao Comitê de Liberdade Sindical para que decida se deve ou não lhes dar andamento.

42. Em vários casos, o Comitê tem considerado que não pode voltar a abrir um caso que já tenha sido exaustivamente examinado e sobre o qual já formulou recomendações definitivas ao Conselho de Administração, a menos que novas provas sejam reunidas e trazidas a seu conhecimento.

42bis. O Comitê não reexamina alegações sobre as quais já se tenha pronunci-ado; por exemplo, quando uma queixa se refere a uma lei já examinada pelo Comitê e que, portanto, não contém novos fatos. [*Ver Informe 297º, Parágrafo 13*]

FORMA DA QUEIXA

43. As queixas devem ser feitas por escrito, devidamente firmadas pelo representante de um organismo credenciado para apresentá-las e devem ser acompanhadas, na medida no possível, de provas cm apoio das alegações relativas a casos precisos de violação dos direitos sindicais.

44. Quando o Comitê toma conhecimento, quer diretamente, quer por intermédio das Nações Unidas, de simples cópias de comunicações feitas por organizações a terceiros, tem achado até agora que essas comunicações não constituem um recurso formal e nem requerem ação alguma de sua parte.

45. Queixas provenientes de assembleias ou reuniões que não constituem organizações de existência permanente não são admissíveis, tampouco as de organizações definidas, com as quais é impossível manter correspondência, seja porque só têm existência temporária ou porque não se conhece o endereço do remetente.

NORMAS RELATIVAS ÀS RELAÇÕES COM OS RECLAMANTES

46. O Diretor-Geral submete ao Comitê de Liberdade Sindical, para parecer, as queixas que não se refiram a casos precisos de violação de liberdade sindical, e o Comitê decide se convém ou não lhes dar andamento. Nesses casos, o Diretor-Geral tem a faculdade de escrever à organização reclamante, sem esperar a reunião do Comitê, para informar que o procedimento do Comitê só tem por objeto tratar questões de liberdade sindical e convidá-la a precisar os pontos específicos nesta matéria que quiser sejam examinados pelo Comitê.

47. Quando o Diretor-Geral recebe queixa relativa a fatos concretos que envolvem violações dos direitos sindicais, provenientes diretamente da organização reclamante ou enviada por intermédio das Nações Unidas, informa à reclamante ou enviada por intermédio das Nações Unidas, informa à reclamante que toda informação complementar que deseje apresentar em apoio a sua queixa lhe deverá ser enviada no prazo de um mês. No caso de se enviarem informações complementares à OIT após o prazo previsto no procedimento, compete ao Comitê determinar se as ditas informações constituem novos elementos de informação de que a reclamante não teria podido munir-se dentro do prazo concedido. Se o Comitê assim não o entender, essas informações serão consideradas como inadmissíveis. Se, em vez, o reclamante não apresentar as provas necessárias em apoio a sua queixa (quando parecesse não estar suficientemente justificada) no prazo de um mês a contar da data de recebimento da queixa pelo Diretor Geral, compete ao Comitê decidir se convém adotar outras medidas a esse respeito.

48. Nos casos de receber de diferentes organizações um número considerável de exemplares de uma mesma queixa, o Diretor Geral não é obrigado a solicitar a cada reclamante que

apresente informações complementares; normalmente bastará que as peça à organização central do país. à qual pertençam os reclamantes que apresentaram as queixas idênticas ou, quando o permitirem as circunstâncias, aos autores do primeiro exemplar recebido, ficando entendido que tal procedimento não impedirá que o Diretor-Geral se ponha em contato com várias das ditas organizações, se as circunstâncias específicas do caso o justificarem. O Diretor-Geral envia ao governo interessado cópia do primeiro exemplar recebido, informando-o, todavia, sobre os demais reclamantes que apresentaram queixas idênticas.

49. Quando uma queixa é enviada ao governo [*Ver, mais adiante, os Parágrafos 53 a 65*] e este faz suas observações a respeito, e no caso de serem contraditórias as declarações contidas na queixa e as observações do governo e não ofereça nem uma nem outra elementos de prova, ficando assim o Comitê impedido de formar um juízo com conhecimento de causa, o Comitê tem a faculdade de obter do reclamante informações complementares escritas sobre os lermos da queixa que requerem maior precisão. Nesses casos, o Comitê tem achado, de um lado, que o governo, na sua condição de reclamado, teria a oportunidade de contestar os comentários que pudessem fazer os reclamantes e, de outro, que este procedimento não se aplicaria automaticamente em todos os casos, mas só àqueles em que os comentários dos reclamantes fossem úteis para elucidar os fatos.

50. Respeitadas as duas condições mencionadas no parágrafo precedente, o Comitê pode também comunicar aos reclamantes, nos devidos casos, o essencial das observações governamentais e convidar os ditos reclamantes a fazer seus próprios comentários dentro de um determinado prazo. Além disso, o Diretor Geral pode verificar se, à luz das observações enviadas pelo governo interessado, seriam necessárias mais informações ou comentários dos reclamantes sobre questões relacionadas com a queixa e, no caso afirmativo, escrever diretamente aos reclamantes, em nome do Comitê, e sem esperar que este se reúna, para solicitar, dentro de um determinado prazo, a informação desejada ou os comentários sobre as observações do governo.

51. A fim de manter o reclamante regularmente informado das principais etapas do processo, lhe é informado, após cada reunião do Comitê, que sua queixa foi apreciada e, se este não chegou a uma conclusão que apareça em seu relatório, também lhe é comunicado, conforme o caso, que o exame foi adiado por falta de observações do governo ou que o Comitê pediu ao governo informações complementares.

PEDIDOS DE ADIAMENTO DO EXAME DOS CASOS

51bis. No que diz respeito a solicitações de adiamento ou de suspensão do exame dos casos a pedido de uma organização reclamante ou do governo envolvido, a prática seguida pelo Comitê consiste em deliberar sobre o assunto com plena liberdade uma vez avaliadas as razões invocadas e tendo em vista as circunstâncias do caso. [*Ver Informe 21 A. Casos n. 1455. 1456. 1696 e 1515 (Argentina). Parágrafo 10*]

RETIRADA DE QUEIXAS

52. Quando uma organização, que formulou uma queixa, manifesta o desejo de a retirar, o Comitê, embora tenha considerado que o desejo manifesto, que constitui um elemento a ser tomado plenamente em consideração, não é por si mesmo motivo suficiente para que automaticamente se abandone seu exame. Nesses casos, o Comitê acha que lhe compete julgar, com toda liberdade, as razões invocadas para explicar a retirada de uma queixa e

averiguar se estas são suficientemente plausíveis para poder concluir que a retirada tenha sido solicitada com plena independência. Com efeito, o Comitê tem observado que poderia haver casos em que a retirada de uma queixa pela organização que a apresentou fosse consequência não da falta de matéria da própria queixa, mas de pressões governamentais exercidas sobre os reclamantes que se viram ameaçados com a deterioração da situação se não consentissem em retirá-la.

NORMAS SOBRE AS RELAÇÕES COM OS GOVERNOS INTERESSADOS

53. Ao se filiar à Organização Internacional do Trabalho, todo membro se compromete a respeitar um determinado número de princípios, inclusive os princípios da liberdade sindical, que se converteram numa norma de direito consuetudinário acima das convenções *(Informe de la Comisión de Investigación y Conciliación en Matéria de Libertad Sindical sobre la situación en Chile, 1975, p. 466)*. Como observou o Comitê em seu primeiro relatório (Parágrafo 32), "a função da Organização Internacional do Trabalho a respeito dos direitos sindicais consiste em contribuir para a eficácia do princípio geral da liberdade sindical como uma das principais salvaguardas da paz e da justiça social". O Comitê tem mostrado também que, ao cumprir sua responsabilidade a respeito, a Organização não deveria vacilar em discutir em âmbito internacional casos cuja natureza seja tal que afete substancialmente o alcance dos fins e objetivos da OIT, conforme se expõe na Constituição da Organização, na Declaração de Filadélfia e nas diversas convenções relativas à liberdade sindical.

54. Se a queixa original ou toda informação complementar enviada em res-posta à declaração de recebimento da queixa está suficientemente fundamentada, é transmitida ao governo o mais cedo possível, que é convidado a enviar ao Diretor-Geral suas observações dentro de um determinado prazo, estabelecido com vista à data da reunião seguinte do Comitê. Aos lhes comunicar as queixas recebidas, o Diretor-Geral chama a atenção dos governos para a importância que o Conselho de Administração atribui a que as respostas governamentais sejam apresentadas nos prazos previstos, para que o Comitê possa examinar os casos tão logo quanto possível depois de se terem produzido os fatos que deram origem às alegações. Se o Diretor Geral tiver dificuldades de avaliar se a queixa em questão deve ser considerada suficientemente justificada ou não, para comunicar ao governo interessado, para o fim de obter suas observações, fará uso da faculdade de consultar o Comitê antes de adotar a medida. [*Ver o Parágrafo 46*]

55. Tem-se distinguido entre os casos que devem ser considerados como urgentes e os casos que são considerados menos urgentes. São classificados como urgentes casos em que se trata da vida ou da liberdade de pessoas; casos em que as condições existentes afetam a liberdade de ação de um movimento sindical em seu todo; casos relativos a um estado permanente de emergência; casos que impliquem a dissolução de uma organização. São tratados também com prioridade os casos sobre os quais já foi feito relatório ao Conselho de Administração.

56. Anteriormente, os relatórios do Comitê sobre os casos urgentes eram submetidos imediatamente ao Conselho de Administração; os relatórios sobre os casos menos urgentes ficavam para a reunião seguinte do Conselho. A partir de 1977, todos os casos examinados (quer se trate de casos urgentes ou de menos urgentes) são incluídos no relatório do Comitê que é submetido imediatamente ao Conselho de Administração. Este sistema foi instaurado porque a maior parte dos casos apresentava o caráter de urgência e no parecer do Comitê, o exame de alguns casos menos urgentes, que ficavam pendentes, não impediria que o Conselho de Administração examinasse imediatamente os casos urgentes apresentados.

57. Quer se trate de casos urgentes ou de casos não urgentes, se a primeira resposta do governo interessado carece de precisão, o Comitê encarrega o Diretor-Geral de obter do dito governo as informações complementares necessárias tantas vezes quantas considere pertinentes.

58. O Diretor Geral tem, além disso, a faculdade — sem por isso avaliar o mérito da questão — de verificar se as observações dos governos sobre uma queixa ou suas respostas a pedidos de informações complementares do Comitê contêm suficiente informação para permitir o exame do assunto e, em caso negativo, de escrever diretamente aos governos, em nome do Comitê e sem esperar sua reunião seguinte, para chamar sua atenção para a conveniência de apresentarem elementos de informação mais precisos sobre os problemas levantados pelos reclamantes ou pelo Comitê.

59. A finalidade do procedimento instituído pela OIT é promover o respeito dos direitos sindicais *de jure* e *de facto*. Se o procedimento protege os governos contra acusações infundadas, os governos, de sua parte, devem reconhecer a importância que tem para a sua própria reputação enviar, para exame objetivo, respostas precisas às alegações formuladas pelas organizações reclamantes. O Comitê observa que em to-dos os casos que lhe têm sido submetidos, desde sua criação, tem considerado que as respostas dos governos contra os que apresentam queixas não deveriam limitar a observações de caráter geral.

60. Quando alguns governos demoram em enviar suas observações sobre as queixas que lhes foram comunicadas ou informações complementares que lhes foram solicitadas, o Comitê cita esses governos num parágrafo especial da introdução de seus relatórios, depois de transcorrido um prazo razoável, variável segundo a natureza do caso e a maior ou menor urgência das questões levantadas. Nesse parágrafo especial se faz um apelo urgente aos governos interessados e comunicações especiais do Diretor-Geral lhe são enviadas seguidamente em nome do Comitê.

61. Uma vez esgotado o procedimento estabelecido no parágrafo anterior, se os governos continuam sem enviar, dentro de um prazo razoável, a informação ou as observações solicitadas, disso é feito menção num parágrafo especial da introdução do relatório preparado pelo Comitê em sua reunião de maio-junho. Em seguida, se informará imediatamente aos governos que o Presidente do Comitê, em nome deste, contatará seus representantes na Conferência Internacional do Trabalho, durante a última parte da Conferência, com o propósito de chamar sua atenção para os casos respectivos c discutir com eles os motivos da demora no envio das observações solici-tadas pelo Comitê. O Presidente informa depois o Comitê sobre os resultados desses contatos.

62. Numa fase ulterior, se alguns governos continuam sem mandar uma resposta, são prevenidos, num parágrafo especial da introdução dos relatórios do Comitê e por meio de uma expressa comunicação do Diretor-Geral, que o Comitê poderá apresentar em sua próxima reunião relatório sobre o mérito da questão, mesmo no caso de não terem sido recebidas, até aquela data, as informações solicitadas dos governos.

63. Em alguns casos, quando não se registra resposta, os escritórios da OIT podem intervir junto aos governos interessados, a fim de obter as informações deles solicitadas, quer no decurso do exame do caso, quer no que concerne ao andamento dado às recomendações do Comitê aprovadas pelo Conselho de Administração. Para esses efeitos, informações mais detalhadas sobre as queixas relacionadas com sua região são transmitidas aos escritórios exteriores que são solicitados a intervir junto aos governos que demoram em dar suas respostas, a fim de lhes chamar a atenção para a importância que se atribui ao envio das observações ou informações que lhes são solicitadas.

64. Quando alguns governos demonstram falta evidente de cooperação, o Comitê pode recomendar, a título excepcional, que se dê maior publicidade às alegações formuladas, às recomendações do Conselho de Administração e à atitude dos ditos governos.

65. Em diversas etapas do processo, pode-se recorrer à fórmula dos "contatos diretos", que consiste em enviar, ao país envolvido, representante da OIT, para buscar uma solução para as dificuldades surgidas, seja durante o exame do caso, seja quando se trata do andamento que deveria ser dado às recomendações do Conselho. Não obstante, os contatos dessa natureza só podem ser estabelecidos a convite dos governos interessados ou, pelo menos, com seu consentimento. Além disso, ao receber queixa com alegações de caráter especialmente grave e lendo obtido a aprovação prévia do Presidente do Comitê, o Diretor-Geral pode designar um representante com a missão de fazer contatos preliminares pelos motivos seguintes: manifestar às autoridades competentes do país a preocupação que suscitam os acontecimentos referidos na queixa; explicar a essas autoridades os princípios de liberdade sindical que estão envolvidos; obter a reação inicial das autoridades assim como suas observações e informações relacionadas com os pontos levantados na queixa; explicar às autoridades o processo especial aplicado quando se alega violação dos direitos sindicais e, em particular, a fórmula dos contatos diretos cuja aplicação poderia ser ulteriormente solicitada pelo governo a fim de facilitar uma plena apreciação da situação pelo Comitê e pelo Conselho de Administração; solicitar às autoridades, e incentivá-las, que enviem, tão logo quanto possível, uma resposta detalhada com as observações do governo sobre a queixa. O relatório do representante do Diretor-Geral será submetido ao Comitê em sua reunião seguinte, para que o considere juntamente com as demais informações disponíveis. O representante da OIT pode ser um funcionário de seu quadro ou pessoa independente designada pelo Diretor-Geral. Todavia, convém ressaltar que a missão do representante da OIT consistirá sobretudo em apurar os fatos e em examinar *in situ* as possibilidades de solução, mantida a competência do Comitê e do Conselho para apreciar a situação ao final desses contatos diretos.

65bis. O Comitê considera que o *representante do Diretor Geral,* encarregado de uma missão num país, não poderá realizar plenamente sua tarefa e, consequentemente, ser plena e objetivamente informado sobre todos os aspectos do caso. se não tiver a *possibilidade de se entrevistar* com todas as partes interessadas. *[Ver Informe 229º ,Caso n. 1097, Parágrafo 51.J*

AUDIÊNCIA DAS PARTES

66. O Comitê decidirá, nos devidos casos e tomando em consideração todas as circunstâncias da questão, sobre a conveniência de ouvir as partes, ou uma delas, durante suas reuniões, a fim de obter informações mais completas sobre a matéria de que se trate. Poderá fazê-lo, especialmente: *(a)* nos casos em que os reclamantes e os governos tenham apresentado declarações contraditórias sobre o mérito da questão e em que o Comitê considere oportuno que os representantes das partes ofereçam informações orais mais detalhadas conforme o solicite; (b) nos casos em que o Comitê considere conveniente intercambiar pareceres com o governo interessado e com os reclamantes com relação a determinados aspectos importantes, com o objetivo de apreciar não só o estado atual da questão, mas também as possibilidades de uma evolução com vista à solução dos problemas existentes, e de tentar uma conciliação na base dos princípios da liberdade sindical; (c) nos demais casos que ofereçam dificuldades especiais no exame dos assuntos levantados ou na aplicação das recomendações do Comitê, ou nos quais o Comitê considere oportuno discutir esses assuntos com o representante do governo interessado.

PRESCRIÇÃO

67. O Comitê achou que, embora não se tenha estabelecido nenhum prazo de prescrição para o exame das queixas, seria muito difícil, se não impossível, que um governo respondesse detalhadamente sobre acontecimento que remontem a um passado distante.

II — TABELA DE CASOS

Caso n.	País
1	Peru
2	Venezuela
3	República Dominicana
4	Egito
5	Índia
6	Irã
7	Itália
8	Israel
9	Países Baixos
10	Chile
11	Brasil
12	Argentina
13	Bolívia
14	Checoslováquia
15	França
16	França/Marrocos
17	França/Túnis
18	Grécia
19	Hungria
20	Líbano
21	Nova Zelândia
22	Filipinas
23	Reino Unido/Sudão Anglo-Egípcio
24	Reino Unido/Chipre
25	Reino Unido/Costa do Ouro
26	Reino Unido/Granada
27	Reino Unido/Hong Kong
28	Reino Unido/Jamaica
29	Reino Unido/Quênia

Caso n.	País
30	Reino Unido/Malásia
31	Reino Unido/Nigéria
32	Reino Unido/Uganda
33	Estados Unidos
34	Ceilão
35	Hungria
36	Arábia saudita
37	Reino Unido/Honduras Britânicas
38	Reino Unido/Chipre
39	Bolívia e Peru
40	França/Túnis
41	Reino Unido/Guiana Britânica
42	Estados Unidos/Zona do Canal do Panamá
43	Chile
44	Colômbia
45	Estados Unidos e Grécia
46	Estados Unidos
47	Índia
48	Japão
49	Paquistão
50	Turquia
51	Sarre
52	Trieste
53	Espanha
54	Argentina
55	Grécia
56	Uruguai
57	Reino Unido/Guiana Britânica

Caso n.	País
58	Polônia
59	Reino Unido/Chipre
60	Japão
61	França/Túnis
62	Países Baixos
63	União Sul-Africana
64	Itália
65	Cuba
66	Grécia
67	Egito
68	Colômbia
69	França
70	Estados Unidos e Grécia
71	Estados Unidos
72	Venezuela
73	Reino Unido/Honduras Britânicas
74	Birmânia
75	França/Madagascar
76	Costa Rica
77	França/diversos
78	Suíça
79	Bélgica
80	República Federal da Alemanha
81	Chile
82	Líbano
83	Brasil
84	México
85	Áustria
86	Itália
87	Índia
88	França/Sudão
89	Estados Unidos
90	França
91	Reino Unido/Guiana Britânica
92	Peru
93	Irã
94	Cuba
95	Estados Unidos
96	Reino Unido
97	Índia
98	França/Túnis
99	França
100	El Salvador
101	Reino Unido/Guiana Britânica
102	União Sul-Africana
103	Reino Unido/Rodésia do Sul
104	Irã
105	Grécia
106	Argentina
107	Birmânia
108	Costa Rica
109	Guatemala
110	Paquistão
111	URSS
112	Grécia
113	França/Marrocos
114	Estados Unidos
115	Grécia
116	Irã
117	Argentina
118	França
119	União Sul-Africana
120	França
121	Grécia
122	Venezuela
123	República Democrática da Alemanha
124	Colômbia
125	Brasil
126	Costa Rica
127	Guatemala
128	Países Baixos
129	Peru
130	Suíça

Caso n.	País
131	Guatemala
132	Grécia
133	Países Baixos/Antilhas Holandesas
134	Chile
135	Birmânia
136	Reino Unido/Chipre
137	Brasil
138	Estados Unidos e Grécia
139	Áustria
140	Argentina
141	Chile
142	Honduras
143	Espanha
144	Guatemala
145	União Sul-Africana
146	Colômbia
147	União Sul-Africana
148	Polônia
149	Índia
150	Reino Unido/Jamaica
151	República Dominicana
152	Reino Unido/Rodésia do Norte
153	Chile
154	Chile
155	URSS
156	França/Argélia
157	Grécia
158	Hungria
159	Cuba
160	Hungria
161	França/Camarão
162	Reino Unido
163	Birmânia
164	Estados Unidos e Grécia
165	Argentina
166	Grécia
167	Jordânia

Caso n.	País
168	Paraguai
169	Turquia
170	França/Madagascar
171	Canadá
172	Argentina
173	Estados Unidos e Grécia
174	Grécia
175	Iugoslávia
176	Grécia
177	Honduras
178	Reino Unido/Aden
179	Japão
180	Reino Unido/Cingapura
181	Equador
182	Reino Unido
183	União Sul-Africana
184	Haiti
185	Grécia
186	Bolívia
187	Reino Unido/Rodésia do Norte
188	Dinamarca
189	Honduras
190	Argentina
191	Sudão
192	Argentina
193	Birmânia
194	Reino Unido/Cingapura
195	França
196	Grécia
197	Paquistão
198	Grécia
199	Argentina
200	União Sul-Africana
201	Grécia
202	Tailândia
203	Hungria
204	Índia

Caso n.	País
205	Brasil
206	Uruguai
207	Grécia
208	França/Costa do Marfim
209	República Árabe Unida
210	Haiti
211	Canadá
212	Estados Unidos
213	República Federal da Alemanha
214	Guiné
215	Grécia
216	Argentina
217	Paraguai
218	França/Camarão
219	Irã
220	Argentina
221	Reino Unido/Aden
222	Grécia
223	Marrocos
224	Grécia
225	México
226	Haiti, Nicarágua e Paraguai
227	Chile
228	Grécia
229	União Sul-Africana
230	Paraguai
231	Argentina
232	Marrocos
233	França/Congo
234	Grécia
235	Camarão
236	Irã
237	Marrocos
238	Grécia
239	Costa Rica
240	Grécia
241	França

Caso n.	País
242	Marrocos
243	Birmânia
244	Bélgica
245	Grécia
246	Cuba
247	Grécia
248	Senegal
249	Grécia
250	Bélgica
251	Reino Unido/Rodésia do Sul
252	Reino Unido/Gâmbia
253	Cuba
254	Congo (Leopoldville)
255	Marrocos
256	Grécia
257	França/Somália Francesa
258	Argentina
259	Argentina
260	Irã
261	União Sul-Africana
262	Camarão
263	Grécia
264	Uruguai
265	Irã
266	Portugal
267	Argentina
268	Argentina
269	Birmânia
270	Chile
271	Chile
272	República da África do Sul
273	Argentina
274	Líbia
275	Reino Unido/Aden
276	Jordânia
277	Senegal
278	República da África do Sul

Caso n.	País
279	Reino Unido
280	França
281	Bélgica
282	Bélgica/Burundi
283	Cuba
284	República da África do Sul
285	Peru
286	Portugal
287	Índia
288	República da África do Sul
289	Senegal
290	Congo (Leopoldville)
291	Reino Unido/Aden
292	Reino Unido
293	República Federal da Alemanha
294	Espanha
295	Grécia
296	Paquistão
297	URSS
298	Reino Unido/Rodésia do Sul
299	Grécia
300	República da África do Sul
301	Libéria
302	Marrocos
303	Gana
304	Espanha, Portugal, República da África do Sul, Irã e Grécia
305	Chile
306	República Árabe Síria
307	Somália
308	Argentina
309	Grécia
310	Japão
311	República da África do Sul
312	República Dominicana
313	Dahhomei
314	República da África do Sul

Caso n.	País
315	Reino Unido/Aden
316	Equador
317	Noruega
318	Marrocos
319	El Salvador
320	Paquistão
321	República da África do Sul
322	Serra Leoa
323	Peru
324	Itália
325	Reino Unido/Singapura
326	Alto Volta
327	Congo (Leopoldville)
328	Finlândia
329	Cuba
330	Irã
331	Peru
332	Brasil
333	Grécia
334	Argentina
335	Peru
336	Dahomei
337	França/Somália Francesa
338	Camarão
339	Marrocos
340	República da África do Sul
341	Grécia
342	Irã
343	Ceilão
344	Mali
345	Reino Unido/Suazilândia
346	Argentina
347	Venezuela
348	Honduras
349	Panamá
350	República Dominicana
351	Espanha

Caso n.	País
352	Guatemala
353	Grécia
354	Chile
355	Jamaica
356	Espanha
357	Congo (Leopoldville)
358	México
359	Marrocos
360	República Dominicana
361	Marrocos
362	Marrocos
363	Colômbia
364	Equador
365	Congo (Leopoldville)
366	Reino Unido/Guiana Britânica
367	Congo (Leopoldville)
368	Áustria
369	Argentina
370	Portugal
371	República Federal da Alemanha
372	Congo (Leopoldville)
373	Haiti
374	Costa Rica
375	Chipre
376	Bélgica
377	Congo (Leopoldville)
378	Honduras
379	Costa Rica
380	Reino Unido/Rodésia do Sul
381	Honduras
382	Grécia
383	Espanha
384	Equador
385	Brasil
386	Índia
387	Vietnã
388	Costa Rica

Caso n.	País
389	Camarão
390	Venezuela
391	Equador
392	Congo (Leopoldville)
393	República Árabe Síria
394	México
395	Colômbia
396	Guatemala
397	Espanha
398	Japão
399	Argentina
400	Espanha
401	Burundi
402	Congo (Leopoldville)
403	Alto Volta
404	República da África do Sul
405	Peru
406	Reino Unido/Guiana Britânica
407	Paquistão
408	Honduras
409	Bolívia
410	Paraguai
411	República Dominicana
412	Países Baixos/Antilhas Holandesas
413	Grécia
414	Reino Unido/Rodésia do Sul
415	Reino Unido/São Vicente
416	Paquistão
417	Vietnã
418	Camarão
419	Congo (Leopoldville)
420	Índia
421	Reino Unido/Aden
422	Equador
423	Honduras
424	Índia

Caso n.	País
425	Cuba
426	Grécia
427	Congo (Leopoldville)
428	República Dominicana
429	Espanha
430	Estados Unidos/Porto Rico
431	Malta
432	Portugal
433	Equador
434	Colômbia
435	Bahrein
436	Índia
437	Congo (Leopoldville)
438	Grécia
439	Paraguai
440	Estados Unidos/Zona do Canal do Panamá
441	Paraguai
442	Guatemala
443	Bolívia
444	Costa Rica
445	Marrocos
446	Panamá
447	República Dominicana
448	Uganda
449	Reino Unido/São Cristovão Neves-Anguila
450	El Salvador
451	Bolívia
452	Colômbia
453	Grécia
454	Honduras
455	Irlanda
456	Bolívia
457	México
458	Cuba
459	Uruguai

Caso n.	País
460	México
461	Espanha
462	Venezuela
463	Congo (Leopoldville)
464	Grécia
465	Reino Unido/Aden
466	Panamá
467	República Dominicana
468	Congo (Leopoldville)
469	Cuba
470	Grécia
471	Itália
472	República da África do Sul
473	Equador
474	Equador
475	Chile
476	Peru
477	Equador
478	Reino Unido/Aden
479	Nicarágua
480	Túnis
481	Grécia
482	Chipre
483	Vietnã
484	Índia
485	Venezuela
486	Marrocos
487	Espanha
488	Bélgica
489	Grécia
490	Colômbia
491	Ceilão
492	México
493	Índia
494	Sudão
495	França/Nova Caledônia
496	Honduras

Caso n.	País
497	Espanha
498	Grécia
499	França/Somália Francesa
500	Congo (Kinshasa)
501	Indonésia
502	Jordânia
503	Argentina
504	Espanha
505	Marrocos
506	Libéria
507	Espanha
508	Grécia
509	Espanha
510	Paraguai
511	Nicarágua
512	Chipre
513	Marrocos
514	Colômbia
515	França/Somália Francesa
156	Peru
517	Grécia
518	Colômbia
519	Grécia
520	Espanha
521	Reino Unido/São Vicente
522	República Dominicana
523	Canadá
524	Marrocos
525	Reino Unido/Bermuda
526	Bolívia
527	Colômbia
528	Marrocos
529	Peru
530	Uruguai
531	Panamá
532	Peru
533	Índia

Caso n.	País
534	Colômbia
535	Venezuela
536	Gabão
537	Indonésia
538	Índia
539	El Salvador
540	Espanha
541	Argentina
542	Dahomei
543	Turquia
544	República Dominicana
545	Vietnã
546	Colômbia
547	Peru
548	Haiti
549	Chile
550	Guatemala
551	Cuba
552	Argentina
553	Argentina
554	Brasil
555	Líbia
556	Marrocos
557	República Dominicana
558	Brasil
559	Trinidad e Tobago
560	Marrocos
561	Uruguai
562	República Dominicana
563	Costa Rica
564	Nicarágua
565	França
566	República Dominicana
567	Israel
568	Marrocos
569	Chade
570	Nicarágua

Caso n.	País
571	Bolívia
572	Panamá
573	Bolívia
574	Argentina
575	Índia
576	Argentina
577	Marrocos
578	Gana
579	Guatemala
580	Estados Unidos
581	Panamá
582	Brasil
583	Argentina
584	Nicarágua
585	Paquistão
586	Panamá
587	Costa Rica
588	Argentina
589	Índia
590	Luxemburgo
591	Senegal
592	Jamaica
593	Argentina
594	Índia
595	Brasil
596	Panamá
597	Togo
598	Equador
599	Países Baixos/Antilhas Holandesas
600	Iêmen
601	Colômbia
602	Guiana
603	México
604	Uruguai
605	Jamaica
606	Paraguai
607	Uruguai

Caso n.	País
608	Índia
609	Guatemala, Argentina e Uruguai
610	Panamá
611	Costa Rica
612	Espanha
613	Ilha Maurício
614	Peru
615	República Dominicana
616	Brasil
617	Venezuela
618	Malásia
619	Honduras
620	Panamá
621	Suécia
622	Espanha
623	Brasil
624	Reino Unido/Honduras Britânicas
625	Venezuela
626	Guatemala
627	Estados Unidos
628	Venezuela
629	Nicarágua
630	Espanha
631	Turquia
632	Brasil
633	Argentina
634	Itália
635	Costa Rica
636	Argentina
637	Espanha
638	Lesoto
639	Estados Unidos
640	Índia
641	Colômbia
642	Reino Unido/Honduras Britânicas
643	Colômbia
644	Mali

Caso n.	País
645	Equador
646	Costa Rica
647	Portugal
648	Reino Unido/São Vicente
649	El Salvador
650	El Salvador
651	Argentina
652	Filipinas
653	Argentina
654	Portugal
655	Bélgica
656	Argentina
657	Espanha
658	Espanha
659	Guatemala
660	Mauritânia
661	Espanha
662	Nicarágua
663	Paraguai
664	Colômbia
665	Costa Rica
666	Portugal
667	Espanha
668	Jordânia
669	Argentina
670	Chipre
671	Bolívia
672	República Dominicana
673	Madagascar
674	Indonésia
675	Colômbia
676	Nicarágua
677	Sudão
678	Espanha
679	Espanha
680	Reino Unido
681	República Centro-Africana

Caso n.	País
682	Costa Rica
683	Equador
684	Espanha
685	Bolívia
686	Japão
687	Colômbia
688	Chile
689	Ilha Maurício
690	Reino Unido/Honduras Britânicas
691	Argentina
692	Brasil
693	Uruguai
694	Honduras
695	Índia
696	México
697	Espanha
698	Senegal
699	Canadá
700	Guiana
701	Colômbia
702	Costa Rica
703	Chile
704	Espanha
705	Estados Unidos
706	Uruguai
707	Argentina
708	Bulgária
709	Ilha Maurício
710	Argentina
711	Marrocos
712	Guatemala
713	Peru
714	Equador
715	Nicarágua
716	Reino Unido/São Vicente
717	Costa Rica
718	República Dominicana

Caso n.	País
719	Colômbia
720	Índia
721	Índia
722	Espanha
723	Colômbia
724	Filipinas
725	Japão
726	Uruguai
727	Nigéria
728	Jamaica
729	Bangladesh
730	Jordânia
731	Argentina
732	Togo
733	Guatemala
734	Colômbia
735	Espanha
736	Espanha
737	Japão
738	Japão
739	Japão
740	Japão
741	Japão
742	Japão
743	Japão
744	Japão
745	Japão
746	Canadá
747	Guatemala
748	Brasil
749	Senegal
750	Espanha
751	República do Vietnã
752	El Salvador
753	Japão
754	Jamaica
755	Japão

Caso n.	País
756	Índia
757	Austrália
758	Costa Rica
759	Reino Unido/Honduras Britânicas
760	Espanha
761	Ilha Mauricio
762	Peru
763	Uruguai
764	Colômbia
765	Chile
766	Iêmen
767	República da África do Sul
768	República Dominicana
769	Nicarágua
770	Grécia
771	Uruguai
772	Israel
773	México
774	República Centro-Africana
775	Uganda
776	Jamaica
777	Índia
778	França
779	Argentina
780	Espanha
781	Bolívia
782	Libéria
783	Costa Rica
784	Grécia
785	Colômbia
786	Uruguai
787	Brasil
788	Peru
789	Guatemala
790	Jamaica
791	Israel
792	Japão

Caso n.	País
793	Índia
794	Grécia
795	Libéria
796	Bahamas
797	Jordânia
798	Chipre
799	Turquia
800	Brasil
801	Uruguai
802	República Dominicana
803	Espanha
804	Paquistão
805	Malta
806	Bolívia
807	Estados Unidos/Porto Rico
808	Costa do Marfim
809	Argentina
810	França/Guiana
811	Jordânia
812	Espanha
813	Colômbia
814	Bolívia
815	Etiópia
816	Bangladesh
817	França/Território dos Afars e Issas
818	Canadá
819	República Dominicana
820	Honduras
821	Costa Rica
822	República Dominicana
823	Chile
824	Dahomei
825	Nicarágua
826	Costa Rica
827	México
828	Índia
829	Itália
830	Brasil
831	México
832	Índia
833	Índia
834	Grécia
835	Espanha
836	Argentina
837	Índia
838	Espanha
839	Jordânia
840	Sudão
841	Canadá
842	Argentina
843	Índia
844	El Salvador
845	Canadá
846	Austrália
847	República Dominicana
848	Espanha
849	Nicarágua
850	Colômbia
851	Grécia
852	República da África do Sul
853	Chade
854	Paraguai
855	Honduras
856	Guatemala
857	Reino Unido/Antigua
858	Equador
859	Costa Rica
860	Reino Unido/São Vicente
861	Bangladesh
862	Índia
863	Turquia
864	Espanha
865	Equador
866	França

Caso n.	País
867	Reino Unido/Belice
868	Peru
869	Índia
870	Peru
871	Colômbia
872	Grécia
873	El Salvador
874	Espanha
875	Costa rica
876	Grécia
877	Grécia
878	Nigéria
879	Malásia
880	Madagascar
881	Índia
882	Reino Unido/São Vicente
883	Reino Unido/Belize
884	Peru
885	Equador
886	Canadá
887	Etiópia
888	Equador
889	Colômbia
890	Guiana
891	Guatemala
892	Fiji
893	Canadá
894	Equador
895	Marrocos
896	Honduras
897	Paraguai
898	Estados Unidos/Porto Rico
899	Túnis
900	Espanha
901	Nicarágua
902	Austrália
903	Canadá

Caso n.	País
904	El Salvador
905	URSS
906	Peru
907	Colômbia
908	Marrocos
909	Polônia
910	Grécia
911	Malásia
912	Peru
913	Sri Lanka
914	Nicarágua
915	Espanha
916	Peru
917	Costa Rica
918	Bélgica
919	Colômbia
920	Reino Unido/Antígua
921	Grécia
922	Índia
923	Espanha
924	Guatemala
925	Iêmen
926	Itália
927	Brasil
928	Malásia
929	Honduras
930	Turquia
931	Canadá
932	Grécia
933	Peru
934	Marrocos
935	Grécia
936	Nova Zelândia
937	Espanha
938	Honduras
939	Grécia
940	Sudão

Caso n.	País
941	Guiana
942	Índia
943	República Dominicana
944	Egito
945	Argentina
946	Paraguai
947	Grécia
948	Colômbia
949	Malta
950	República Dominicana
951	Peru
952	Espanha
953	El Salvador
954	Guatemala
955	Bangladesh
956	Nova Zelândia
957	Guatemala
958	Brasil
959	Honduras
960	Peru
961	Grécia
962	Turquia
963	Granada
964	Canadá
965	Malásia
966	Portugal
967	Peru
968	Grécia
969	Peru
970	Grécia
971	República Dominicana
972	Peru
973	El Salvador
974	Peru
975	Guatemala
976	Grécia
977	Colômbia

Caso n.	País
978	Guatemala
979	Espanha
980	Costa Rica
981	Bélgica
982	Costa Rica
983	Bolívia
984	Quênia
985	Turquia
986	República Dominicana
987	El Salvador
988	Sri Lanka
989	Grécia
990	Sri Lanka
991	Costa Rica
992	Marrocos
993	Marrocos
994	Colômbia
995	Índia
996	Grécia
997	Turquia
998	Grécia
999	Turquia
1000	El Salvador
1001	Espanha
1002	Brasil
1003	Sri Lanka
1004	Haiti
1005	Reino Unido/Hong Kong
1006	Grécia
1007	Nicarágua
1008	Grécia
1009	Colômbia
1010	Espanha
1011	Senegal
1012	Equador
1013	Alto Volta
1014	República Dominicana

Caso n.	País
1015	Tailândia
1016	El Salvador
1017	Marrocos
1018	Marrocos
1019	Grécia
1020	Mali
1021	Grécia
1022	Malásia
1023	Colômbia
1024	Índia
1025	Haiti
1026	Guatemala
1027	Paraguai
1028	Chile
1029	Turquia
1030	França/Guiana Martinica
1031	Nicarágua
1032	Equador
1033	Jamaica
1034	Brasil
1035	Índia
1036	Colômbia
1037	Sudão
1038	Reino Unido
1039	Espanha
1040	República Centro-África
1041	Brasil
1042	Portugal
1043	Bahrein
1044	República Dominicana
1045	Portugal
1046	Chile
1047	Nicarágua
1048	Paquistão
1049	Peru
1050	Índia
1051	Chile

Caso n.	País
1052	Panamá
1053	República Dominicana
1054	Marrocos
1055	Canadá
1056	Honduras
1057	Grécia
1058	Grécia
1059	República Dominicana
1060	Argentina
1061	Espanha
1062	Grécia
1063	Costa Rica
1064	Uruguai
1065	Colômbia
1066	Romênia
1067	Argentina
1068	Grécia
1069	Índia
1070	Canadá (Nova Escócia)
1071	Canadá (Ontário)
1072	Colômbia
1073	Colômbia
1074	Estados Unidos
1075	Paquistão
1076	Bolívia
1077	Marrocos
1078	Espanha
1079	Colômbia
1080	Zâmbia
1081	Peru
1082	Grécia
1083	Colômbia
1084	Nicarágua
1085	Colômbia
1086	Grécia
1087	Portugal
1088	Mauritânia

Caso n.	País
1089	Alto Volta
1090	Espanha
1091	Índia
1092	Uruguai
1093	Bolívia
1094	Chile
1095	Chile
1096	Chile
1097	Polônia
1098	Uruguai
1099	Noruega
1100	Índia
1101	Colômbia
1102	Panamá
1103	Nicarágua
1104	Bolívia
1105	Colômbia
1106	República Dominicana
1107	Índia
1108	Costa Rica
1109	Chile
1110	Tailândia
1111	Índia
1112	Bolívia
1113	Índia
1114	Nicarágua
1115	Marrocos
1116	Marrocos
1117	Chile
1118	República Dominicana
1119	Argentina
1120	Espanha
1121	Serra Leoa
1122	Costa Rica
1123	Nicarágua
1124	Bolívia
1125	Argentina
1126	Chile
1127	Colômbia
1128	Bolívia
1129	Nicarágua
1130	Estados Unidos
1131	Alto Volta
1132	Uruguai
1133	Nicarágua
1134	Chipre
1135	Gana
1136	Chile
1137	Chile
1138	Peru
1139	Jordânia
1140	Colômbia
1141	Venezuela
1142	Tailândia
1143	Estados Unidos
1144	Chile
1145	Honduras
1146	Iraque
1147	Canadá
1148	Nicarágua
1149	Honduras
1150	El Salvador
1151	Japão
1152	Chile
1153	Uruguai
1154	Camarão
1155	Colômbia
1156	Chile
1157	Filipinas
1158	Jamaica
1159	Nicarágua
1160	Suriname
1161	Bolívia
1162	Chile

Caso n.	País
1163	Chipre
1164	Malta
1165	Japão
1166	Honduras
1167	Grécia
1168	El Salvador
1169	Nicarágua
1170	Chile
1171	Canadá (Quebec)
1172	Canadá (Ontário)
1173	Canadá (Colômbia Britânica)
1174	Portugal
1175	Paquistão
1176	Guatemala
1177	República Dominicana
1178	Israel
1179	República Dominicana
1180	Austrália
1181	Peru
1182	Bélgica
1183	Chile
1184	Chile
1185	Nicarágua
1186	Chile
1187	República Islâmica do Irã
1188	República Dominicana
1189	Quênia
1190	Peru
1191	Chile
1192	Filipinas
1193	Grécia
1194	Chile
1195	Guatemala
1196	Marrocos
1197	Jordânia
1198	Cuba
1199	Peru

Caso n.	País
1200	Chile
1201	Marrocos
1202	Grécia
1203	Espanha
1204	Paraguai
1205	Chile
1206	Peru
1207	Uruguai
1208	Nicarágua
1209	Uruguai
1210	Colômbia
1211	Bahrein
1212	Chile
1213	Grécia
1214	Bangladesh
1215	Guatemala
1216	Honduras
1217	Chile
1218	Costa Rica
1219	Libéria
1220	Argentina
1221	República Dominicana
1222	Bahamas
1223	Djibouti
1224	Grécia
1225	Brasil
1226	Canadá
1227	Índia
1228	Peru
1229	Chile
1230	Equador
1231	Peru
1232	Índia
1233	El Salvador
1234	Canadá
1235	Canadá (Colômbia Britânica)
1236	Uruguai

Caso n.	País
1237	Brasil
1238	Grécia
1239	Colômbia
1240	Colômbia
1241	Austrália (Território do Norte)
1242	Costa Rica
1243	Granada
1244	Espanha
1245	Chipre
1246	Bangladesh
1247	Canadá (Alberta)
1248	Colômbia
1249	Espanha
1250	Bélgica
1251	Portugal
1252	Colômbia
1253	Marrocos
1254	Uruguai
1255	Noruega
1256	Portugal
1257	Uruguai
1258	El Salvador
1259	Bangladesh
1260	Canadá (Terranova)
1261	Reino Unido
1262	Guatemala
1263	Japão
1264	Barbados
1265	Estados Unidos
1266	Alto Volta
1267	Papua Nova Guiné
1268	Honduras
1269	El Salvador
1270	Brasil
1271	Honduras
1272	Chile
1273	El Salvador

Caso n.	País
1274	Uruguai
1275	Paraguai
1276	Chile
1277	República Dominicana
1278	Chile
1279	Portugal
1280	Chile
1281	El Salvador
1282	Marrocos
1283	Nicarágua
1284	Granada
1285	Chile
1286	El Salvador
1287	Costa Rica
1288	República Dominicana
1289	Peru
1290	Uruguai
1291	Colômbia
1292	Espanha
1293	República Dominicana
1294	Brasil
1295	Reino Unido/Montserrat
1296	Antígua
1297	Chile
1298	Nicarágua
1299	Uruguai
1300	Costa Rica
1301	Paraguai
1302	Colômbia
1303	Portugal
1304	Costa Rica
1305	Costa Rica
1306	Mauritânia
1307	Honduras
1308	Granada
1309	Chile
1310	Costa Rica

Caso n.	País
1311	Guatemala
1312	Grécia
1313	Brasil
1314	Portugal
1315	Portugal
1316	Uruguai
1317	Nicarágua
1318	República Federal da Alemanha
1319	Equador
1320	Espanha
1321	Peru
1322	República Dominicana
1323	Filipinas
1324	Austrália
1325	Sudão
1326	Bangladesh
1327	Túnis
1328	Paraguai
1329	Canadá (Colômbia Britânica)
1330	Guiana
1331	Brasil
1332	Paquistão
1333	Jordânia
1334	Nova Zelândia
1335	Malta
1336	Mauricio
1337	Nepal
1338	Dinamarca
1339	República Dominicana
1340	Marrocos
1341	Paraguai
1342	Espanha
1343	Colômbia
1344	Nicarágua
1345	Austrália
1346	Índia
1347	Bolívia

Caso n.	País
1348	Equador
1349	Malta
1350	Canadá (Colômbia Britânica)
1351	Nicarágua
1352	Israel
1353	Filipinas
1354	Grécia
1355	Senegal
1356	Canadá/Quebec
1357	Grécia
1358	Espanha
1359	Paquistão
1360	República Dominicana
1361	Nicarágua
1362	Espanha
1363	Peru
1364	França
1365	Portugal
1366	Espanha
1367	Peru
1368	Paraguai
1369	Honduras
1370	Portugal
1371	Austrália
1372	Nicarágua
1373	Bélgica
1374	Espanha
1375	Espanha
1376	Colômbia
1377	Brasil
1378	Bolívia
1379	Fiji
1380	Malásia
1381	Equador
1382	Portugal
1383	Paquistão
1384	Grécia

Caso n.	País
1385	Nova Zelândia
1386	Peru
1387	Irlanda
1388	Marrocos
1389	Noruega
1390	Israel
1391	Reino Unido
1392	Venezuela
1393	República Dominicana
1394	Canadá
1395	Costa Rica
1396	Haiti
1397	Argentina
1398	Honduras
1399	Espanha
1400	Equador
1401	Estados Unidos
1402	Checoslováquia
1403	Uruguai
1404	Uruguai
1405	Burkia Faso
1406	Zâmbia
1407	México
1408	Venezuela
1409	Argentina
1410	Libéria
1411	Equador
1412	Venezuela
1413	Bahrein
1414	Israel
1415	Austrália
1416	Estados Unidos
1417	Brasil
1418	Dinamarca
1419	Panamá
1420	Estados Unidos (Porto Rico)
1421	Dinamarca

Caso n.	País
1422	Colômbia
1423	Costa do Marfim
1424	Portugal
1425	Fiji
1426	Filipinas
1427	Brasil
1428	Índia
1429	Colômbia
1430	Canadá (Colômbia Britânica)
1431	Indonésia
1432	Peru
1433	Espanha
1434	Colômbia
1435	Paraguai
1436	Colômbia
1437	Estados Unidos
1438	Canadá
1439	Reino Unido
1440	Paraguai
1441	El Salvador
1442	Nicarágua
1443	Dinamarca
1444	Filipinas
1445	Peru
1446	Paraguai
1447	Santa Lúcia
1448	Noruega
1449	Mali
1450	Peru
1451	Canadá
1452	Equador
1453	Venezuela
1454	Nicarágua
1455	Argentina
1456	Argentina
1457	Colômbia
1458	Islândia

Caso n.	País
1459	Guatemala
1460	Uruguai
1461	Brasil
1462	Burkina Faso
1463	Libéria
1464	Honduras
1465	Colômbia
1466	Espanha
1467	Estados unidos
1468	Índia
1469	Países Baixos
1470	Dinamarca
1471	Índia
1472	Espanha
1473	Marrocos
1474	Espanha
1475	Panamá
1476	Panamá
1477	Colômbia
1478	Peru
1479	Índia
1480	Malásia
1481	Brasil
1482	Paraguai
1483	Costa Rica
1484	Peru
1485	Venezuela
1486	Portugal
1487	Brasil
1488	Guatemala
1489	Chipre
1490	Marrocos
1491	Trinidad e Tobago
1492	Romênia
1493	Chipre
1494	El Salvador
1495	Filipinas

Caso n.	País
1496	Argentina
1497	Portugal
1498	Equador
1499	Marrocos
1500	China
1501	Venezuela
1502	Peru
1503	Peru
1504	República Dominicana
1505	Barbados
1506	El Salvador
1507	Turquia
1508	Sudão
1509	Brasil
1510	Paraguai
1511	Austrália
1512	Guatemala
1513	Malta
1514	Índia
1515	Argentina
1516	Bolívia
1517	Índia
1518	Reino Unido
1519	Paraguai
1520	Haiti
1521	Turquia
1522	Colômbia
1523	Estados Unidos
1524	El Salvador
1525	Paquistão
1526	Canadá
1527	Peru
1528	República Federal da Alemanha
1529	Filipinas
1530	Nigéria
1531	Panamá
1532	Argentina

Caso n.	País
1533	Venezuela
1534	Paquistão
1535	Venezuela
1536	Espanha
1537	Níger
1538	Honduras
1539	Guatemala
1540	Reino Unido
1541	Peru
1542	Malásia
1543	Estados Unidos
1544	Equador
1545	Polônia
1546	Paraguai
1547	Canadá
1548	Peru
1549	República Dominicana
1550	Índia
1551	Argentina
1552	Malásia
1553	Reino Unido (Hong Kong)
1554	Honduras
1555	Colômbia
1556	Iraque
1557	Estados Unidos
1558	Equador
1559	Austrália
1560	Argentina
1561	Espanha
1562	Colômbia
1563	Islândia
1564	Serra Leoa
1565	Grécia
1566	Peru
1567	Argentina
1568	Honduras
1569	Panamá

Caso n.	País
1570	Filipinas
1571	Romênia
1572	Filipinas
1573	Paraguai
1574	Marrocos
1575	Zâmbia
1576	Noruega
1577	Turquia
1578	Venezuela
1579	Peru
1580	Panamá
1581	Tailândia
1582	Turquia
1583	Turquia
1584	Grécia
1585	Filipinas
1586	Nicarágua
1587	Canadá (Colômbia Britânica)
1588	Guatemala
1589	Marrocos
1590	Lesoto
1591	Índia
1592	Chade
1593	República Centro-Africana
1594	Costa do Marfim
1595	Guatemala
1596	Uruguai
1597	Mauritânia
1598	Peru
1599	Gabão
1600	Checoslováquia
1601	Canadá (Quebec)
1602	Espanha
1603	Canadá (Colômbia Britânica)
1604	Canadá (Manitoba)
1605	Canadá (Nova Brunswick)
1606	Canadá (Nova Escócia)

Caso n.	País
1607	Canadá (Terra Nova)
1608	Líbano
1609	Peru
1610	Filipinas
1611	Venezuela
1612	Venezuela
1613	Espanha
1614	Peru
1615	Filipinas
1616	Canadá
1617	Equador
1618	Reino Unido
1619	Reino Unido
1620	Colômbia
1621	Sri Lanka
1622	Fiji
1623	Bulgária
1624	Canadá (Nova Escócia)
1625	Colômbia
1626	Venezuela
1627	Uruguai
1628	Cuba
1629	Coreia
1630	Malta
1631	Colômbia
1632	Grécia
1633	Reino Unido (Ilha do Homem)
1634	Federação da Rússia
1635	Portugal
1636	Venezuela
1637	Togo
1638	Malaui
1639	Argentina
1640	Marrocos
1641	Dinamarca
1642	Peru
1643	Marrocos

Caso n.	País
1644	Polônia
1645	República Centro-Africana
1646	Marrocos
1647	Costa do Marfim
1648	Peru
1649	Nicarágua
1650	Peru
1651	Índia
1652	China
1653	Argentina
1654	Paraguai
1655	Nicarágua
1656	Paraguai
1657	Portugal
1658	República Dominicana
1659	El Salvador
1660	Argentina
1661	Peru
1662	Argentina
1663	Peru
1664	Equador
1665	Equador
1666	Guatemala
1667	Equador
1668	Chipre
1669	Chade
1670	Canadá
1671	Marrocos
1672	Venezuela
1673	Nicarágua
1674	Dinamarca
1675	Senegal
1676	Venezuela
1677	Polônia
1678	Costa Rica
1679	Argentina
1680	Noruega

Caso n.	País
1681	Canadá
1682	Haiti
1683	Federação da Rússia
1684	Argentina
1685	Venezuela
1686	Colômbia
1687	Marrocos
1688	Sudão
1689	Costa do Marfim
1690	Peru
1691	Marrocos
1692	Alemanha
1693	El Salvador
1694	Portugal
1695	Costa Rica
1696	Paquistão
1697	Turquia
1698	Nova Zelândia
1699	Camarão
1700	Nicarágua
1701	Egito
1702	Colômbia
1703	Guiana
1704	Líbano
1705	Paraguai
1706	Peru
1707	Malta
1708	Peru
1709	Marrocos
1710	Chile
1711	Haiti
1712	Marrocos
1713	Quênia
1714	Marrocos
1715	Canadá
1716	Haiti
1717	Cabo Verde

Caso n.	País
1718	Filipinas
1719	Nicarágua
1720	Brasil
1721	Colômbia
1722	Canadá/Ontário
1723	Argentina
1724	Marrocos
1725	Dinamarca
1726	Paquistão
1727	Turquia
1728	Argentina
1729	Equador
1730	Reino Unido
1731	Peru
1732	República Dominicana
1733	Canadá (Quebec)
1734	Guatemala
1735	Canadá/Ontário
1736	Argentina
1737	Canadá
1738	Canadá (Terra Nova)
1739	Venezuela
1740	Guatemala
1741	Argentina
1742	Hungria
1743	Canadá/Quebec
1744	Argentina
1745	Argentina
1746	Equador
1747	Canadá
1748	Canadá/Quebec
1749	Canadá/Quebec
1750	Canadá/Quebec
1751	República Dominicana
1752	Myanmar
1753	Burundi
1754	El Salvador

Caso n.	País
1755	Turquia
1756	Indonésia
1757	El Salvador
1758	Canadá
1759	Peru
1760	Suécia
1761	Colômbia
1762	República Checa
1763	Noruega
1764	Nicarágua
1765	Bulgária
1766	Portugal
1767	Equador
1768	Islândia
1769	Federação da Rússia
1770	Costa Rica
1771	Paquistão
1772	Camarão
1773	Indonésia
1774	Austrália
1775	Belize
1776	Nicarágua
1777	Argentina
1778	Guatemala
1779	Canadá (Ilha Príncipe Eduardo)
1780	Costa Rica
1781	Costa Rica
1782	Portugal
1783	Paraguai
1784	Peru
1785	Polônia
1786	Guatemala
1787	Colômbia
1788	Romênia
1789	República da Coréia
1790	Paraguai
1791	Chade

Caso n.	País
1792	Quênia
1793	Nigéria
1794	Peru
1795	Honduras
1796	Peru
1797	Venezuela
1798	Espanha
1799	Kazaquistão
1800	Canadá (Federal)
1801	Canadá (Ilha Príncipe Felipe)
1802	Canadá (Nova Escócia)
1803	Djibouti
1804	Peru
1805	Cuba
1806	Canadá (Yukon)
1807	Ucrânia
1808	Costa Rica
1809	Quênia
1810	Turquia
1811	Paraguai
1812	Venezuela
1813	Peru
1814	Equador
1815	Espanha
1816	Paraguai
1817	Índia
1818	Zaire
1819	China
1820	Alemanha
1821	Etiópia
1822	Venezuela
1823	Guatemala
1824	El Salvador
1825	Marrocos
1826	Filipinas
1827	Venezuela
1828	Venezuela

Caso n.	País
1829	Chile
1830	Turquia
1831	Bolívia
1832	Argentina
1833	República Democrática do Congo
1834	Kazaquistão
1835	República Checa
1836	Colômbia
1837	Argentina
1838	Burquina Faso
1839	Brasil
1840	Índia
1841	Burundi
1842	El Salvador
1843	Sudão
1844	México
1845	Peru
1846	Costa do Marfim
1847	Guatemala
1848	Equador
1849	Belarus
1850	Congo
1851	Djibouti
1852	Reino Unido
1853	El Salvador
1854	Índia
1855	Peru
1856	Uruguai
1857	Chade
1858	França (Polinésia Francesa)
1859	Canadá
1860	República Dominicana
1861	Dinamarca
1862	Bangladesh
1863	Guiné
1864	Paraguai
1865	República da Coreia

Caso n.	País
1866	Brasil
1867	Argentina
1868	Costa Rica
1869	Letônia
1870	Congo
1871	Brasil
1872	Argentina
1873	Barbados
1874	El Salvador
1875	Costa Rica
1876	Guatemala
1877	Marrocos
1878	Peru
1879	Costa Rica
1880	Peru
1881	Argentina
1882	Dinamarca
1883	Quênia
1884	Swazilândia
1885	Belarus
1886	Uruguai
1887	Argentina
1888	Etiópia
1889	Brasil
1890	Índia
1891	Romênia
1892	Guatemala
1893	Chade
1894	Mauritânia
1895	Venezuela
1896	Colômbia
1897	Japão
1898	Guatemala
1899	Argentina
1900	Canadá (Ontário)
1901	Costa Rica
1902	Venezuela

Caso n.	País
1903	Paquistão
1904	Romênia
1905	República Dominicana do Congo
1906	Peru
1907	México
1908	Etiópia
1909	Zimbabwe
1910	República Dominicana do Congo
1911	Equador
1912	Reino Unido (Ilha do Homem)
1913	Panamá
1914	Filipinas
1915	Equador
1916	Colômbia
1917	Comoras
1918	Croácia
1919	Espanha
1920	Líbano
1921	Níger
1922	Djibouti
1923	Croácia
1924	Argentina
1925	Colômbia
1926	Peru
1927	México
1928	Canadá (Manitota)
1929	França (Guiana Francesa)
1930	China
1931	Panamá
1932	Panamá
1933	Dinamarca
1934	Camboja
1935	Negéria
1936	Guatemala
1937	Zimbábue
1938	Croácia
1939	Argentina

Caso n.	País
1940	Mauricio
1941	Chile
1942	China – Região Administrativa Especial
1943	Canadá (Ontário)
1944	Peru
1945	Chile
1946	Chile
1947	Argentina
1948	Colômbia
1949	Bahrein
1950	Dinamarca
1951	Canadá (Ontário)
1952	Venezuela
1953	Argentina
1954	Costa do Marfim
1955	Colômbia
1956	Guiné Bissau
1957	Bulgária
1958	Dinamarca
1959	Reino Unido (Bermudas)
1960	Guatemala
1961	Cuba
1962	Colômbia
1963	Austrália
1964	Colômbia
1965	Panamá
1966	Costa Rica
1967	Panamá
1968	Espanha
1969	Camarão
1970	Guatemala
1971	Dinamarca
1972	Polônia
1973	Colômbia
1974	México
1975	Canadá (Ontário)

Caso n.	País
1976	Zâmbia
1977	Togo
1978	Gabão
1979	Peru
1980	Luxemburgo
1981	Turquia
1982	Brasil
1983	Portugal
1984	Costa Rica
1985	Canadá
1986	Venezuela
1987	El Salvador
1988	Comoras
1989	Bulgária
1990	México
1991	Japão
1992	Brasil
1993	Venezuela
1994	Senegal
1995	Camarão
1996	Uganda
1997	Brasil
1998	Bangladesh
1999	Canadá (Saskatchewan)
2000	Marrocos
2001	Ucrânia
2002	Chile
2003	Peru
2004	Peru
2005	República Centro-Africana
2006	Paquistão
2007	Bolívia
2008	Guatemala
2009	Mauricio
2010	Equador
2011	Estônia
2012	Federação da Rússia

Caso n.	País
2013	México
2014	Uruguai
2015	Colômbia
2016	Brasil
2017	Guatemala
2018	Ucrânia
2019	Swazilândia
2020	Nicarágua
2021	Guatemala
2022	Nova Zelândia
2023	Cabo Verde
2024	Costa Rica
2025	Canadá (Ontário)
2026	Estados Unidos
2027	Zimbábue
2028	Gabão
2029	Argentina
2030	Costa Rica
2031	China
2032	Guatemala
2033	Uruguai
2034	Nicarágua
2035	Haiti
2036	Paraguai
2037	Argentina
2038	Ucrânia
2039	México
2040	Espanha
2041	Argentina
2042	Djubouti
2043	Federação da Rússia
2044	Cabo Verde
2045	Argentina
2046	Colômbia
2047	Bulgária
2048	Marrocos
2049	Peru

Caso n.	País
2050	Guatemala
2051	Colômbia
2052	Haiti
2053	Bósnia e Hezergovina
2054	Argentina
2055	Marrocos
2056	República Centro-Africana
2057	Romênia
2058	Venezuela
2059	Peru
2060	Dinamarca
2061	Nova Zelândia
2029	Argentina
2030	Costa Rica
2031	China
2032	Guatemala
2033	Uruguai
2034	Nicarágua
2035	Haiti
2036	Paraguai
2037	Argentina
2038	Ucrânia
2039	México
2040	Espanha
2041	Argentina
2042	Djubouti
2043	Federação da Rússia
2077	El Salvador
2078	Lituânia
2079	Ucrânia
2080	Venezuela
2081	Zimbábue
2082	Marrocos
2083	Canadá (Nova Brunswick)
2084	Costa Rica
2085	El Salvador
2086	Paraguai

Caso n.	País
2087	Uruguai
2088	Venezuela
2089	Romênia
2090	Belarus
2091	Romênia
2092	Nicarágua
2093	República da Coreia
2094	Eslováquia
2095	Argentina
2096	Paquistão
2097	Colômbia
2098	Peru
2099	Brasil
2100	Honduras
2101	Nicarágua
2102	Bahamas
2103	Guatemala
2104	Costa Rica
2105	Paraguai
2106	Mauricio
2107	Chile
2108	Equador
2109	Marrocos
2110	Chipre
2111	Peru
2112	Nicarágua
2113	Mauritânia
2114	Japão
2115	México
2116	Indonésia
2117	Argentina
2118	Hungria
2119	Canadá (Ontário)
2120	Nepal
2121	Espanha
2122	Guatemala
2123	Espanha

Caso n.	País
2124	Líbano
2125	Tailândia
2126	Turquia
2127	Bahamas
2128	Gabão
2129	Chade
2130	Argentina
2131	Argentina
2132	Madagascar
2133	Ex-República Yugoslávia da Macedônia
2134	Panamá
2135	Chile
2136	México
2137	Uruguai
2138	Equador
2139	Japão
2140	Bósnia e Hezergovina
2141	Chile
2142	Colômbia
2143	Swazilândia
2144	Geórgia
2145	Canadá (Ontário)
2146	Sérvia e Montenegro
2147	Turquia
2148	Togo
2149	Romênia
2150	Chile
2151	Colômbia
2152	México
2153	Argélia
2154	Venezuela
2155	México
2156	Brasil
2157	Argentina
2158	Índia
2159	Colômbia

Caso n.	País
2160	Venezuela
2161	Venezuela
2162	Peru
2163	Nicarágua
2164	Marrocos
2165	El Salvador
2166	Canadá (Colômbia Britânica)
2167	Guatemala
2168	Argentina
2169	Paquistão
2170	Islândia
2171	Suécia
2172	Chile
2173	Canadá (Colômbia Britânica)
2174	Uruguai
2175	Marrocos
2176	Japão
2177	Japão
2178	Dinamarca
2179	Guatemala
2180	Canadá (Colômbia Britânica)
2181	Tailândia
2182	Canadá (Ontário)
2183	Japão
2184	Zimbábue
2185	Federação da Rússia
2186	China – Região administrativa especial
2187	Guiana
2188	Bangladesh
2189	China
2190	El Salvador
2191	Venezuela
2192	Togo
2193	França
2194	Guatemala
2195	Filipinas

Caso n.	País
2196	Canadá (Colômbia Britânica)
2197	África do Sul
2198	Kazaquistão
2199	Federação da Rússia
2200	Turquia
2201	Equador
2202	Venezuela
2203	Guatemala
2204	Argentina
2205	Nicarágua
2206	Nicarágua
2207	México
2208	El Salvador
2209	Uruguai
2210	Espanha
2211	Peru
2212	Grécia
2213	Colômbia
2214	El Salvador
2215	Chile
2216	Federação da Rússia
2217	Chile
2218	Chile
2219	Argentina
2220	Quênia
2221	Argentina
2222	Camboja
2223	Argentina
2224	Argentina
2225	Bósnia e Hezergovina
2226	Colômbia
2227	Estados Unidos
2228	Índia
2229	Paquistão
2230	Guatemala
2231	Costa Rica
2232	Chile

Caso n.	País
2233	França
2234	México
2235	Peru
2236	Indonésia
2237	Colômbia
2238	Zimbabwe
2239	Colômbia
2240	Argentina
2241	Guatemala
2242	Paquistão
2243	Marrocos
2244	Federação da Rússia
2245	Chile
2246	Federação da Rússia
2247	México
2248	Peru
2249	Venezuela
2250	Argentina
2251	Federação da Rússia
2252	Filipinas
2253	China – região administrativa especial
2254	Venezuela
2255	Sri Lanka
2256	Argentina
2257	Canadá (Quebec)
2258	Cuba
2259	Guatemala
2260	Brasil
2261	Grécia
2262	Camboja
2263	Argentina
2264	Nicarágua
2265	Suíça
2266	Lituânia
2267	Nigéria
2268	Myanmar

Caso n.	País
2269	Uruguai
2270	Uruguai
2271	Uruguai
2272	Costa Rica
2273	Paquistão
2274	Nicarágua
2275	Nicarágua
2276	Burundi
2277	Canadá (Alberta)
2278	Canadá (Quebec)
2279	Peru
2280	Uruguai
2281	Mauricio
2282	México
2283	Argentina
2284	Peru
2285	Peru
2286	Peru
2287	Sri Lanka
2288	Níger
2289	Peru
2290	Chile
2291	Polônia
2292	Estados Unidos
2293	Peru
2294	Brasil
2295	Guatemala
2296	Chile
2297	Colômbia
2298	Guatemala
2299	El Salvador
2300	Costa Rica
2301	Malásia
2302	Argentina
2303	Turquia
2304	Japão
2305	Canadá (Ontário)

Caso n.	País
2306	Bélgica
2307	Chile
2308	México
2309	Estados Unidos
2310	Polônia
2311	Nicarágua
2312	Argentina
2313	Zimbábue
2314	Canadá (Quebec)
2315	Japão
2316	Fiji
2317	República da Moldávia
2318	Camboja
2319	Japão
2320	Chile
2321	Haiti
2322	Venezuela
2323	República Islâmica do Irã
2324	Canadá (Colômbia Britânica)
2325	Portugal
2326	Austrália
2327	Bangladesh
2328	Zimbabwe
2329	Turquia
2330	Honduras
2331	Colômbia
2332	Polônia
2333	Canadá (Quebec)
2334	Portugal
2335	Chile
2336	Indonésia
2337	Chile
2338	México
2339	Guatemala
2340	Nepal
2341	Guatemala
2342	Panamá

Caso n.	País
2343	Canadá (Quebec)
2344	Argentina
2345	Albânia
2346	México
2347	México
2348	Iraque
2349	Canadá (Terranova e El Labrador)
2350	República da Moldávia
2351	Turquia
2352	Chile
2353	Venezuela
2354	Nicarágua
2355	Colômbia
2356	Colômbia
2357	Venezuela
2358	Romênia
2359	Uruguai
2360	El Salvador
2361	Guatemala
2362	Colômbia
2363	Colômbia
2364	Índia
2365	Zimbábue
2366	Turquia
2367	Costa Rica
2368	El Salvador
2369	Argentina
2370	Argentina
2371	Bangladesh
2372	Panamá
2373	Argentina
2374	Camboja
2375	Peru
2376	Costa do Marfim
2377	Argentina
2378	Uganda
2379	Países Baixos

Caso n.	País
2380	Sri Lanka
2381	Lituânia
2382	Camarão
2383	Reino Unido
2384	Colômbia
2385	Costa Rica
2386	Peru
2387	Geórgia
2388	Ucrânia
2389	Peru
2390	Guatemala
2391	Peru
2392	Guatemala
2393	Madagascar
2394	Chile
2395	México
2396	Nicarágua
2397	Polônia
2398	El Salvador
2399	Guatemala
2400	Mauricio
2401	Paquistão
2402	Peru
2403	Canadá (Quebec)
2404	Bangladesh
2405	Canadá (Quebec)
2406	Marrocos
2407	Canadá (Colômbia Britânica)
2408	África do Sul
2409	Benin
2410	Cabo Verde Costa Rica
2411	México
2412	Venezuela
2413	Nepal
2414	Guatemala
2415	Argentina
2416	Sérvia e Montenegro

Caso n.	País
[illegible]	rocos
2418	Argentina
2419	El salvador
2420	Sri Lanka
2421	Argentina
2422	Guatemala
2423	Venezuela
2424	El Salvador
2425	Colômbia
2426	Burundi
2427	Brasil
2428	Venezuela
2429	Níger
2430	Canadá (Ontário)
2431	Guiné Equatorial
2432	Nigéria
2433	Bahrein
2434	Colômbia
2435	El Salvador
2436	Dinamarca
2437	Reino Unido
2438	Argentina
2439	Camarão
2440	Argentina
2441	Indonésia
2442	México
2443	Camboja
2444	México
2445	Guatemala
2446	México
2447	Malta
2448	Colômbia
2449	Eritrea
2450	Djibouti
2451	Indonésia
2452	Peru
2453	Iraque
2454	Sérvia e Montenegro
2455	Marrocos
2456	Argentina
2457	França
2458	Argentina
2459	Argentina
2460	Estados Unidos
2461	Argentina
2462	Chile
2463	Argentina
2464	Barbados
2465	Chile
2466	Tailândia
2467	Canadá (Quebec)
2468	Camboja
2469	Colômbia
2470	Brasil
2471	Djibouti
2472	Indonésia
2473	Reino Unido
2474	Polônia
2475	França

LOJA VIRTUAL
www.ltr.com.br

BIBLIOTECA DIGITAL
www.ltrdigital.com.br

E-BOOKS
www.ltr.com.br